郭齐勇 主编

中国哲学通史

古代科学哲学卷 下册

吾 淳 著

A
HISTORY
OF
CHINESE
PHILOSOPHY

江苏人民出版社

目　录

第四章 魏晋南北朝与隋唐时期哲学与科学的关系

这一章是由两个相对独立的时期组成。

魏晋南北朝时期在中国哲学史上是一个很重要的时期。但这一时期哲学与科学的关系是比较薄弱或松散的。相比较汉代哲学对于科学的热情,这一时期哲学与科学之间的关系是有些疏离的。它一方面表现为科学活动中对于哲学思想的使用要多于哲学活动中对于科学知识的使用,科学对于哲学的兴趣要多于哲学对于科学的兴趣,从某种意义上说,这一时期的哲学表现得较为"自我"。另一方面,从魏晋到南北朝,也是哲学与科学逐渐疏远的过程,这其中一个十分重要的原因可能是,哲学或佛学在主要关心心性问题后就与科学失去了对话的可能,也即失去了共同的话语。在这样一种背景下,哲学与科学关系的各个方面均显得有些忽明忽暗、若即若离。一般认为,这一时期的科学在中国科学史上也可视作一个高峰,但除了个别领域如炼丹术,它并没有得到哲学更多的眷顾。同时由于哲学没有注入科学所带来的视角与知识,也就进一步导致了儒家与道家哲学传统的衰落。

隋唐时期哲学与科学之间的关系基本上可以说是延续了魏晋南北朝时期的状况,即科学活动中对于哲学思想的使用要多于哲学活动中对于科学知识的关注,并且,总的来说,科学活动与哲学活动之间存在着相当程度的"游离"。与魏晋南北朝时期不同的是,隋唐时期的哲学基本上是佛教哲学一枝独秀。由于佛教哲学中基本没有科学的位置,所以这一时期在科学与哲学之间几乎没有共同问题和话语(但这并不意味着佛教不参与科学活动)。如果说这一时期科学与哲学还存有某些联系,那大都也是前代所留下的问题与话语,而这样的问题与话语有可能与时代产生一定的隔膜。从中国古代科学史的角度看,隋唐时期的科学并不属于高潮或高峰时期。同样,这一时期的中国传统哲学——儒家与道家哲学的声音也显得如此微弱。从这里也可以反证科学与哲学联系的重要性。这一点无论是在与以往先秦、秦汉以及魏晋时期的对比中还是与日后宋元时期的对比中都体现得非常清楚。

第一节　魏晋南北朝和隋唐时期的知识背景与观念背景

首先来看这一时期的知识背景。

魏晋南北朝时期北方地区的农业生产进入了总结阶段,其代表性成果就是贾思勰的《齐民要术》。同时期,长江以南的经济也日趋繁荣,水稻和蚕桑技术都达到一定的水平。天文历法此时也取得了不少新的发现,包括岁差概念的提出、太阳和五星视运动不均匀性的发现等。作为秦汉时期宇宙理论的延续和发展,这时出现了新的论天三家。而包括星图、浑仪、浑象在内的天文观测仪器有了进一步的改进,天文常数精度有了进一步的提高。在地理学方面,裴秀对制图做出了重要贡献,尤其是其提出了制图的六条重要原则。而郦道元的《水经注》全面描述了全国的山川地理状况,其中记述的河流水道多达 1252 条。这一时期的数学在《九章算术》的基础上又有了新的成就,出现了赵爽的《周髀注》、刘徽的《九章算术注》等一大批数学著作,其中刘徽还创立了"割圆术"。之后,祖冲之又在刘徽的基础上求出了精确到七位有效数的圆周率,其数值远远走在当时世界的前列。医药学在这一时期也进入了总结性的阶段,出现了王叔和的《脉经》、皇甫谧的《针灸甲乙经》、由葛洪初撰经陶弘景整理补充的《肘后备急方》、陶弘景的《神农本草经集注》等诸多著作。魏晋南北朝时期又是炼丹术的重要发展时期,而炼丹术的发展又促进了化学知识的发展。除此之外,这一时期包括制瓷、灌钢、建筑以及机械制造在内的制作技术也取得了很大的成就。[①]

隋唐时期的社会由于相对安定,使得农业有了比较稳定的发展。这一时期以种茶为代表的植物栽培达到了一个新的水平,同时,农学和园艺类著作也大量出现,如《四时纂要》、《茶经》等,特别是园艺栽培技术的发展和著作的出现为日后的植物谱录奠定了基础。在天文学方面,出现了刘焯、一行等著名天文学家,天文仪器继续得到改进,天文常数精度进一步提高。在地理学方面,这一时期的科学发展主要体现在对海陆变迁和潮汐的认识上。数学在这一时期的发展是更加注重实用。医药制度在隋唐时期有了发展提高,唐代出现了第一部国家药典:《新修本草》,出现了孙思邈这样的名医以及《千金方》等医学名著。炼丹术及其制备技术在这一时期也有了进一步的发展,与此同时,人们对化学知识也有了新的了解。此外,唐代的纺织、印刷、建筑技术都达到了新的水平。特别是作为雕版印刷术,在整个人类文明史上具有划时代的意义。这一时期的中外知识交流达到了空前的水平。[②]

以上就是魏晋南北朝与隋唐时期科学知识发展的一个基本概况。

下面再来看这一时期的哲学观念背景,特别是科学与哲学的一般关系。

这里先来对这两个时期做一个综合的描述。我们知道,在魏晋时期,玄学的基本思想是自然天道观,换言之,由王充所提倡的自然天道观得到了延续,因此这一时期的观念与思想是相对统一的。但玄学与王充的思想又有着重大的区别,玄学本身总体来说并不关心科学知识,它不像王充那样具有很强的实证性,而完全是一种"悬浮"的哲学思想,因此

---

① 参看杜石然等编著《中国科学技术史史稿》(上册),第五章相关内容。
② 参看杜石然等编著《中国科学技术史史稿》(上册),第六章相关内容。

其对科学的影响也是相对有限的。特别是往后,其思想的影响力不断衰减。玄学之后,佛道盛行,其中所包含的鬼神迷信自然也逐渐侵入科学活动。与此同时,伴随着玄学以及自然天道观的衰微,传统儒家思想中的天命理论、天人感应思想、灾异祥瑞观念也纷纷卷土重来。这些都是与理性的退场或缺位密不可分的。这种退场或缺位为神秘主义的登场和继位提供了足够的活动空间。特别是到了唐代,天文、医药诸学科都普遍受到神秘主义思潮的严重侵染。另外,也由于哲学在科学活动中的缺位,使得知识逐渐失去对理论的兴趣,而普遍表现出实用的特征,这种状况在唐代尤为突出。要之,由于哲学总体上不在场,这一时期的科学活动大抵可用一个"乱"字来概括,这并非是指知识自身的混乱,而是指其缺乏整体、流畅并贯穿始终的观念和思想,缺乏理论,缺乏理性,缺乏核心的概念与范畴体系,也缺乏基本的科学观。如果将这一时期与此前的秦汉以及此后的宋元两个时期加以比较,就会清楚地看到这一时代特征。另外,这个"乱"又体现为科学、理性与包括巫术、迷信在内的种种神秘主义的相互冲突,体现为这种冲突过程的曲折、反复,甚至于这两种性质的内容还经常相互纠结和缠绕不清。这一点若与宋元时期相比,同样也特别明显地呈示了其时代的特点。

当然,这并不是说这一时期的哲学完全与科学无关,应当看到,尽管这一时期哲学与科学活动之间存在着"疏离",但还是有不少科学活动并不缺乏哲学的思考。在魏晋南北朝时期,科学活动中的哲学思考还是相对比较丰富的,这包括天文学、数学等。同时,炼丹术的兴起也赋予哲学以新的视角和位置。反之,在一些哲学家的思想中也能够看到知识的内容,例如杨泉。而葛洪则为我们提供了一个集哲学、科学和宗教为一体的范例。即使在哲学与科学关系更为疏离的隋唐时期,也仍然能够在医药学、地理学中看到哲学的影子,也仍然能看到哲学家如柳宗元、刘禹锡在关注知识问题。

具体地,就魏晋南北朝时期而言,其前期是玄学的时期,而后期则是佛学的时期。由此,哲学与科学的关系也呈现出不同的状态。在前半段,哲学与科学还能保持着相对比较密切的关系,从东汉末年开始兴起的天道自然观和元气自然论对魏晋时期的科学都产生了一定的影响。但相比秦汉时期而言,这一时期哲学家对于科学问题的关注似乎要薄弱得多。玄学由于过于注重思辨而没有给予科学知识足够的重视。继而进入后半段,随着佛教哲学的兴起,哲学与科学间的关系开始疏离甚至完全脱节,人们对于哲学的关注普遍因佛教的原因而转向心性问题。尽管道教及其哲学对此有一定的弥补,但涉及范围相对有限,并且其宗教性质也最终会使知识活动偏离原有轨道。这可以说是这一时期哲学与科学关系的一个大势。

更具体地来看,在科学活动中,魏晋时期的天文学、医学以及炼丹术都表现出对理论包括所涉及的哲学问题的一定兴趣,哲学所关心的天道、元气、阴阳、自然等问题在这些学科中也有所反映。反映在观念或概念上,魏晋时期的哲学与科学有某些共同的话语,这包括对道、气、自然、天人、变化这些概念的使用,其中自然概念大概可以视作这一时期最为核心的概念。值得注意的是"理"这一概念的使用逐渐增多,我们应看到它与后来隋唐特别是宋明时期知识与思想活动之间的内在关系。在方法上,魏晋时期的方法更加偏重于理论的形态,例如刘徽的数学思想中"析理以辞"的逻辑方法;而南北朝时期则更加偏重于应用的形态,这一时期,包括数学、医学等学科普遍呈现出理论能力的下降以及对于实际应用的重视,这与后来隋唐是相连接的。同时,这一时期对于逻辑问题重新有所关注,而它也影响到诸如数学这样的学科对于理论及其哲学问题的兴趣,换言之,它也可能是数学重视理论的兴趣所致。但对于科学逻辑的兴趣并未能持久,不仅如此,之后科学对于理论的兴趣普遍有所减弱。从哲学的角度或原因分析,这应当与佛学的兴起有关。

总体来说,在哲学与科学的关系方面,这一时期科学对于哲学的重视程度要大于哲学对于科学的重视程度;魏晋时期哲学与科学的密切程度要大于南北朝时期哲学与科学的密切程度。而这样一种状况及其趋势又会对接下来的隋唐时期产生深刻的影响。

隋唐时期的哲学以佛教哲学为主,佛教或佛学一些大的派别在这一时期纷纷登上哲学舞台;道教及其哲学虽不如佛教炙手可热,显赫一时,但也形成一定的气候;至于传统的儒家学说,这一时期的发展是极其有限的,几乎可以用"人微言轻"来形容。

这一时期哲学与科学的关系与魏晋南北朝时期具有某种相似性,事实上,也的确保持了相当的连贯性。一方面,科学活动中仍会涉及一定的哲学内容,这包括天文学、地理学、医学等学科。但不同的学科又有所不同。天文学虽然仍包含有对规律问题的探索,但这一时期很重要的一个现象是天人感应观念重新有所抬头;地理学成就最突出地体现在海潮理论中,其主要是对潮汐规律的认识;医学活动历来不乏哲学思考,但与天文学领域相似,隋唐时期的医学理论与实践还接受了鬼神观念。另一方面,与科学活动相比,哲学对于科学知识的涉及就显得十分有限。如前所指出,自汉代以来与科学关系较为密切的儒家哲学在这一时期受到严重压缩,正处于生存和发展的困境之中,活动空间相当有限,因此它自然无法给予科学以更多的关注和支持。至于炼丹术,其中会涉及道家或道教的相关哲学和科学思想,但同时也充斥着大量的谬误。当然,由于天人感应观念的重新抬头,也在一定程度上似乎拉近了科学与哲学的距离,但这是消极的,在理论上也无新意,在实践上还可能对知识活动产生负面影响。不过,由此而引出的柳宗元、刘禹锡二人对于天人问题的某些看法或见解仍是有意义的。同样,这样一种状况也影响到观念、概念、思维和方法。从魏晋南北朝时期开始,我们就很难再看到先秦和秦汉时期那种哲学与科学之间的高度一致性,或者说那种"亲密"的关系,隋唐时期更是如此。在这两个时期,哲学与科学所关心的问题很大程度上是分离的,并且,较之南北朝时期,隋唐时期科学与哲学之间的分歧可能还要更大些,这里主要是指隋唐佛教哲学与科学活动的距离。但又要看到,尽管隋唐时期的科学活动与哲学活动有一定的隔阂,这一时期哲学与科学之间仍有一些沟通之处。尤其是一些重要的概念,例如气、理等,特别是"理"这一概念的使用较之魏晋南北朝时期又有所增多,并且使用得越来越频繁。也正是这些概念又将此前的秦汉时期与此后的宋元时期勾连在一起，并成为宋代哲学的一个坚实而重要的基础。

最后，还有两点需要特别指出。第一，尽管我们指出，佛教哲学所关心的问题与科学活动之间存在着距离，但我们也要注意佛教哲学与佛教在这一问题上的差别，事实上，佛教与知识仍保持着一定的联系，在某些领域如医学、天文学领域中还比较甚至十分密切。第二，在魏晋南北朝与隋唐时期，实测与实验的思维与方法获得了比较充分的发展，这可以说是这一时期科学活动中的一个十分显眼的"亮点"。而我们在其中又要注意，这一"亮点"与科学思想以及哲学思想之间的联系。

第二节 "天人"观念与知识的关系

魏晋南北朝与隋唐时期的天人观呈现出丰富且复杂的面貌。在魏晋时期，其主要是体现为哲学思想中的自然天道观，这一观念和思想实际是由东汉末年而来。之后，这一观念与思想也影响到知识领域。如杜预与何承天所主张的"顺天求合"天文学思想就是这一哲学天人观的体现。另一方面，尽管天人感应的思想从东汉末年起就开始遭到清算，但其实它并没有绝迹，并没有退出历史舞台，而且在"气候"适当的情况下还会死灰复燃，事实上，在占星术这样的领域也一直提供着这样的"气候"。从南北朝起，天人感应思想以及谶纬迷信又有所回潮，其特别反映在隋唐时期的天文学或占星术中，与此同时，一批天文学家和思想家也对此作出了严厉的批评。隋唐时期在观念与概念方面的发展总体来说并不显著，但天人关系问题仍值得我们注意。隋唐时期的天人观念在很大程度上仍延续着秦汉时期哲学所思考的问题，也在很大程度上保持了儒家的观念与思想传统。所有这些，便构成了魏晋南北朝与隋唐时期天人观的复杂而且有些"混乱"的图景。除此之外，在知识领域，因宜、力命等观念也都有所体现。另外，在柳宗元、刘禹锡的哲学思想里也包含有这方面的内容。

一、魏晋时期哲学中的自然天道观

魏晋玄学所讨论的中心问题是天人关系问题,其总的原则或倾向是崇尚和强调天道自然,这是对汉代天人感应理论的清算与批判,当然也是继承了东汉王充的批判传统。在这之中,玄学各家思想都会不同程度地涉及一些一般的知识内容。

如王弼讲:"故其大归也,论太始之原以明自然之性,演幽冥之极以定惑罔之迷。"(《老子指略》)嵇康讲:"浩浩太素,阳曜阴凝;二仪陶化,人伦肇兴。"(《太师箴》)阮籍讲:"天地生于自然,万物生于天地。自然者无外,故天地名焉;天地者有内,故万物生焉。"(《达庄论》)郭象讲:"(天)不运而自行也,(地)不处而自止也,(日月)不争所而自代谢也,皆自尔。"(《庄子注·天运》)这些论述无不是论述天道自然的性质,且其中又都在不同程度上包含了对宇宙结构、演化及其性质的看法。又如王弼讲:"人不违地,乃得全安,法地也。地不违天,乃得全载,法天也。天不违道,乃得全覆,法道也。道不违自然,乃得其性,法自然也。"(《老子注》二十五章)郭象讲:"人皆以天为父,故昼夜之变,寒暑之节,犹不敢恶,随天安之。况乎卓尔独化,至于玄冥之境,又安得而不任之哉?"(《庄子注·大宗师》)这些论述尽管主要是为了论证天道的思想,但其中却包含了对天人关系的看法,并且从其中同样可以看到某些符合科学认识或理解的基本精神。

不过应当看到,总的说来,科学证明并不是魏晋玄学主要的论证工具。

二、魏晋南北朝时期知识活动中的天人观

传统天人关系的思想在科学活动中的一个重镇是农学,魏晋南北朝时期也不例外,这突出地表现于贾思勰的《齐民要术》。如贾思勰讲:

> 顺天时,量地利,则用力少而成功多。任情返道,劳而无获。

（《齐民要术·种谷》）

以上短短两句话，实际上体现了贾思勰天人观的基本原则。这其中的"顺天时，量地利"就是要求遵循最基本的自然规律。"返"也就是"反"，"任情返道"就是指随意违背自然规律，而违背自然规律必然"劳而无获"。贾思勰的天人观非常清楚，农耕活动就是要正确处理天时、地利和人力这三者之间的关系，而这种天人观的原则就是以自然天道为中心。

与天人观密切相关，自先秦时期就已形成的"因"、"宜"观念及方法也在农学或农业生产中得到延续。贾思勰的"因"、"宜"观念实际上就是其"顺天时，量地利"基本思想的展开。如贾思勰在《齐民要术》中讲："凡谷成熟有早晚，苗秆有高下，收实有多少，质性有强弱，米味有美恶，粒实有息耗。地势有良薄，山、泽有异宜。""凡春种欲深，宜曳重挞。夏种欲浅，直置自生。""凡种谷，雨后为佳。遇小雨，宜接湿种；遇大雨，待蔵生。""有闰之岁，节气近后，宜晚田。"（均见《种谷》）"燥湿之宜，杷劳之法，一同谷苗。"（《粱秫》）"畦畤大小无定，须量地宜，取水均而已。"（《水稻》）以上讲到了种植的宜地、宜时、宜法等要求。又如："岁宜晚者，五、六月亦得；然稍晚稍加种子。地不求熟。收刈欲晚。"（《大豆》）"粪宜熟，无熟粪者，用小豆底亦得。"（《种麻》）这里又涉及根据不同情况、条件所作的适宜性调整。总的来说，在贾思勰的《齐民要术》这里，"因"、"宜"涉及天气、土壤、作物以及耕种方式种种具体农作问题。

对于"因"、"宜"问题的思考也并不仅仅局限于农学领域，医疗活动也是如此。例如王叔和在《脉经》中讲："寸口脉浮，中风，发热头痛，宜服桂枝汤、葛根汤"，"寸口脉紧，苦头痛，骨肉痛，是伤寒，宜服麻黄汤"；"关脉数，胃中有客热，宜服知母丸"，"关脉迟，胃中寒，宜服桂枝丸、茱萸汤"；"尺脉浮，下热风，小便难，宜服瞿麦汤、滑石散"，"尺脉沉，腰背痛，宜服肾气丸。"（《脉经》卷二《平三关病候并治宜》）由以上考察可以看到，《内经》的医学传统在魏晋南北朝时期得到了延续，事实上，这以后一直是中国医学的基本思维或方法传统。

另一个受天人观影响的知识领域是天文学。魏晋南北朝时期的一些天文学家明显受到自然天道观的深刻影响,如晋代的杜预提出天文历法"言当顺天以求合,非为合以验天者也"(《晋书·律历志下》)之后,刘宋时期的何承天也说:"是以《虞书》著钦若之典,《周易》明治历之训,言当顺天以求合,非为合以验天也。"(《宋书·律历志中》)这一天文学思想实际上就是自然天道观的反映。有关这方面的具体内容将在本节第四部分以及天文学的科学思想一节中加以详细考察。

三、道教对于"天人"和"力命"问题的看法

值得注意的是,魏晋南北朝时期的道家与道教哲学以及道教的炼丹术和养生术又提供了理解天人以及力命关系的新的方向。这一时期的道家著作提出了人"盗"天地之利的思想。如《列子·天瑞》中说:

> 吾闻天有时,地有利。吾盗天地之时利,云雨之滂润,山泽之产育,以生吾禾,殖吾稼,筑吾垣,建吾舍。陆盗禽兽,水盗鱼鳖,亡非盗也。夫禾稼、土木、禽兽、鱼鳖,皆天之所生,岂吾之所有?然吾盗天而亡殃。

这里的"盗"是指利用。以后,《阴符经》显然继承了这一思想,其讲:

> 天地,万物之盗;万物,人之盗;人,万物之盗。三盗既宜,三才既安。

这即是说,天、人和万物之间实际上是一种相互利用的关系,并且这也将三盗思想与传统的三才思想结合了起来。[1] 而强调人的能力的思想,进一步在道教的炼丹知识中得到更为积极甚至是夸张的体现。炼丹术从东汉开始,到了魏晋南北朝时期已经有了相当的经验和知识积累,一些

---

[1] 李申指出:《阴符经》对后世产生了重要影响。多数主张征服、改造自然的思想和著作,都要从《阴符经》中吸收思想营养。见卢嘉锡总主编、席泽宗分卷主编《中国科学技术史·科学思想卷》,第292页。

炼丹家或思想家也因此有了更多的自信。例如晋代葛洪在《抱朴子内篇·对俗》中引《仙经》曰："服丹守一,与天相毕;还精胎息,延寿无极。"尤其是其在《抱朴子内篇·黄白》中引《龟甲文》曰:

> 我命在我不在天,还丹成金亿万年。

毫无疑问,"我命在我不在天"这一思想表现出了相当积极的人生观,对于传统的命运观念是一个极大的挑战,而这样一种思想以后无论是对于科学还是哲学都将产生积极的影响。

此外,在唐代的道教这里也可以看到对魏晋南北朝时期道教有关天人关系思想的继承,这其中一个典型的例子就是《阴符经疏》。关于《阴符经疏》的作者尚有争论,其中一说为李筌。在《阴符经疏》中,由《列子》、《阴符经》所提出的有关"盗"的思想得到进一步的阐述。例如:"更相为盗者亦自然之理。凡此相盗,其中皆须有道,惬其宜则吉,乖其理则凶。"(《阴符经疏》卷中)这里明确了"盗"所内含的客观规律性。又如:"何名为盗机? 缘己之先无,知彼之先有,暗设计谋,而动其机数,不知不觉,窃盗将来,以润其己,名曰盗机。言天下之人咸共见此盗机,而莫能知其深理。"(《阴符经疏》卷中)这里则不仅言明了"盗"的客观要求,还对"盗"的主观能动性质作了深入的说明。

当然,有关"天人"与"力命"问题的看法或许并不止于道教思想。[①]

四、天文知识领域在天人观问题上的冲突

一个值得我们注意的重要现象是,在天文学或占星术这个天人感应思想始终占统治地位的领域,此时却受到自然天道观的严重挑战。

事实上,直到张衡,天文学思想中的天人感应内容都是很明显的,如

[①] 此外还值得我们注意的是,这一时期所取得的不少新的认识与成就可能都会对在有关力命问题中的人即主观能动思想方面产生积极的影响,例如在农业和植物学中对选种以及遗传与变异等问题的认识,在机械制作领域所取得的诸如记里鼓车、欹器这样一些奇妙成就,等等。

张衡说:"文曜丽乎天,其动者有七,日月五星是也。日者,阳精之宗;月者,阴精之宗;五星,五行之精。众星列布,体生于地,精成于天,列居错峙,各有攸属。在野象物,在朝象官,在人象事其以神著,有五列焉,是为三十五名。一居中央,谓之北斗。四布于方各七,为二十八舍。日月运行,历示吉凶,五纬躔次,用告祸福。"(《晋书·天文志上》)这可以说是占星术的基本状况,而秦汉大一统以来,这种状况尤甚,天文知识要论证现实政治。

但到了魏晋南北朝时期,在天文学思想中开始出现明显而深刻的变化。以自然天道观以及"顺天以求合"的天文学思想为基础,一批天文学家开始向天人感应的占星理论发起挑战。如何承天就曾严厉地批评汉代的谶纬迷信,他说:

> 积代不悟,徒云建历之本,必先立元,假言谶纬,遂关治乱,此之为蔽,亦已甚矣。刘歆《三统法》尤复疏阔,方于《四分》,六千余年又益一日。扬雄心惑其说,采为《太玄》,班固谓之最密,著于《汉志》。(《宋书·律历志中》)

稍后,祖冲之针对戴法兴"夫二至发敛,南北之极,日有恒度,而宿无改位。故古历冬至,皆在建星"之说也讲:

> 周汉之际,畴人丧业,曲技竞设,图纬实繁。或借号帝王以崇其大,或假名圣贤以神其说。是以谶记多虚,桓谭知其矫妄;古历舛杂,杜预疑其非直。(《宋书·律历志下》)

再之后,北朝与隋初间天文学家刘焯也反对灾异祥瑞之说。据颜之推《颜氏家训·省事》记载:

> 前在修文令曹,有山东学士与关中太史竞历,凡十余人,纷纭累岁,内史牒付议官平之。吾执论曰:大抵诸儒所争,四分并减分两家尔。历象之要,可以晷景测之,今验其分至薄蚀,则四分疏而减分密。疏者则称政令有宽猛,运行致盈缩,非算之失也;密者则云日月

有迟速,以术求之,预知其度,无灾祥也。

李申认为,颜之推此处所说"山东学士"显然是指刘焯等人,由于遵从"顺天求合"的原则,且历法精密,故宣称"无灾祥也"。

当然,在天文学这个天人感应理论的重镇,自然天道观要取得胜利绝非一朝一夕、一朝一代可能实现的,其前进的每一步都必然会遇到阻挠,真理的发展必然会经历反复。我们看到,在隋唐时期,由于统治者的需要,天人感应思想与谶纬迷信再次受到重视,重新抬头。这种状况在一定程度上显然与隋唐时期的统一政治格局有关,隋唐在恢复秦汉政治模式的同时也连带恢复了与这一政治模式相伴随或契合的信仰模式。

例如由李淳风等编写的《隋书·律历志》中说:"夫历者,纪阴阳之通变,极往数以知来。"又《隋书·五行志》中说:"天道以星象示废兴,则甘、石所以先知也。是以祥符之兆可得而言,妖讹之占以征验。"这其中,天人感应与灾异祥瑞思想十分明显。李淳风又特别重视天文学所具有的天人感应和神道设教的性质。例如李淳风在《乙巳占》序中说:

> 至于天道神教,福善祸淫,谴告多方,鉴戒非一。故列三光以垂照,布六气以效祥,候鸟兽以通灵,因歌谣而表异。同声相应,鸣鹤闻于九皋;同气相求,飞龙吟乎千里。兼复日亏麟斗,月减珠消,晕逐灰移,慧因鱼出。门之所召,随类毕臻;应之所授,待感斯发。无情尚尔,况在人乎?

这一状况也在一行的思想中体现出来,这特别反映在《大衍历议》之中。例如在《大衍历议》的《合朔议》中就重现了谴告理论,而在《日食议》、《五星议》中,天人关系思想得到了更为清晰的表达。如《日食议》中说:

> 日,君道也,无朒魄之变;月,臣道也,远日益明,近日益亏。望与日轨相会,则徙而浸远,远极又徙而近交,所以著臣人之象也。望而正于黄道,是谓臣干君明,则阳斯蚀之矣。朔而正于黄道,是谓臣壅君明,则阳为之蚀矣。

又如《五星议》中说：

> 故五星留逆伏见之效，表里盈缩之行，皆系之于时，而象之于政。政小失则小变，事微而象微，事章而象章。已示吉凶之象，则又变行，袭其常度。不然，则皇天何以阴骘下民，警悟人主哉！

又《大衍历议》的《历本议》中说："自五以降，为五行生数；自六以往，为五材成数。"这又是明显的五行思想，而我们知道，阴阳五行学说与天人感应学说有着密切的关系。

所以李申认为：一行是诚心诚意地把科学附会于神学，为封建政治服务。但李申的研究也指出：灾异祥瑞观念在隋唐时期也是一波三折的。如隋炀帝禁谶纬就相当彻底，但喜欢祥瑞，唐太宗李世民则并不过多地求助于祥瑞，武则天喜符命祥瑞，而从唐玄宗起，几代皇帝都屡次下诏禁奏祥瑞，表明天人感应观念在朝廷之上也日益衰落了。[1]

五、唐代以柳宗元、刘禹锡为代表的天人观

再来看思想层面。据研究，唐代批判灾异、祥瑞观念的第一篇专论是卢藏的《析滞论》。卢藏在其中说道："得丧兴亡，并关人事；吉凶悔吝，无涉天时。"历史学家刘知几认为，在历史上真正的祥瑞很少，"求诸《尚书》、《春秋》，上下数千载，其可得言者，盖不过一二而已"（《史通·书事》）。但刘知几又说："夫灾祥之作，以表吉凶，此理昭昭，不易诬也。"（《史通·书志》）由此也不难看到其思想的矛盾性或复杂性。

从哲学或理性的视角来看，当时对于这一问题的认识最具代表性的应当是唐代的柳宗元与刘禹锡二人。柳刘二人都就当时流行的天人感应学说提出了自己的批判性看法，并提出了自己的天人关系理论。如柳宗元讲："生植与灾荒，皆天也；法制与悖乱，皆人也。二之而已，其事各行不相预，而凶丰理乱出焉。"（《答刘禹锡天论书》）刘禹锡讲："天之所能

---

[1] 李申：《中国古代哲学和自然科学》，第 500、685 页。

者,生万物也。人之所能者,治万物也。""天之能,人固不能也;人之能,天亦有所不能也。"(《天论》)柳刘二人的这些论述都明显承继了荀子的思想,即将天人区分开来。而这之中尤为重要的就是去除两者间某种神秘和必然的联系,如柳宗元讲:"假而有能去其攻穴者,是物也。其能有报乎? 蕃而息之者,其能有怒乎? 天地,大果蓏也;元气,大痈痔也;阴阳,大草木也;其乌能赏功而罚祸乎?"(《天说》)在这里,柳宗元明确指出,天人之间不存在什么意志上的赏罚关系。柳宗元还写了《贞符》,对符瑞和谴告说给予了尖锐的批评,柳宗元说:"后之妖淫嚣昏好怪之徒,乃始陈大电、大虹、玄鸟、巨迹、白狼、白鱼、流火之乌以为符。斯为诡谲阔诞,其可羞也,而莫知本于厥贞。"由此,柳宗元坚定地指出:"未有恃祥而寿者也。"柳宗元的这些论述可以说对祥瑞符命思想作了直接的否定。

同时,柳宗元和刘禹锡又都很重视人力,如柳宗元讲:"变祸为福,易曲成直,宁关天命? 在我人力。"(《愈膏肓疾赋》)刘禹锡讲:"万物之所以为无穷者,交相胜而已矣,还相用而已矣。""天非务胜乎人者也。何哉? 人不宰则归乎天也。人诚务胜乎天者也。何哉? 天无私,故人可务乎胜也。"(《天论》)这些思想既继承了先秦时期荀子的思想传统,同时应当也与其所处时代的力命观有着一定的关联,并且这也在一定程度上成为宋元时期相关认识与知识活动的基础。

不过也应看到,柳宗元、刘禹锡这样一些思想家所发出的声音在当时是十分微弱的。

第三节　"道"、"理"概念与知识的关系

如前所指出,魏晋南北朝与隋唐时期的科学与哲学活动存在着一定的疏离,这在一定程度上也会影响到观念与概念系统,类似秦汉时期与宋明时期那样哲学与科学在众多的概念使用上保持高度统一的局面在魏晋南北朝时期并不典型。但"道"与"理"却是这一时期的两个重要概念。魏晋时期,自然天道观盛行,因此,"道"概念是这一时期的核心概

念。与此相关,"自然"也是一个十分重要的概念,并对知识活动产生了深刻影响。同时,"理"概念在这一时期出现得越来越频繁,无论是在思想中,还是在知识中都显得越来越重要,这可以说是魏晋南北朝与隋唐时期在概念上的一个重要现象。而"理"概念广泛的运用又为以后宋元时期的相关思想作了充分的知识准备。

一、"道"与"自然"

魏晋时期的哲学也即玄学所崇尚的是天道自然的理论,其思想直接源于先秦时期的道家学说,由此,"道"这一概念同样也成为这一时期哲学思考的重要概念。例如玄学家王弼说:"道者,无之称也。无不通也,无不由也,况之曰道,寂然无体,不可为象。"(《论语释疑》)郭象说:"物各自生而无所出焉,此天道也。"(《庄子注·齐物论》)又如道教思想家葛洪说:"凡言道者,上自二仪,下逮万物,莫不由之。"(《抱朴子内篇·明本》)"道者,万殊之源也。"(《抱朴子内篇·塞难》)从这里可以看出,"道"在魏晋时期的哲学思想中仍是一个基本的概念。并且,作为一种观念或思想,天道的概念也对同时期的科学活动产生了一定的影响。

"自然"也是这一时期的一个重要概念和观念,这一概念本与道或天道的概念是紧密联系的。不过实际应用中,这一概念在魏晋时期已经逐渐分离了出来,从而成为一个独立的重要概念。玄学家王弼非常重视这一概念,如他说:"天不违道,乃得全覆,法道也。道不违自然,乃得其性,法自然也。法自然者,在方而法方,在圆而法圆,于自然无所违也。"(《老子注》二十五章)"万物以自然为性,故可因而不可为也,可通而不可执也。"(《老子注》二十九章)"故其大归也,论太始之原以明自然之性,演幽冥之极以定惑罔之迷。"(《老子指略》)玄学家郭象也十分重视这一概念,如他说:"自然者,不为而自然者也。故大鹏之能高,斥鷃之能下,椿木之能长,朝菌之能短,凡此皆自然之所能,非为之所能也。"(《庄子注·逍遥游》)"我既不能生物,物亦不能生我,则我自然矣。自己而然,则谓之天然。"(《庄子注·齐物论》)还有阮籍,其讲:"道者法自然而为化。"(《通老论》）"天地生于自然，万物生于天地。自然者无外，故天地名焉。""人生天地之中，体自然之形。身者，阴阳之精气也。"（《达庄论》）又张湛《列子注·仲尼》引夏侯玄曰："天地以自然运，圣人以自然用。自然者，道也。道本无名，故老氏曰强为之名。"

但总体而言，"道"这一概念到了南北朝时期已不能再视作核心概念。在科学领域，由于科学活动与哲学活动之间所存在的疏离，这一概念除道教活动外并没有成为主要概念。在哲学领域中，随着佛教的兴盛，这一概念也逐渐从主要概念中退出。同"道"概念一样，"自然"这一概念在南北朝以后也逐渐稀少。这正反映了自然这一概念与道概念的关系，以及这两个概念的共同结果或命运。

二、魏晋南北朝时期"理"概念的兴起

魏晋南北朝时期应当值得我们注意的是另一个概念的兴起，这就是"理"。考察表明，这一概念在哲学和科学中开始被广泛使用。

在哲学思考中，例如郭象就经常使用这一概念，他说："故知君臣上下，手足内外，乃天理自然，岂真人之所为哉？"（《庄子注·齐物论》）"一物不具，则生者无由得生；一理不至，则天年无缘得终。"（《庄子注·大宗师》）"以小求大，理终不得；各安其分，则大小俱足矣。"（《庄子注·秋水》）嵇康也使用这一概念，他讲："夫推类辨物，当先求之自然之理。"（《声无哀乐论》）葛洪的《抱朴子内篇》也多用这一概念，如《论仙》中说："夫言始者必有终者多矣，混而齐之，非通理矣。"《至理》中说："夫逝者无反期，既朽无生理，达道之士，良所悲矣！"《明本》中说："其评论也，实原本于自然；其褒贬也，皆准的乎至理。"其中《道意》中说："患乎凡夫不能守真，无杜遏之检括，爱嗜好之摇夺，驰骋流遁，有迷无反，情感物而外起，智接事而旁溢，诱于可欲，而天理灭矣，惑乎见闻，而纯一迁矣。"这与《礼记·乐记》中的儒家观点十分近似，但又融入了道家的思想。当然，葛洪的思想也可以从科学的角度来观察和解读。还有张湛的《列子注》，如《仲尼》中讲："用失其道，则无益于理也。"《力命》中讲："命者，必然之

期,素定之分也。虽此事未验,而此理已然。"

与此同时,在科学活动中,天文学、地理学、数学、医学、生物学等许多学科也都广泛涉及了这一概念。如杨泉在《物理论》中说:

> 风者,阴阳乱气激发而起者也。怒则飞沙扬砾,发屋拔树;喜则不摇枝动草,顺物布气,天地之性,自然之理也。

这是将"理"视作天地自然的一般规律。又杜预讲:

> 天行不息,日月星辰,各运其舍,皆动物也。物动则不一,虽行度有大量,可得而限。累日为月,累月为岁,以新故相涉,不得不有毫末之差,此自然之理也。(《晋书·律历志下·春秋长历》)

这是说天体运行本身有变化,因此天文数据不可能一成不变,而是需要经常加以修正。在数学研究方面,如赵爽讲:

> 盖方者有常而圆者多变,故当制法而理之。(《周髀算经注》)

这是说,方圆的关系问题可遵循相应的规律来认识和解决。刘徽讲:

> 析理以辞,解体用图,庶亦约而能周,通而不黩。(《九章算术注》序)

这是说,数学的目的就在于分析数现象背后的法则。在与生物知识相关的语词分类方面,如郭璞的《尔雅图赞·释鱼·蚌》中说:

> 万物变蜕,其理无方。

在地理学方面,如郦道元在《水经注·洛水注》中指出:

> 物无不化之理。

郭璞和郦道元也都将变化看成大千世界的基本法则,亦即"理"。在医学方面,如皇甫谧说:

> 病有浮沉,刺有浅深,各至其理,无过其道。(《针灸甲乙经》)

皇甫谧在这里将理与道这两个词并用,其含义都是指一种法则或规律。

由此不难看出,在魏晋南北朝时期,"理"这一语词已经越来越多地被使用,并开始从哲学广泛地向科学传播,成为一个哲学和科学共同接受的重要概念。而结合先秦与秦汉时期的考察,我们在这里其实也看到了一个由哲学概念发展出科学概念并产生一定量变的鲜活例证。

三、隋唐时期"理"概念的发展

到了隋唐时期,"理"这一语词与概念的使用越来越频繁,其明确被用来表达规律、法则的含义,无论是哲学和科学都是这样。

在科学中,"理"这一概念广泛出现于天文学、地理学以及医药学中。

如在天文学中,李淳风在《乙巳占》序中讲:

> 夫神功造化,大易无以测其源;玄运自然,阴阳不可推其末。故乾元资始,通变之理不穷;坤元资生,利用之途无尽。

在这里,"理"明显具有规律之意。尤其是地理学方面,在一些科学论文中,作为规律意义的"理"概念大量出现,如卢肇的《海潮赋》中就反复使用"理"这一语词,他说:

> 浑天之法著,阴阳之运不差。阴阳之运不差,万物之理皆得。万物之理皆得,其海潮之出入,欲不尽著,将安适乎?
>
> 夫日之入海,其必然之理乎。
>
> 肇适得其旨,以潮之理,未始著于经籍间,以类言之,犹乾坤立,则易行乎其中。
>
> 今将尽索乎彼潮之至理,何得与日月而相符。
>
> 事有至理,无争无胜。犹权衡之在悬,审锱铢而必应。
>
> 赋之者究物理、尽人谋,水无远而不识,地无大而不搜。

这里的"万物之理"、"必然之理"、"至理"、"物理"都具有规律或法则的含义,并且明显被赋予了普遍性。而像这样对"理"概念的密集使用在当时的知识研究中绝非个别现象。

其他如医药学方面,《关尹子·九药篇》中讲:

> 谋之于事,断之于理,作之于人,成之于天。

刘知古在《日月玄枢论》中说:

> 所以千举万败者,其由不达三五与一之理。
>
> 世人徒知还丹可以度世,即不知度世之理,从何生焉。

还有炼丹术,容字号无名氏所注《周易参同契》中讲:

> 顺五行气,火则得其理。
>
> 若不从铅,必无得理。

这里的"理"也同样有道理、法则的意思。

在这一时期的哲学思想中,尤以刘禹锡最为重视"理"这一概念。如刘禹锡说:

> 吾固曰:是非存焉,虽在野,人理胜也。是非亡焉,虽在邦,天理胜也。(《天论中》)

这是结合天人关系讲自然与社会各自具有的法则。又说:

> 若知操舟乎? 夫舟行乎潍、淄、伊、洛者,疾徐存乎人,次舍存乎人。风之怒号,不能鼓为涛也;流之溯洄,不能峭为魁也。适有迅而安,亦人也;适有覆而胶,亦人也。舟中之人未尝有言天者,何哉? 理明故也。彼行乎江、河、淮、海者,疾徐不可得而知也,次舍不可得而必也。鸣条之风,可以沃日;车盖之云,可以见怪。恬然济,亦天也;黯然沉,亦天也。阽危而仅存,亦天也。舟中之人未尝有言人者,何哉? 理昧故也。(《天论中》)

这是将天、人、理这三个概念相结合,既论述天人关系,同时又阐述天人与理的关系,其中对规律与认识之间关系的思考可谓深入。同时,我们从中也可以看到知识的内容。刘禹锡也有一些论述虽未用"理"的概念,但其含义是相同的,例如:"夫目之视,非能有光也,必因乎日月火炎而后光存焉。所谓晦而幽者,目有所不能烛耳。彼狸、狌、犬、鼠之目,庸谓晦为幽邪？吾固曰：以目而视，得形之粗者也；以智而视，得形之微者也。"（《天论中》）在这里我们看到刘禹锡利用所掌握的光学方面的知识来论证哲学基本问题，这其中的"得形之微者"就具有理的性质，其既有规律的意思，也有原因的意思。其他思想家如韩愈也用这一概念，如："学所以为道，文所以为理。"（《送陈秀才彤》序）

此外，还有一个与"理"非常接近的语词即"数"也经常出现。以刘禹锡为例，他说："水与舟，二物也。夫物之合并，必有数存乎其间焉。数存，然后势形乎其间矣。一以沉，一以济，适当其数乘其势耳。彼势之附乎物而生，犹影响也。"（《天论中》）"大凡入乎数者，由小而推大必合，由人而推天亦合。以理揆之，万物一贯也。"（《天论下》）由以上刘禹锡的论述可以看到，"数"与"理"具有相似的含义。

不仅哲学中使用这一概念，科学中也经常使用"数"这一概念。如李淳风就试图将易数作为历数的根据，他引《易传》中的话："天数五，地数五，五位相乘而各有合。天数二十有五，地数三十，凡天地之数五十有五，所以成变化而行鬼神也。乾之策二百一十有六，坤之策一百四十有四，凡三百六十。"然后解释说："凡三百六十，以当期之日也。至乃阴阳迭用，刚柔相摩，四象既陈，八卦成列，此乃造文之元始。创历之厥初者欤？"（《隋书·律历志》）李淳风上述对于"数"概念的理解和使用无疑是对象数学传统的继承。孙思邈在讲到天人之间的对应关系时也用"数"来表达，他说："天有四时五行寒暑迭代，其转运也，和而为雨，怒而为风，凝而为霜雪，张而为虹霓，此天地之常数也。人有四支五藏，一觉一寝，呼吸吐纳，精气往来，流而为荣卫，彰而为气色，发而为音声，此人之常数也。"（《旧唐书·方伎传》）应当看到，虽然这种天人对应的比较方式仍难免有附会之嫌，但"数"在这里明显的是用于表示"必然性"这层意义。其他如容字号无名氏所注《周易参同契》中也用"不测其理，不晓阴阳运火度数"来形容和批评当时错误的炼丹方法，这其中则明确将"理"与"数"作了同义的理解。

四、由"道"而"理"的必然性

从"道"到"理",这一发展必然有其内在的深刻原因。对于这一问题,李申曾有过思考。其认为"道从行和路上升为抽象的哲学范畴,指的是人们的办事方式"。"道这个概念的产生,与人的行为有关,所以它自始就是一个动态的概念、描述事物运动的范畴。""理不是产生于对人们行为的认识,而是产生于对物自身各种因素相互关系的认识。""物体自身各个因素之间有稳定的相互关系,构成一定的秩序,这就是物的理。""物自身的秩序,物与物的关系,是静态的。所以,理自始就是一个静态的概念。""源于动态的东西,由于物自身在动,一般通过静态的观察就可了解。源于静态的概念,由于物自身不动,往往必须在变革现实的实践中才能认识。""因此,理是比道更深一层的概念,所以它比道晚出。"①李申上述分析主要是基于行为与物理、动态与静态的思路,有一定道理。

但从知识发展的视角看,由"道"而"理"的过程更可能与以下原因相关:

第一,"道"与"理"首先都是具有规律、法则意义的概念。但就知识背景而言,二者却是有所不同的。"道"这一概念主要源自先秦时期天文学或占星术的发展,源自在此基础上建立起来的天道观。而"理"有所不同,从一开始,这一概念就与一般或普遍事物有关,与一般或普遍认识有关。而从秦汉到魏晋,再从南北朝到隋唐,知识或认识不断扩大,也不断深入,"道"这一基于天文学和天道观发展起来的概念在应用上就显得不能得心应手,而"理"这一概念由于一开始就具有的广泛性特征或大众性身份就明显更加应对自如。

第二,"道"这一概念由于是基于天文学和占星术的,是对天体运行轨道、周期的认识,因此从一开始就被赋予规律的含义,并且在很大程度上也为这一含义所限定。但"理"有所不同,从其在先秦时期出现起,就

---

① 李申:《中国古代哲学和自然科学》,第515—517页。

同时包含有原因、根据的含义。如韩非子所说的"短长、大小、方圆、坚脆、轻重、白黑之谓理"。又如荀子所说的"凡以知,人之性也;可以知,物之理也"。这里所说的理不仅有规律、法则的含义,同时也有原因、依据的含义。事实上,"理"在这里也就是"故"的意思。古人所谓"求其故"也就是"求其理"。

第三,"道"这一概念又与特定的道家哲学思想有关,与相邻的"自然"观念或概念息息相关,与天道自然的哲学思想或理论密切相关。换言之,在道家哲学思想中,"道"是一个核心概念。事实上,我们在葛洪的思想中仍能看到"道"与"理"大量并存的现象。不过,葛洪的思想其实也已是道家天道自然哲学思想在魏晋时期的尽头或终结。伴随着道家哲学或天道自然哲学思想逐渐淡出,对"道"这一概念的使用也会相应衰减。相比之下,一个不受特定学派和学说限制的概念"理"则更能适合不同知识与心理的需求。

总而言之,在内涵上,"道"比"理"更加狭窄,"理"比"道"更加宽广。因此,由"道"而"理"的过程恰恰体现了知识的发展,体现了知识的扩大,同时也体现了认识的扩大和深入。当然,在这之中,佛教的相关概念很可能也起到了一定的推动作用。

充分了解魏晋南北朝时期由"道"而"理"的过程,无论是对于深入了解中国古代科学的发展,还是对于深入了解中国古代哲学的发展都有着重要的意义。有理由说,后来宋明理学中"理"这一语词或概念之所以能成为核心概念,应当是与魏晋南北朝和隋唐时期所提供的种种知识和思想的资料密切相关的。在一定意义也可以说,"理"概念到了唐代这里,已经是处于其整个发展过程质变的"前夜"。

第四节　"气"概念与知识的关系

"气"概念也是魏晋南北朝与隋唐时期相对比较重要的概念,这在很大程度上源于"气"的无所不在的性质。哲学上对于这一概念的使用主要还是因循传统。在知识领域，不同的学科可能也有所不同，其中天文学、医药学以及炼丹术对于"气"概念的使用是比较充分的。另外值得注意的是，在魏晋南北朝与隋唐时期，"变化"观念及其概念也很丰富和生动，而这在很大程度上也与"气"观念和概念有关。

一、魏晋南北朝时期哲学与科学思想中的"气"概念

"气"这一概念在先秦和秦汉时期的哲学理论中一直是最为基本的概念。在魏晋玄学中，"气"这一概念虽不能说是基本的概念，但由于受东汉以来元气自然论的影响，因此仍在思想中有一定的体现。例如嵇康讲："夫元气陶铄，众生禀焉。赋受有多少，故才性有昏明。"（《明胆论》）阮籍讲："自然一体，则万物经其常，入谓之幽，出谓之章。一气盛衰，变化而不伤。"（《达庄论》）阮籍、嵇康在这里所表达的是一种元气自然论的思想。类似的思想尤见之于杨泉的《物理论》，如："元气浩大，则称皓天。皓天，元气也。皓然而已，无他物焉。""土气合和，而庶类自生。""人，含气而生，精尽而死。"比较当时其他哲学家而言，杨泉对于元气自然思想的论述可能是比较丰富的，这应当与其对王充思想的继承有关。讲到这一时期哲学领域"气"概念的应用，我们也不能排除道教哲学的思想。如葛洪说："夫人在气中，气在人中。自天地至于万物，无不须气以生者也。"（《抱朴子内篇·至理》）并且道教哲学中，有关气的思想是非常丰富的。

在魏晋南北朝时期的科学活动中，"气"概念首先体现在对于天的思考中，例如《列子》的《天瑞》篇中讲："天，积气耳，亡处亡气。若屈伸呼吸，终日在天中行止，奈何忧崩坠乎？""日月星宿，亦积气中之有光耀者，只使坠，亦不能有所中伤。"这是说天地都是由气所构成的，而气无所谓崩坠。又讲："虹霓也，云雾也，风雨也，四时也，此积气之成乎天者也。山岳也，河海也，金石也，火木也，此积形之成乎地者也。知积气也，知积块也，奚谓不坏？"这是说凡由气所积之物都是要坏的，天地亦不能例外。显然，这里围绕"气"反映了两种不同的对宇宙的看法。这一时期"气"概念的应用也体现在医学活动中。我们看到，在这一领域，一如《黄帝

内经》理论所确定的那样,仍将"气"视作生命的基础。例如王叔和说:"气行血留,不能相与俱微,气闭实则胸满脏枯,而争于中,其气不朝,血凝于中死矣。"(《脉经》卷四《诊损至脉第五》)皇甫谧说:"五藏主藏精者也,不可伤,伤则失守阴虚,阴虚则无气,无气则死矣。"(《针灸甲乙经》)事实上,这也是由先秦与秦汉两个时期所奠定的重要传统。可以这样说,医学理论以及相关的人体知识赋予了"气"概念生存发展的最大空间。

二、隋唐时期哲学与科学思想中的"气"概念

先来看隋唐时期科学思想中的"气"概念,在这里我们会有一些新的发现。对于中国传统医学来说,"气"始终是一个重要概念,但据俞慎初的研究,隋唐时期的孙思邈却将气论思想与印度医学中的"四大不调"学说结合起来,由此为"气"概念及其思想提供了新的解说。[①] 孙思邈这样讲道:"地、水、火、风,和合成人。凡人火气不调,举身蒸热;风气不调,全身强直,诸毛孔闭塞;水气不调,身体浮肿,气满喘粗;土气不调,四肢不举,言无音声。""凡四气合德,四神安和。一气不调,百一病生。四神动作,四百四病同时俱发。又云一百一病,不治自愈;一百一病,须治而愈;一百一病,虽治难愈;一百一病,真死不治。"(《千金要方》卷一《论诊候第四》)事实上,古代印度的"四大"很类似于古代中国的"五行"。孙思邈将这一学说引入他的医学理论,这不仅是不同文化的科学传统之间的交流,也是不同文化的哲学或思想传统之间的交流。除医学外,另如邱光庭对于潮汐的解释也使用了"气"的概念,这也可以说是将"气"这一概念用于了一个新的知识领域。他说:"地之所处,于大海之中,随气出入而上下。气出则地下,气入则地上。地下则沧海之水入于江河,地上则江河之水归于沧海。入于江河之谓潮,归于沧海之谓汐。"(《海潮论》)

---

① 参见俞慎初《中国医学简史》,第112页,福州,福建科学技术出版社,1983。

在隋唐时期，"气"对于中国传统儒家哲学思想来说仍是一个重要的概念，这其中又以柳宗元和刘禹锡二人最具代表性。例如柳宗元说："本始之茫，诞者传焉。鸿灵幽纷，曷可言焉！旲黑晰眇，往来屯屯，庞昧革化，惟元气存，而何为焉！"（《天对》）柳宗元的这一表述体现了一种源自王充的元气自然论的思想。柳宗元又说："彼上而玄者，世谓之天；下而黄者，世谓之地；浑然而中处者，世谓之元气；寒而暑者，世谓之阴阳。是虽大，无异果蓏、痈痔、草木也。……天地，大果蓏也；元气，大痈痔也；阴阳，大草木也。"（《天说》）在这里，无论是从宇宙起源的角度考虑，还是从宇宙结构的角度考虑，柳宗元都视"气"为基本的物质形态，并且我们也看到柳宗元通过自然知识或现象来论证世界的物质性。与柳宗元一样，刘禹锡也继承和坚持了元气自然论的思想。如刘禹锡说："浊为清母，重为轻始。两仪既位，还相为庸。嘘为雨露，噫为雷风。乘气而生，群分汇从，植类曰生，动类曰虫。倮虫之长，为智最大，能执人理，与天交胜，用天之利，立人之纪。"（《天论下》）我们在这里看到刘禹锡也是以元气自然论为基础，对自然和人类的发生发展历史作了符合科学的描述。

三、宗教思想中的"气"概念及其与知识的关系

同样，讲"气"概念与知识与思想的关系也不能不讲道教。魏晋南北朝时期道教有关养生、疗病、气功以及炼丹的理论中都大量涉及气这一概念。例如葛洪说：

> 云雨霜雪，皆天地之气也，而以药作之，与真无异也。（《抱朴子内篇·黄白》）

又如陶弘景的《养性延命录》中说："俗人但知贪于五味，不知有元气可饮。圣人知五味之毒焉，故不贪；知元气可服，故闭口不言，精气息应也。"（《杂诫忌禳灾祈善篇第三》）又说："凡行气欲除百病，随所在作念之。头痛念头，足痛念足，和气往攻之。从时至时，便自消矣。"（《服气疗

病篇第四》）隋唐时期的道教也是如此。例如《无能子》中说：

> 天地未分，混沌一气。一气充溢，分为二仪。有清浊焉，有轻重焉。轻清者上，为阳为天；重浊者下，为阴为地矣。天则刚健而动，地则柔顺而静，气之自然也。天地既位，阴阳气交，于是裸虫、鳞虫、毛虫、羽虫、甲虫生焉。人者，裸虫也，与夫鳞毛羽甲虫俱焉，同生天地，交气而已，无所异也。（《圣过》）

又如唐末五代道士谭峭说：

> 小人由是知神可以分，气可以泮，形可以散。散而为万，不谓之有余；聚而为一，不谓之不足。若狂风飘发，魂魄梦飞；龂齿断蚓，首尾皆动。夫何故？太虚，一虚也；太神，一神也；太气，一气也；太形，一形也。命之则四，根之则一。守之不得，舍之不失，是谓正一。（《化书·道化·正一》）

以上这些论述中不仅有思想的内容，也有知识的内容，并且大至宇宙天地，小至鳞毛羽甲，可谓无所不包。

有趣的是，某些佛教的相关论述也成为这一时期本属于中国传统的气论哲学图景的一个组成部分。例如华严宗的宗密就在其《原人论》中使用了元气概念，他说："所禀之气，展转推本，即混一之元气也。所起之心，展转穷源，即真一之灵心也。究实言之，心外的无别法，元气亦从心之所变，属前转识所现之境。是阿赖耶相分所摄，从初一念业相，分为心境之二。"毫无疑问，宗密在这里所使用的"气"是为其唯心论的佛教哲学作论证的。

四、"变化"观念及其与"气"的关系

在魏晋南北朝与隋唐时期的思想界和知识界，"变化"也是一个十分重要的观念和概念，而它们事实上又与"气"这一概念密切相关。

在魏晋南北朝时期的哲学与科学思想中，动静变化是十分重要的概念，尤其是变化这一概念，它是哲学和科学所共同关心的。哲学关

心这一概念的一个重要原因是由于玄学对先秦时期一些重要典籍如《庄子》、《易传》的重视,在这些典籍中有丰富的变化思想,同样,它们也影响到魏晋时期玄学家的思想。例如王弼说:"天地虽大,富有万物,雷动风行,运化万变。"(《周易注·复卦》)郭象说:"出入者,变化之谓耳,言天下未有不变也。"(《庄子注·知北游》)而这样一种关注也会引起对于变化问题的更为深入的思考和探讨,这其中就有可能包含相关知识问题。如张湛说:"夫万物与化为体,体随化而迁,化不暂停,物岂守故? 故向之形生,非今形生,俯仰之间,已涉万变。"(《列子注·天瑞》)这里明确地论述了变化与时间的关系。同样,这一时期的科学也十分重视对变化现象的解释。例如郦道元在解释水文的变化时说:"夫物无不化之理,魄无不迁之道。"(《水经注·洛水注》)贾思勰也十分重视环境对于植物变异的影响,如讲:"并州无大蒜,朝歌取种,一岁之后,还成百子蒜矣,其瓣粗细正与条中子同。芜菁根,其大如碗口,虽种他州子,一年亦变。大蒜瓣变小,芜菁根变大,二事相反,其理难推。"(《齐民要术·种蒜》)很明显,这些关于变化的认识都是结合具体科学知识来展开的,这也是科学认识与哲学认识一个最为明显的区别,但这又不妨碍科学从更具体的层面来认识变化及其他相关哲学问题,并且这又进一步为哲学论证提供材料,也即成为哲学论证的基础。关于变化问题,葛洪的论述是很丰富的,其认识也是很深刻的,对此,将在下一节做专门考察。

而变化又是与"气"密切相关的。如《列子》中说:"虹霓也,云雾也,风雨也,四时也,此积气之成乎天者也。山岳也,河海也,金石也,火木也,此积形之成乎地者也。知积气也,知积块也,奚谓不坏?"(《列子·天瑞》)又如葛洪说:"夫变化之术,何所不为","云雨霜雪,皆天地之气也"。(《抱朴子内篇·黄白》)这些论述都是从天文或天气现象来理解"气"与变化之间的关系。又如范缜说:"夫歘而生者,必歘而灭;渐而生者,必渐而灭。歘而生者,飘骤是也;渐而生者,动植是也。有歘有渐,物之理也。"(《神灭论》)这里深入地考察了"气"的变化的不同形态。我们知道,在先秦时期的考察中,"气"与"阴阳"概念密切相关,经过两汉之后,"气"与"变化"概念有了更多的结合。这实际正反映了科学知识的发展对于观念或概念的影响,确切地说,就是天文、气象等知识的发展在思想概念发展中的反映。

之后,随着炼丹术以及道教丹学理论的整体发生发展,"气"与"化"的概念又有了更为丰富的内涵。这可以谭峭的《化书》为例。谭峭的《化书》是以内丹理论作为基础,而"化"这一概念就在其中得到充分的阐发。例如谭峭说:

> 道之委也,虚化神,神化气,气化形,形生而万物所以塞也。道之用也,形化气,气化神,神化虚,虚明而万物所以通也。是以古圣人穷通塞之端,得造化之源,忘形以养气,忘气以养神,忘神以养虚。(《化书·道化·道化》)

又说:

> 虚化神,神化气,气化血,血化形,形化婴,婴化童,童化少,少化壮,壮化老,老化死。死复化为虚,虚复化为神,神复化为气,气复化为物。化化不间,犹环之无穷。(《化书·道化·死生》)

在以上论述中既包含有丰富的道教思想,也包含有对知识的理解,这其中最为突出的就是对"化"的深入思考,而这一思考无疑又是以其炼丹实践与丹学理论作为基础的。可以想象,如果没有道教对于炼丹及养生知识的探索,其有关"化"的思想是不会如此深入的。不仅如此,还应看到,谭峭对"气"与"化"的理解包括在此基础上所形成的宇宙观显然对以后张载、王夫之等人的思想产生了深刻的影响。例如谭峭说:"太虚,一虚也;太神,一神也;太气,一气也;太形,一形也。命之则四,根之则一。守之不得,舍之不失,是谓正一。"(《化书·道化·正一》)我们可以看到,日后张载在《正蒙》中所阐述的思想与谭峭在这里的论述有颇多相近甚至相似之处。

第五节　葛洪的科学思想及哲学思想

葛洪(生卒年月一般认为是 284—364 年,或曰 281—341 年),字稚川,自号抱朴子,丹阳句容人。葛洪不仅是思想家,也是我国古代著名的医药学家和炼丹家。葛洪的主要著作有《抱朴子》、《肘后备急方》(简称《肘后方》),其中《抱朴子》一书由《内篇》和《外篇》两部分组成,前者在于宣扬神仙方术思想,包含有大量炼丹方法和化学知识;《肘后方》是一部医学典籍,在中国医学史上居有重要的地位,里面的不少医方至今仍在临床上使用。另外葛洪对天文学也有所研究,相关内容将在第六节即天文学中的科学思想中加以考察。

一、炼丹术思想

我们已经知道,魏晋南北朝时期的道教炼丹术实际是在东汉时期的基础上发展起来的。如上一章所见,东汉时期魏伯阳的《周易参同契》已经对炼丹理论与方法作了基本的阐述,葛洪正是在此基础上取得了更大的进展。葛洪本人从事炼丹数十年,积累有丰富的物质变化的经验与知识。在此基础上,他对前人的经验、知识加以总结和发展,并形成对后世产生深刻影响的理论,这就是《抱朴子内篇》。而在葛洪的《抱朴子内篇》中,有关炼丹的内容又主要保存在《金丹》、《仙药》和《黄白》三卷中。

道教服食丹药的目的在于长生甚至不死,葛洪的看法亦不例外。葛洪说:

> 夫五谷犹能活人,人得之则生,绝之则死,又况于上品之神药,其益人岂不万倍于五谷耶?夫金丹之为物,烧之愈久,变化愈妙。黄金入火,百炼不消,埋之,毕天不朽。服此二物,炼人身体,故能令人不老不死。此盖假求于外物以自坚固,有如脂之养火而不可灭。(《抱朴子内篇·金丹》)

葛洪认为,五谷犹能养人,何况金丹神药,自然能够延年益寿。葛洪又说:"凡草木烧之即烬,而丹砂烧之成水银,积变又还成丹砂,其去凡草木亦远矣,故能令人长生。"(《抱朴子内篇·金丹》)葛洪认为,草木烧之则为灰烬,但丹砂与水银则可循环,这自然就是长生的依据。葛洪的这一看法很可能受到自然往复再生现象或法则的启发,而这正是服用丹药的目的所在。葛洪说:"上药令人身安命延,升为天神,遨游上下,使役万灵,体生毛羽,行厨立至。"(《抱朴子内篇·仙药》)何为"上药"? 葛洪认为尤以还丹和金液最为重要,他说:"余考览养性之书,鸠集久视之方,曾所披涉篇卷,以千计矣,莫不皆以还丹金液为大要者焉。"这是因为在葛洪看来,"此二事,盖仙道之极也。"(《抱朴子内篇·金丹》)葛洪的上述思想无疑存在着重大的失误,其对生命现象的基本判断走向了歧途。但我们又应看到,这其中的确也包含了对于变化和永恒问题的认真探索。而从今天知识的角度来看,葛洪及道教所接触的实际上就是化学反应知识,其中还丹一般认为或是硫汞齐,或是铅汞齐,金液则主要是指金汞齐。此外,葛洪也记述了铜砷合金的化学反应,其中砷黄铜称为药金,砷白铜称为药银。当然,类似的化学知识还有不少。[①] 不过,所有这些都是用来论证以及达到长生不死的目的。

二、医药学思想

　　葛洪在医疗上的贡献很多,并且较之炼丹术显然更加真实和科学。《肘后方》一书的内容包括急性传染病、各脏腑慢性病、外科、儿科、眼科疾病以及六畜病的治疗方法,并且对各种疾病的起因、病状皆有叙述,书中附有治法和药方,是一部非常实用的方书。《肘后方》尤其对于急性传染病的防治有重要贡献,这些贡献包括:对于天花的记载以及治疗方法、对于结核性传染病的描述、对于沙虱所引起的急性传染病的防治等,葛洪还针对传染病提出了致病物质"疠"这一概念。此外,葛洪还提到狂犬

_____

[①] 以上可参见胡孚琛《魏晋神仙道教》相关内容,北京,人民出版社,1989。

病的医治,涉及免疫思想和方法。例如葛洪对于天花的记载:"比岁有天行发斑疮,头面及身,须臾周匝,状如火疮,皆戴白浆,随决随生,不即疗,剧者数日必死。治得差后,疮瘢紫黑,弥岁方灭,此毒之气也。"(《肘后方》卷二)据研究,这是关于天花的最早记载,它比阿拉伯医师相关的记载要早 500 多年。与此同时,葛洪还提供了治疗天花的实践经验:"煮葵菜,以蒜捣烂后服用,即能止。"这比起欧洲人发明牛痘接种也要早 1000 多年。

以这些医疗活动或实践为基础,葛洪也阐述了一些基本的医学思想。如其在《抱朴子内篇·杂应》中就结合《肘后方》的特点与目的讲到以下两个重要的思想。(1)医家治病,必须为病人着想。葛洪说,其每每见"治卒暴之候,皆用贵药,动数十种,自非富室而居京都者,不能素储,不可卒办也"。又"医多承袭世业,有名无实,但养虚声,以图财利。寒白退士,所不可得使,使之者乃多误人,未若自闲其要,胜于所迎无知之医"。在这里,葛洪实际清晰地阐述了医学道德观。(2)医籍药方一定要条理清晰,简便易用。葛洪说:"余究而观之,殊多不备,诸急病甚尚未尽,又浑漫杂错,无其条贯,有所寻按,不即可得。""余所撰百卷,名曰《玉函方》,皆分别病名,以类相续,不相杂错,其《救卒》三卷,皆单行径易,约而易验,篱陌之间,顾眄皆药,众急之病,无不毕备,家有此方,可不用医。"这里既有分类思想,也有实用思想。我们在上述这些论述中可以清楚地看到葛洪对于医疗活动的更为人性、更为本质的认识,也看到葛洪在方法上的科学性和更具哲学精神的体现。

三、强调变化与重视人为

前面已经有所涉及,以炼丹活动为基础,葛洪还进一步提出了相应的哲学思想。当然,它也很可能是这样一种情况,即葛洪的炼丹理论有着深刻的哲学思想基础。但无论哪种情况,都表明其科学活动与哲学思想之间存在着密切的关系。而这其中一个重要的哲学思想就是变化观。如葛洪说:

夫存亡终始,诚是大体。其异同参差,或然或否,变化万品,奇怪无方,物是事非,本钧末乖,未可一也。夫言始者必有终者多矣,混而齐之,非通理矣。谓夏必长,而荠麦枯焉。谓冬必凋,而竹柏茂焉。谓始必终,而天地无穷焉。谓生必死,而龟鹤长存焉。盛阳宜暑,而夏天未必无凉日也。极阴宜寒,而严冬未必无暂温也。百川东注,而有北流之浩浩。坤道至静,而或震动而崩弛。水性纯冷,而有温谷之汤泉;火体宜炽,而有萧丘之寒焰;重类应沈,而南海有浮石之山;轻物当浮,而牂柯有沈羽之流。万殊之类,不可以一概断之,正如此也久矣。(《抱朴子内篇·论仙》)

夫变化之术,何所不为。盖人身本见,而有隐之之法。鬼神本隐,而有见之之方。能为之者往往多焉。水火在天,而取之以诸燧。铅性白也,而赤之以为丹。丹性赤也,而白之而为铅。云雨霜雪,皆天地之气也,而以药作之,与真无异也。至于飞走之属,蠕动之类,禀形造化,既有定矣。及其倏忽而易旧体,改更而为异物者,千端万品,不可胜论。人之为物,贵性最灵,而男女易形,为鹤为石,为虎为猿,为沙为鼋,又不少焉。至于高山为渊,深谷为陵,此亦大物之变化。变化者,乃天地之自然,何为嫌金银之不可以异物作乎?(《抱朴子内篇·黄白》)

以上两段论述只是葛洪众多思考中的两则,却很具有代表性。在这两段论述中,葛洪表达了以下两个基本思想:

其一,事物是复杂的和多样的。葛洪说:"夫存亡终始,诚是大体。其异同参差,或然或否,变化万品,奇怪无方。"为此葛洪列举了许多事例,如:"夫言始者必有终者多矣,混而齐之,非通理矣。"又如:"谓始必终,而天地无穷焉。谓生必死,而龟鹤长存焉。"葛洪的结论是:既然事物是复杂多样的,那么对于存亡终始一类问题又岂能一概而论,所谓"物是事非,本钧末乖,未可一也。""万殊之类,不可以一概断之。"应当说,葛洪的论证未尽合理或正确,但其中所包含的对于复杂性和多样性问题的思考无疑是深刻的。

其二,所有事物都处在变化之中,并且事物的性状是可以改变的。葛洪讲:"变化万品,奇怪无方","变化之术,何所不为","变化者,乃天地之自然"。为此他也举了很多例子,包括自然山川、云雨霜雪、飞禽走兽、灵性男女,"及其倏忽而易旧体,改更而为异物者,千端万品,不可胜论"。在这里应当注意的是,知识活动对于思想或理论的意义。正是由于炼丹活动涉及大量的物质变化现象,因此葛洪有十分突出的变化思想,也因此,它又表明,科学活动对于科学思想和哲学思想的深刻意义。

当然,也需要注意的是,葛洪及其道教对于变化的认识在很大程度上是以实验或实证为基础的。

此外,与变化问题密切相关,葛洪对力命问题也有深入的思考。这同样也与炼丹术有关,因为正是在炼丹活动中,通过人为的干预可以制造出无穷的变化。所以葛洪十分重视和强调人为对自然和变化的干预。葛洪相信,通过人为,可以改变事物的生物或物理性状。如葛洪说:"云雨霜雪,皆天地之气也,而以药作之,与真无异也。""及其倏忽而易旧体,改更而为异物者,千端万品,不可胜论。"(《抱朴子内篇·黄白》)葛洪又说:"变化者,乃天地之自然,何为嫌金银之不可以异物作乎?"(同上)既然世间变化无奇不有,那么通过人工方法来改变金银铅丹的性状有什么不可能呢? 葛洪还对不信人为的少见多怪观念提出批评:"外国作水精碗,实是合五种灰以作之。今交、广多有得其法而铸作之者。今以此语俗人,俗人殊不肯信。乃云水精本自然之物,玉石之类。况于世间,幸有自然之金,俗人当何信其有可作之理哉? 愚人乃不信黄丹及胡粉,是化铅所作。又不信骡及駏驉,是驴马所生。云物各自有种。况乎难知之事哉? 夫所见少,则所怪多,世之常也。"(《抱朴子内篇·论仙》)又正是以上述认识作为基础,葛洪还表达了更为明确的力命观,葛洪在《抱朴子内篇·黄白》中引《龟甲文》曰:"我命在我不在天,还丹成金亿万年。"这可以看作是葛洪力命观的更为简洁的概括。事实上,从现代医学的角度来看,通过改变自然属性而得到的各种药物也的确在促进人的健康方面起到了十分积极的作用,就此而言,如果去除在生命问题判断上的基本错误以及一些具体的谬误,葛洪的思考不啻为一种真知灼见。

四、实验与实测精神

由于炼丹术的需要,葛洪也十分重视实验,在《抱朴子》中对此多有记载。如葛洪讲:"丹砂烧之成水银,积变又还成丹砂。"(《抱朴子内篇·金丹》)这里,"丹砂烧之成水银"是说汞的制备过程,而"积变又还成丹砂"是说汞又具有与硫黄化合还原丹砂的性质。又如:"先取武都雄黄,丹色如鸡冠,而光明无夹石者,多少任意,不可令减五斤也。捣之如粉,以牛胆和之,煮之令燥。以赤土釜容一斗者,先以戎盐石胆末荐釜中,令厚三分,乃内雄黄末,令厚五分,复加戎盐于上。如此,相似至尽。又加碎炭火如枣核者,令厚二寸。以蚓蝼土及戎盐为泥,泥釜外,以一釜覆之,皆泥令厚三寸,勿泄。阴干一月,乃以马粪火煴之,三日三夜,寒,发出,鼓下其铜,铜流如冶铜铁也。乃令铸此铜以为筒,筒成以盛丹砂水。又以马屎火煴之,三十日发炉,鼓之得其金,即以为筒,又以盛丹砂水。又以马通火煴三十日,发取捣治之。取其二分生丹砂,一分并汞,汞者,水银也,立凝成黄金矣。"(《抱朴子内篇·黄白》)葛洪在这里详细具体地记载了铜砷合金方法。以上这些无疑都是实验方法。葛洪的这些实验具有重要的意义,它是继魏伯阳的《周易参同契》之后,深入细致记录炼丹实验的著述,其对于以后的炼丹实验产生了极其重要的影响。

除炼丹实验之外,葛洪在天文学研究中也十分重视对天象的实际观察,这不仅包括重视自己的亲身观察,也包括重视桓谭、张衡等人的观察经验。据此,葛洪又对其他诸多天文学说提出批评,指出:"论天者虽多,然精于阴阳者少。"(《晋书·天文志上》)这里所谓"精于阴阳者少"即是指疏于实际观测。并且我们看到,这其中也包含了实测的思想。葛洪的这一思想对后世产生了重要影响。有关葛洪的这一思想与天文学理论的关系还可见下一节的相关内容。

广义地来看,葛洪在实验与实测问题上的重视及其相关思想,对于中国古代科学发展的意义是重大的。就实验来说,炼丹实验是继战国时期后期墨家力学、光学与声学实验之后的一个新的尝试。就实测来说,张衡、葛洪可以看作是一个整体,其所提倡的工作样式或作风将对科学发展产生重要而正确的引领作用。不仅如此,应当看到,丰富的实验和实测对于观念的影响也是巨大的。如大量的改变物性或物种的实验就为哲学对于"力命"问题的讨论提供了依据。从南北朝以后逐渐而持续增加的对人的重视,可以说就是建立在这种科学活动与认识的基础之上的。而实测也以其严谨的精神影响着观念和思想,这在很大程度上也为以后宋元哲学的格物致知倾向提供了坚实的知识依据与基础。所有这些意义或影响尤其将在宋元以及明清时期的科学活动和哲学思想中充分体现出来。

五、评价

李约瑟在谈到葛洪时指出:"在他的《抱朴子》头几篇中包含着某些看来是高水平的科学思想。人的心灵是在探索着要掌握自然界的复杂性,而各种现象的分歧性所给人们的印象要比统一这些现象的任何概括化都更深刻;换句话说,当时主要的气氛是经验主义的。"[1]我们要看到,葛洪在不少具体的知识问题上都取得了重要的认识成果,其中有许多是正确的,这既有医学思想,也有天文学思想和炼丹术思想,此外还有实验与实测的方法。李约瑟的判断和概括是准确的,即葛洪的科学思想中体现出强烈的经验主义成分。同时,葛洪也形成了一些重要的哲学思想,例如对于变化问题和力命问题的认识,这样一些思想对当时和以后都产生了较为深刻的影响。当然,这些思想中也包含有谬误,这其中有思维幼稚的原因,也有时代局限的因素,有些是荒诞的,但也有一些是不能苛责的。总的来说,葛洪在中国古代科学及哲学的发展中占有一席重要的地位。

当然,我们也必须要了解葛洪及其整个道教科学与哲学思想的特殊

---

[1] 〔英〕李约瑟:《中国科学技术史》第二卷《科学思想史》,第 466 页。

性,它既不能简单归类为科学活动中的哲学内容,也不能简单理解为哲学思想中的科学内容。在道教和葛洪的思想中,哲学与科学的内容在一定程度上又是依附于其神仙信仰的。因此在这里并不是一种简单的科学与哲学之间的关系,而是较此更为复杂的科学、哲学与宗教之间的关系。事实上,通过葛洪,我们可以看到道教的复杂性质。例如葛洪一方面是强调神仙或鬼神存在的,并且也认可符咒的合理性,这其中有道教的神秘传统,这显然是我们不能回避的;但另一方面葛洪又反对问医求助于鬼神,其思想或理论又呈现出自然天道观的性质,并且也秉承了儒家的理性传统,这也应是值得充分注意和肯定的。这样两种看似矛盾或悖论的现象恰恰是集于葛洪一身的。而重要之处还在于:葛洪何以在如此复杂或矛盾的背景中依然能够提出种种充满理性的科学思想与哲学思想,就此而言,葛洪很可能也是中国古代文化的一个缩影,这正是值得我们深思的。

第六节　天文学中的科学思想及其与占星术的关系

在魏晋南北朝和隋唐时期,天文学与地理学也都涉及有一定的哲学内容。一方面,由于对天文现象的探索不断深入,特别是由于受到自然天道观的影响,魏晋南北朝时期的天文学家如杜预、何承天等人提出了"顺天求合"的科学思想,这对于天文学科的科学化具有重大意义;但另一方面,在这一知识部门仍呈现出驳杂的特点,天人感应和灾异理论并未因自然天道观的批评而消失,尤其是隋唐时期还强势回潮。当然,对于种种灾异或祥瑞观念,又不乏来自理性学者或思想家的激烈批判与攻击。总之,理性与神秘两种因素在这一时期是并存和交错的。

一、天文学的发展及主要成就

魏晋南北朝时期,制定新的历法仍然是天文学中的首要事项。从三国起,先后出现了《乾象历》、《景初历》、《元始历》、《元嘉历》、《大明历》

等。这一时期又有新的论天三家,新的天文学概念和思想也相继提出,如杜预、何承天等人就提出了"顺天求合"的重要科学思想。具体地,东晋时期的虞喜通过对当时同一时节星辰出没时刻与古代记录比较,发现其所处年代恒星的出没比古代提前了,春分、秋分点和冬至、夏至点已向西移动,于是他首先提出了岁差的概念,并开始探讨岁差的规律。之后,何承天、祖冲之都对这一问题进行了深入的研究。又如北齐民间天文学家张子信经过三十多年的观测,发现太阳和五星视运动不均匀性的现象,其指出日行在春分后则迟,秋分后则速。与此同时,所用数值也日益精确。例如祖冲之测出回归年的长度为 365.2428148 日,这比起前人所获得的数值要精确得多,即使与现代的数值相比,也仅差四十六秒。此外,祖冲之还推算出交点月的周期时间为 27.21223 日,与现代测定的27.212220日数值仅差不到一秒。

在中国古代天文学史上,隋唐是一个比较重要的时期,因为在这一时期涌现出了一大批著名的天文学家,包括刘焯、李淳风、一行等人,从事了一系列重要的活动,例如李淳风主持建造的新型浑天仪、一行与梁令瓒主持建造的新型浑象、一行主持的大地子午线测量等;编制了一批优秀的历法,包括《皇极历》、《大业历》、《麟德历》、《大衍历》、《宣明历》等;撰写出一批天文学名著,如《仪象志》、《乙巳占》、《开元占经》、《步天歌》等。伴随着天文观测和历法方面的进步,天文常数精度进一步提高。例如隋代张胄玄的《大业历》在五星位置的推算中首创利用等差级数提高行星动态表精度的方法,使得五星会合周期的准确值获得了空前的提高;又如这一时期十余种历法所用交点月的长度值同理论推算值之间的差距多在 1 秒以下,以后宋元时期也基本保持在这一水平;再如交食周期数值这时也达到了十分精确的程度,郭献之的《五经历》中采用了 716个朔望月 122 次食季的交食周期,而一千年后即 19 世纪末西方的纽康周期与此等值。[①]

---

① 详见杜石然等编著《中国科学技术史稿》(上册)相关内容。

二、宇宙理论的发展变化

宇宙理论从先秦起就是哲学所关注的问题,从汉代起也成为天文学所关心的重要问题。魏晋南北朝时期也是我国历史上有关宇宙理论讨论的最活跃的时期,这其中既有宇宙结构问题,也有宇宙演化问题。

如前所见,到汉代,天文学对宇宙结构的看法主要有盖天、浑天和宣夜三种理论,学者或将其称作老三家。而到了魏晋时期,有关宇宙结构的看法又出现了安天、穹天和昕天三种理论,学者或将其称作新三家。新三家的产生在很大程度上是为了要解决长期以来存在于人们心中的一个疑惑:天地会不会崩塌或坠落,这一问题早在《庄子·天下》篇黄缭所提问题中就有所涉及,这同样也是《列子·天瑞》中所讲的"杞人忧天"故事的内容,尤其是后者。因此这里有必要概要地来了解一下《列子·天瑞》的内容。

《天瑞》记载,杞国有人忧天地崩坠,身亡所寄,废寝食者。于是有晓者前往解忧,曰:"天,积气耳,亡处亡气。若屈伸呼吸,终日在天中行止,奈何忧崩坠乎?""日月星宿,亦积气中之有光耀者,只使坠,亦不能有所中伤。""地,积块耳,充塞四虚,亡处亡块。若躇步跐蹈,终日在地上行止,奈何忧其坏?"在这里,作为解忧的晓者表达了一个十分重要的观点,天地都是由气所构成的,而气无所谓崩坠。接着,有名为长庐子的闻而笑曰:"虹霓也,云雾也,风雨也,四时也,此积气之成乎天者也。山岳也,河海也,金石也,火木也,此积形之成乎地者也。知积气也,知积块也,奚谓不坏? 夫天地,空中之一细物,有中之最巨者,难终难穷,此固然矣;难测难识,此固然矣。"长庐子的观点是,凡由气所积之物都是要坏的,天地亦不能例外,不过天地乃一巨物,所以其生命"难终难穷",对它的认识也"难测难识"。长庐子最后归结说:"忧其坏者,诚为大远;言其不坏者,亦为未是。"再接下来,列子又归结曰:"言天地坏者亦谬,言天地不坏者亦谬。坏与不坏,吾所不能知也。虽然,彼一也,此一也,故生不知死,死不知生;来不知去,去不知来。坏与不坏,吾何容心哉?"列子的看法是,生与死是交替的,而生命却是一个无限的周期,这并不是有限的心智所能把握的,这之中的思想显然与庄子的哲学思想相同。这里还值得我们注意的是,上述《列子·天瑞》中对宇宙的看法虽然包括了几种看法,但有一点是肯定的,就是这些不同的看法都表现出一种自然主义的态度,这与同时期普遍具有的自然天道观是相吻合的。

以上就是《列子》所提出的问题,也是新三家以及当时的人们普遍要面对和想解决的问题:天地究竟是坠还是不坠,究竟是陷还是不陷。当然,新三家的出现也与宣夜说日、月、星辰都飘浮于空中这一理论有关。这其中,孙吴姚信所作《昕天论》仍有天人比附的色彩,且一些基本看法与事实不符。东晋虞耸作《穹天论》既有盖天说的内容,也有浑天说的成分,属于浑、盖合一的产物。新三家之中尤以东晋虞喜所作《安天论》最有价值,在宇宙结构方面,其对浑盖二说均提出质疑,并继承发展了宣夜说宇宙无限的先进思想。虞喜指出天地都是"常安"的,他说:"天高穷于无穷,地深测于不测。天确乎在上,有常安之形;地块焉在下,有居静之体。当相覆冒,方则俱方,圆则俱圆,无方圆不同之义也。其光曜布列,各自运行,犹江海之有潮汐,万品之有行藏也。"(《晋书·天文志上》)虞喜上述这段话的大意是:宇宙无边无际,但其运行均遵行一定规律,所以谓之"常安"。虞喜的这一看法与宣夜说十分接近,其在一定程度上也解决了天是否会崩坠的问题,尽管这一解释在理论上有未尽合理之处。由于《安天论》对浑盖二家均持批评态度,因此这一理论也遭到持浑天理论的葛洪的讥评。葛洪说:"苟辰宿不丽于天,天为无用,便可言无,何必复云有之而不动乎?"(《晋书·天文志上》)但葛洪的批评并非正确,从今天来看,日月星辰"不丽于天"的见解是正确的。

魏晋以后,各种宇宙理论之间的争论虽没有停止,但其中继续得到发展的主要是浑天说,如葛洪、何承天等人都对浑天说给予了进一步的论证,并且葛洪还对持盖天说的王充的思想给予了责难。事实上,如前面考察所见,葛洪之所以坚持浑天理论而对其他诸多学说提出批评,其中最为重要的一个理由就是其认为:"论天者虽多,然精于阴阳者少。"

（《晋书·天文志上》）也就是说，大多数宇宙理论都缺乏验证。而在葛洪看来，浑天说的正确就在于其是建立在天象观察和浑仪装置的精密性以及二者的相符对应之上的。葛洪的批评其实正揭示了中国古代天文学知识及其理论发展和存在的一个重要或基本条件：假设与理论的可验证性以及精确性。这也是知识进步普遍所要求的条件。除此之外，这一时期还有一些学者也试图通过计算宇宙大小的实际数据来论证浑天说的理论。但浑天说也并不完善，有一些现象浑天说仍无法做出合理解释。包括有些问题，葛洪、何承天也只能加以猜测。而学者们注意到，正是"当涉及那无法靠观察解决的问题，当葛洪引经据典来说明的时候，比如天出入水中是否受损？葛洪的说明只能说是神学胡说"①。而这实际上也为盖天说及其他宇宙理论的生存留出了空间。

但最值得我们注意的是，自东汉张衡特别是魏晋南北朝以来，在天文学和宇宙理论的探讨中，逐渐培养起了注重实测和验证的风气，相当多的天文学家越来越强调通过实测来修正天文数据，包括评价各种宇宙理论。事实上，也正是由于不同的观测，各种宇宙理论中的问题越来越多地暴露了出来。这其中一个典型的例子就是一行、南宫说等人的大地测量对浑盖二说的证伪。从南朝何承天起，就开始质疑秦汉以来"南北地隔千里，影长差一寸"这一作为盖天说数据的正确性。至北朝末年，刘焯建议进行实测，以验证这一数据，但未予实行。到了唐代，这一工作终于由一行领导的大地测量得以实现。一行大地测量的本意虽在于验证"千里一寸"的数据，但事实上通过这次大地测量，使得浑盖二家的缺陷进一步暴露了出来，不仅"千里一寸"这一盖天说的说法得到否定，同时实测表明，越往北，北极出地就越高，这也使得浑天说关于北极出地36度之说变得不可靠。正如一行所说："今诚以为盖天，则南方之度渐狭；以为浑天，则北方之极浸高。此二者，又浑、盖之家未能有以通其说也。"（《旧唐书·天文志》）这表明，理论的发展不仅取决于理论自身，也在很

---

① 卢嘉锡总主编、席泽宗分卷主编：《中国科学技术史·科学思想卷》，第 241 页。

大程度上取决于方法,甚至方法还能够决定理论的存亡。后来虽也不断有人试图弥补浑盖二者的缺陷,但总的来说,浑盖之争的热情渐渐已经消退了。特别是在宋元时期,由于"气"思想发展的关系,思想家们更加倾心于宣夜说。

三、"顺天以求合"与"为合以验天"的天文观的冲突

在魏晋南北朝与隋唐时期,自然天道观与天人感应论冲突的一个最重要的方面就体现在天文学领域,体现在"顺天以求合"与"为合以验天"两种不同的天文观的冲突上。其中"顺天以求合"实际就是自然天道观的体现,而"为合以验天"实际就是天人感应说的反映,这样两种不同的天文观是尖锐对立的,其构成了魏晋南北朝与隋唐时期错综复杂的天文学发展历史。而通过对这一问题的考察也能够使我们清楚地看到哲学观念与天文学说之间的密切关系。

由于受天人感应思想以及易数的影响,汉代历法的数据通常强调某种先在的合理性,制订历法就是看能不能与这些数相符合。但这样的制历原则与方式在东汉时期就已经遭受一些天文学家的质疑。如贾逵指出:"圣人必历象日月星辰,明数不可贯数千万岁,其间必改更,先距求度数,取合日月星辰所在而已。"(《后汉书·律历志中》)这是说制历应当根据实际观测,随时做出调整。

这种要求到了晋代以后有了清晰的思想表述,这就是杜预、何承天等人所主张的"顺天求合"的科学思想。"顺天求合"的科学思想最初是由杜预提出的。杜预在其《春秋长历》中讲:

> 言当顺天以求合,非为合以验天者也。(《晋书·律历志下》)

杜预在这里提出的"顺天以求合"的天文学思想实际是自然天道观的反映,这明显是继承了先秦道家的思想传统。而与之相对的则可以称作"为合以验天",这一天文观实际就是天人感应目的论的反映。杜预"顺天以求合"的思想为刘宋时期的何承天所继承,何承天说:

> 夫圆极常动,七曜运行,离合去来,虽有定势,以新故相涉,自然有毫末之差,连日累岁,积微成著。是以《虞书》著钦若之典,《周易》明治历之训,言当顺天以求合,非为合以验天也。(《宋书·律历志中》)

由何承天所制定的《元嘉历》(445 年)就贯彻了这一思想,即重视实际观测。也因此,其中的朔望月长度、近点月长度、金星会合周期和木星会合周期等数据都是当时最精确的。何承天还发现,日食必在朔,月食必在望,因而根据"顺天以求合"的原则,提出定朔法,主张废弃平朔法,不过这一主张在当时未得到采纳。

此后,有两位天文学家继承了杜预与何承天的思想。首先是祖冲之。祖冲之的思想主要体现在《大明历》(462 年)中。《大明历》的成就包括:在历法编制中引入岁差概念。这是因为太阳、月亮等对地球赤道突出部分的摄引,使得地球自转方向发生微小变化并造成冬至点的位置逐年西移;打破十九年七闰的古法,因为祖冲之发现,按照此法,经二百年就会相差一天;此外,祖冲之还提出了交点月的概念。由于注重实测数据,因此《大明历》实际就是一部"顺天求合"的历法,它是对传统历法体制的重大改革。隋朝统一之后,刘焯制《皇极历》(600 年)。刘焯充分地吸收了前人的研究成果,这其中包括岁差理论,其经过精密计算得出的岁差数比虞喜、何承天、祖冲之等人的都要精确许多;刘焯又依据张子信所发现的日行盈缩现象,在常气之外再用定气来计算日行度数与交会时刻;刘焯还采用刘洪、何承天的定朔法替代陈旧的平朔法。此外,刘焯还将二次等间距内插法用于日月食及五星位置与运行的推算。所有这些,都可以看作是"顺天求合"思想的体现,体现了对实际观测的充分重视,体现了对数学计算的充分自信。

而上述"顺天求合"的天文观是在与"为合验天"天文观的艰难较量中逐步发展的,这包括了"顺天求合"天文观对"为合验天"天文观的批评,也包括"为合验天"天文观对"顺天求合"天文观的阻挠,这其中既有

"顺天求合"天文观在强大的传统或保守势力面前所不得不作的退让,也有这一科学的天文观在层层非难中所取得的缓慢进步。

这种冲突在杜预提出"顺天以求合"的时候就已经凸显了出来。杜预对以刘歆为代表的"为合以验天"的天文观提出了批评,杜预说:"自古已来,诸论《春秋》者多违谬,或造家术,或用黄帝已来诸历,以推经传朔日,皆不谐合。日蚀于朔,此乃天验,《经传》又书其朔蚀,可谓得天。"杜预指出,刘歆等人的错误是"其弊在于守一元,不与天消息也。"(《晋书·律历志下》)这就是说其历法只知固守某种数字,而不根据实际变化做出调整。但反映在历法制定的过程中,"顺天求合"观念的每一步进展却都是困难重重,历经周折。

定朔法的应用就是"顺天以求合"与"为合以验天"这两种不同天文观反复较量的典型例子。自从月球视运动不均匀性被发现以后,东汉刘洪在推算日、月食的时刻时已经考虑到这一影响因素。之后,何承天进一步认识到平朔法的问题,指出:"月有迟疾,合朔月蚀,不在朔望,亦非历意也。"(《宋书·律历志中》)并在《元嘉历》中首次创造性地运用了定朔法,即对平朔进行月亮视运动不均匀性的修正,以后又推及对太阳视运动不均匀性的修正。但何承天的这一方法在当时遭到非难,未予实行。至隋代,刘孝孙、刘焯提出在制历中采用刘洪、何承天的思想,主张以定朔法替代平朔法,但遭到隋文帝宠信的张宾的压制,张宾甚至诬二刘是"非毁天历","惑乱时人",致使二刘被罢官。后来刘孝孙多次上书,终使隋文帝令"比较短长",证实张宾之历粗疏。随后,刘焯献《皇极历》,尽管深得好评,但仍因身居要职的张胄玄等人的反对,而未予颁行。唐代初年,由傅仁均制定的历法终于第一次采用定朔法,但因一些相关问题没有得到解决,之后又退回平朔。直到李淳风制《麟德历》,以刘焯《皇极历》作为基础,又重新采用定朔法,并解决了相关问题。从此,定朔代替平朔,在后世历法中一直加以沿用。总之,历法中的定朔与平朔之争前后历时二百多年,其间多次反复,由此不难看出真理战胜谬误的艰难。

祖冲之因历法改革所遭遇到的反对同样反映了这种艰难。如前所述,祖冲之对旧有历法体制做了两项重大改革:一是引入岁差概念,一是打破十九年七闰的古法。但在当时,这一历法改革遭受到以戴法兴为代表的守旧势力的反对。戴法兴既反对引入岁差,也反对改革十九年七闰。戴法兴认为,引入岁差"则星无定次,卦有差方",并称祖冲之"诬天背经,乃至于此";而十九年七闰的古法"晷或盈虚,此不可革",祖冲之欲打破乃"浅虑妄可穿凿"。(《宋书·律历志下》)戴法兴是刘宋孝武帝的宠臣,"天下畏其权,既立异议,论者皆附之"。尽管如此,祖冲之对戴法兴的责难作了坚决的反驳。祖冲之说:"其一,日度岁差,前法所略,臣据经史辨正此数,而法兴设难,征引《诗》《书》,三事皆谬。其二,臣校晷景,改旧章法,法兴立难,不能有诘,直云'恐非浅虑所可穿凿'。"(《宋书·律历志下》)祖冲之反驳的要旨是,戴法兴阻挠历法改革的理由完全是因循守旧。事实上,这一冲突所反映的是知识观的冲突,是世界观的冲突。

当然,有时候,这样一种对立和冲突又会呈现出十分复杂的状态。如在唐代,李淳风、一行等十分注重历法与易数的关系,以一行为例,其为自己制定的历法取名《大衍历》,就是表明其与《易传》大衍之数的必然联系。一行讲:"《易》:'天数五,地数五,五位相得而各有合,所以成变化而行鬼神也。'天数始于一,地数始于二,合二始以位刚柔。天数终于九,地数终于十,合二终以纪闰余。天数中于五,地数中于六,合二中以通律历。……是以大衍为天地之枢,如环之无端,盖律历之大纪也。"(《大衍历议·历本议》)在一行看来,《易》的大衍之数应当是制订历法的基础,这一观点与杜预、何承天的思想显然是相反的,而这恰恰是当时制订历法的两种截然不同的观念。而从后来宋代天文学与哲学的关系来看,显然也在一定程度上受到这种理论的影响。但我们又不能简单地认为一行的全部天文学活动及思想就是"为合以验天"。我们知道,李淳风和一行都十分重视天文实测,重视观测仪器的改进,为获得可靠数据,一行又主持过大规模的大地实测。尽管这种实测的初衷有可能与论证天人感应的目的相关,但通过实测所获得的数据毕竟有利于修正错误的数据以及观念,同时也培养起了实证的方法和精神。另外,无论是李淳风制定的《麟德历》，还是一行制定的《大衍历》，也都吸收了前人的科学认识，如李淳风就依据刘焯的观点，采用了定朔法，又如一行也采用了张子信和刘焯对于太阳视运动不均匀性的认识，并有了新的发展。再如张胄玄虽然反对刘焯的历法改革，但其所制定的《大业历》中首创利用等差级数提高行星动态表精度的方法，给出了令人惊叹的五星会合周期的准确值。其中火星误差最大，为 0.011 日，木星和土星的误差均为 0.002 日，水星仅差 0.001 日，而金星的达到密合的程度。因此，我们对"顺天以求合"与"为合以验天"也不能随便地做出过于机械的判断。

而就"顺天以求合"这一科学思想来说，其战胜谬误还有漫长的路要走。最终，这一思想对元代郭守敬产生了深刻影响，并成就了《授时历》，这也是这一思想在中国古代天文学史上的最终胜利。

四、天文学与占星术的复杂关系

何以"顺天以求合"科学思想的进展会困难重重，步履维艰，这里又要涉及天文学与占星术的复杂关系。中国古代天文学有明显的占星性质是毋庸置疑的。对此，江晓原的《天学真原》一书有详尽的论述。江晓原指出："作为上天所呈示的征兆，行星天象不仅仅是示警凶兆，在古代中国人心目中，行星天象对人间的许多重大事务有着直接的指导作用，它们确实能够左右政治、军事等的运作。古代中国的行星星占学，实在可以说是张光直'天是智识的源泉，因此通天的人是先知先觉的'之说最直接、最具体、最生动的例证。"[1]因此，考察中国天文学的发展以及天文思想史的发展不能不注意其与占星术之间的复杂关系。这至少可以从以下三个方面来认识：

首先，天文学与占星术是紧密交织在一起的，科学与迷信、神秘与理性也是紧密交织在一起的。我们甚至在同一位学者的身上就可以看到这种复杂的交织。如李淳风，其一方面十分注重天文实测，注重天文数

---

[1] 江晓原:《天学真原》，第 160 页，沈阳，辽宁教育出版社，1991。

据的真实性和可靠性,又在此基础上编制了更加精确的《麟德历》,并且为了得到精确的数据还改进浑仪,这些工作都具有明显的科学性质。但另一方面,李淳风又明确地说天文研究具有占星性质,其目的在于了解天意。如李淳风在《乙巳占》第十九"修德"中讲:

> 上天垂象,见其吉凶谴告之义。人君见机变,斋戒洗心,修政以道,顺天之教也。夫人君顺天者,子从父之教也。见灾而不修德者,逆父之命也。顺天为明君,顺父为孝子。故孔子曰:昔者明王事父孝,故事天明;事母孝,故事地察。天地明察,神明彰矣。

又讲:

> 日变修德,礼重则躬;月变眚刑,恩从肆赦;星变结和,义敦邻睦。是以明君宰相,随变而改,积善以应天也。

像李淳风这样一位极具科学精神的天文学家仍难免有天人感应、谶纬迷信乃至因果报应观念,我们由此可以看到传统迷信的旺盛生命力,也可以看到君权神授观念的深刻影响力。

其次,在庞杂的占星体系内可能包含着有价值的科学成分。以南北朝与隋唐时期出现的占星学巨著为例。如《灵台秘苑》。据《隋书·经籍志》记载,该书原有120卷,但现在仅存20卷。又如唐代瞿昙悉达编撰的《开元占经》。该著共120卷,60万字,其前后耗时10年之久,于开元十六年(728)编成,此书历来被视作占星术集大成之作。近年来,学者们也注意到这些占星学著作中所存在的科学价值。如《灵台秘苑》中有包含345颗恒星在内的赤道坐标值,是我国现在仍存在的第二份星表。又据天文史专家陈久金的研究,《开元占经》所保存的资料价值包括有:汇编了各家星占的原始文献,包括天、地、日、月、五星和二十八宿的占文,其为古代天象记录提供了丰富的源泉;保存了中国最古老的恒星方位的观测记录,系统地记载了中国二十八宿古今距度的不同数据,是保存《石氏星经》121颗恒星赤道坐标的唯一文献;系统地记录了甘、石、巫三家星表的星名和星数;系统地辑录了中国古代各天文学家对于宇宙结构及其运动的理论;系统地记载了从中国有史以来直至《神龙历》所有历法的上元积年、日法及其他主要天文数据;系统地记载了《麟德历》的全部内容,由此可以校正新旧《唐书》所载《麟德历》的错误,同时也补充了月食所在辰术、日月食分术等未载的部分;载入《九执历》,并使它保留至今;辑录了大量的上古文献资料,这些文献后来大部分都已经失传。①

最后,从科学的发展来看,一部中国古代天文学史就是占星术的地盘不断被天文科学逐渐蚕食、占领的历史,是科学的天文观逐渐取代神秘的占星观的历史,也是"顺天以求合"与"为合以验天"两种不同天文观反复较量,前者不断攻城略地的历史。当然,这一过程是充满曲折的,科学对迷信的替代、理性对神秘的替代是充满艰辛的。《中国科学技术史·科学思想卷》在论述魏晋南北朝时期的天文学时就这样讲道:"魏晋南北朝时期的天文学,一面是天道自然,顺天求合思想的发展以及历法的不断进步;一面是占星术的发展,以致在北朝覆亡前夕,产生《灵台秘苑》这样部头巨大、占验完备的占星著作。""在这种情况下,天道自然观念在天文学领域里的发展,时时与占星术所依赖的天人感应思想发生着冲突。在顺天求合思想指导下不断进步的历法,一面受着传统思想的束缚和压制,致使定朔不能采用,祖冲之、刘焯的历法被扼杀不能应用;一面也不断占领着原由占星术所盘踞的领域。""因此,天道自然观念在天文学领域,也像它在整个国家统治思想中的地位一样。在总体上,是天命神学,是儒家经典;在某些局部,某些具体问题上,讲天道自然,把神的干预排除出事件之外。这两方面互相冲突,又互相依存。前途如何? 要依赖当时的社会需要及思想自身的发展程度。天文科学,就在这样的矛盾冲突中发展。一面履行着认识天象,描述天象的科学使命;一面履行着占测天意,为封建政治服务的神学使命。"②这也可以说是一部中国天文思想史艰难和缓慢进步的真实历史。

① 参见陈久金《瞿昙悉达和他的天文工作》,载《自然科学史研究》1985 年第 4 卷第 4 期。
② 卢嘉锡总主编、席泽宗分卷主编:《中国科学技术史·科学思想卷》,第 238 页。

总之,真理与谬误往往就是交叉和混融在一起的,科学、理性与神学、迷信也往往是纠缠在一起的,真理的进步通常会伴随着妥协、曲折甚至后退,每每只有在艰难的反复之后才会呈现前进的足印,以上中国古代天文学的历史就为我们提供了一个很典型的案例。

第七节　医学中的科学思想及其与鬼神迷信的关系

魏晋南北朝时期的医药学也进入了一个总结性的阶段,出现了大量的医药学著作,这包括王叔和的《脉经》,皇甫谧的《针灸甲乙经》,葛洪初撰、陶弘景整理补充的《肘后备急方》,陶弘景的《神农本草经集注》,以及雷敩的《炮炙论》等。所涉医药知识包括脉学、针灸学、方剂学、本草学和药物炮制加工技术,这极大地丰富和发展了中国医药学体系。而这些医药学成果也更加偏重临床应用,实用性大大加强。隋唐时期的医药机构已较为完善,其规模不但为中国此前历史所无,也是当时世界所仅见的。同时,唐代的医疗教育制度也已相当健全,不仅有传统的个人传授,国家也设置医科培养人才。在医学成果方面,这一时期有巢元方的《诸病源候论》、孙思邈的《千金方》(包括《千金要方》和《千金翼方》),以及我国也是世界上第一部国家颁行的药典《新修本草》。尤其是孙思邈,为一代名医。这一时期的医学活动还有另外一个重要现象,由于释道盛行,鬼神迷信也开始渗入医药学领域。它也给我们这样的提示,儒家在哲学领域撤出的同时,也在医药学领域将原本由理性或无神论思想占据的地盘拱手相让。

一、魏晋南北朝时期的医学思想

这一时期在医学思想上有更多建树的是东晋的葛洪与南朝的陶弘景。葛洪的思想在前面已经做过叙述,这里主要考察陶弘景的思想。陶弘景是继葛洪之后又一位重要的医药家和炼丹家,其在炼丹化学和医药学方面都做出过重要贡献。陶弘景的著述不少,其中影响最著者为《神农本草经集注》。《神农本草经集注》在医药学和科学思想上的意义或地位主要体现在药物分类方法上。此前,由《神农本草经》所奠定的方法是按上、中、下三品进行分类的方法,这一方法失在过于笼统,不能准确显示药物性能,因此不便掌握。《神农本草经集注》的解决办法具体有二:(1) 创立按药物的自然来源和属性分类的方法。即将药物按玉石、草木、虫兽、果、菜、米食加之有名未用共分为七大类。以后唐代《新修本草》和明代李时珍《本草纲目》的分类方法均是以此为基础。(2) 创造"诸病通用药"的分类方法。即以病症为纲,根据药物的治疗功效,将药物分别归入不同的病症项下,共分为八十多类。这样一种分类便于医家临床随时寻检,对于医药知识的普及推广也有积极的作用。[1]

就与哲学的关系而言,陶弘景提出过重要的养生思想。陶弘景认为养生应从养形和养神两方面着手,尤其是养神,最重要的莫过于清心寡欲。陶弘景在《养性延命录》中引述《小有经》的内容说:

> 少思、少念、少欲、少事、少语、少笑、少愁、少乐、少喜、少怒、少好、少恶,行此十二少,养生之都契也。多思则神殆,多念则志散,多欲则损志,多事则形疲,多语则气争,多笑则伤藏,多愁则心慑,多乐则意溢,多喜则忘错惛乱,多怒则百脉不定,多好则专迷不治,多恶则憔煎无欢。此十二多不除,丧生之本也。

又说:

> 彭祖曰:道不在烦,但能不思衣,不思食,不思声,不思色,不思胜,不思负,不思失,不思得,不思荣,不思辱,心不劳,形不极,常导引、纳气、胎息,但尔可得千岁。

不难看出,清心寡欲可以说是陶弘景养身思想或理论的主旨,我们在这里可以看到道家、道教以及佛教思想的深刻影响。

另外在各个时期,医学都是集观察与实践于一身的经验学科,魏晋

---

[1] 参见杜石然等编著《中国科学技术史史稿》(上册),第 262、263 页。

南北朝时期的医疗活动自然也不会除外。例如皇甫谧说:"五藏主藏精者也,不可伤,伤则失守阴虚,阴虚则无气,无气则死矣。是故用针者,观察病人之态,以知精神魂魄之存亡得失之意。"(《针灸甲乙经》)我们看到,皇甫谧的思想实际是对《内经》思想与方法的继承。此外,如王叔和的《脉经》继承了《内经》具有整体观特征的病机病因思考传统,陶弘景创立了更加精细的药物分类方法,皇甫谧还提出了医疗活动中未已病和上下工的概念,所有这些都与哲学思维和观念有不同程度的联系。

但总的来说,这一时期的医疗活动更多是关心临床实践和应用,多是那些比较具体的医药知识及所涉及的理论,而对于一般医药学理论的兴趣,特别是像《黄帝内经》那样与哲学思想密切相关的重要理论兴趣不够浓厚。这一时期的大多数医学著作都基本体现了这一特征。这其中可能有很多原因。就医疗活动自身而言,大体存在着由理论而实践或应用的发展趋势,这一趋势其实在汉代的《神农本草经》和《伤寒杂病论》中已经初露端倪。而就外部条件来说,汉代阴阳五行思想氛围的结束以及天道自然观念环境的兴起可能也是一个比较重要的客观因素。

二、唐代孙思邈的医学思想

与魏晋南北朝时期有所不同,唐代的医学活动重新表现出对理论的一定兴趣。如巢元方的《诸病源候论》对病因病机做了深入的探讨。孙思邈的《千金方》尽管侧重于方剂,但其中对于天人关系以及养生等理论都有深入的思考。一般认为,这一时期医疗活动中最杰出的代表人物是孙思邈。因此这里主要对孙思邈的思想做考察分析。

孙思邈(581—682)生活于隋朝和初唐时期,京兆华原(今陕西铜川市耀州区)人。因自幼体弱多病,罄尽家产,故于十八岁时立志学医,之后不仅调治好自己的身体,而且在二十岁以后已为乡邻亲友治病。又因自幼喜博览群书,日诵千言,二十余岁时已能精通老庄及诸子百家之说,并兼好佛经。孙思邈对古典医学有相当的研究,同时又十分重视民间的医疗经验。随着孙思邈声誉日隆，隋唐两代皇帝都曾召他为官，但孙思邈都坚辞不受。他一边行医，一边著书立说。所撰《千金要方》和《千金翼方》为中国医学史上的重要典籍。并且，孙思邈不仅医术高超，还有丰富深刻的医德医术思想。下面我们就从医德和医术两个方面来考察孙思邈的医学思想。

首先来看孙思邈的医德思想。孙思邈认为，医者行医，人命至重，故应当仁心仁德至上。他说：

> 人命至重，有贵千金，一方济之，德逾于此。(《千金要方》序)

从这里可以看出，孙思邈将生命放在医疗活动的首要位置。孙思邈又说：

> 凡大医治病，必当安神定志，无欲无求，先发大慈恻隐之心，誓愿普救含灵之苦。若有疾厄来求救者，不得问其贵贱贫富，长幼妍蚩，怨亲善友，华夷愚智，普同一等，皆如至亲之想；亦不得瞻前顾后，自虑吉凶，护惜身命。见彼苦恼，若己有之，深心凄怆，勿避险巇、昼夜、寒暑、饥渴、疲劳，一心赴救，无作功夫形迹之心。如此可为苍生大医，反此则是含灵巨贼。(《千金要方》卷一《大医精诚第二》)

从上述这段话里面我们可以清楚地看到佛教慈悲天下、普度众生的思想对孙思邈的深刻影响，当然，这样一种思想也是与传统的儒家思想相结合的。而在孙思邈关于德的更为宽泛的论述中，我们可以看到深厚的思想传统，孙思邈说：

> 天有盈虚，人有屯危，不自慎，不能济也。故养性必先知自慎也。慎以畏为本，故士无畏则简仁义，农无畏则堕稼穑，工无畏则慢规矩，商无畏则货不殖，子无畏则忘孝，父无畏则废慈，臣无畏则勋不立，君无畏则乱不治。是以太上畏道，其次畏天，其次畏物，其次畏人，其次畏身。(《新唐书·孙思邈传》)

总的来说,孙思邈关于医德的思想中包含有儒家、佛教等思想中的优秀内容。

其次,在医术方面,孙思邈的不少论述都表达了一种用心精微的学问和行医态度。孙思邈在《千金要方》中称医疗活动是"至精至微之事",故必须"用心精微"。他说医者"唯用心精微者,始可与言于兹矣"。而"今以至精至微之事,求之于至粗至浅之思,岂不殆哉!"其举例批评说:"世有愚者,读方三年,便谓天下无病可治;及治病三年,乃知天下无方可用。故学者必须博极医源,精勤不倦,不得道听途说,而言医道已了,深自误哉。"(以上均见《千金要方》卷一《大医精诚第二》)从这里我们不难看出孙思邈对学问和行医态度的认真严苛。这种认真严苛的态度还包括"旁通问难,详究义理"、"探赜索隐,穷幽洞微"的精神。孙思邈说:"黄帝受命,创制九针,与方士岐伯、雷公之伦,备论经脉,旁通问难,详究义理,以为经论,故后世可得依而畅焉。春秋之际,良医和缓,六国之时,则有扁鹊,汉有仓公、仲景,魏有华佗,并皆探赜索隐,穷幽洞微,用药不过二三,灸炷不逾七八,而疾无不愈者。"(《千金要方》序)在孙思邈看来,行医活动必须要具有刨根问底,把事情或问题弄清楚弄明白这样一种精神,这明显继承了《易传》的哲学思想。这里还值得我们注意的是,孙思邈所说的"旁通问难,详究义理"、"探赜索隐,穷幽洞微"与后来宋儒所强调的"格物致知"、"即物穷理"的精神是完全相通的,而这种相通应当不是什么各自独立或偶然的现象,这在源头上应当与孔子所说的"学而不思则罔"的问学态度有关。

当然,孙思邈认为要做到"用心精微",仅凭认真的态度还不够,所以孙思邈又强调要有深厚的经验和广博的知识。这些知识与经验从哪里来,孙思邈指出来自前人的著述。他说:

> 凡欲为大医,必须谙《素问》、《甲乙》、《黄帝针经》、《明堂流注》、十二经脉、三部九候、五脏六腑、表里孔穴、《本草》、《药对》,张仲景、王叔和、阮河南、范东阳、张苗、靳邵等诸部经方,又须妙解阴阳禄

命,诸家相法,及灼龟五兆、《周易》六壬,并须精熟,如此,乃得为大医。若不尔者,如无目夜游,动致颠殒。次须熟读此方,寻思妙理,留意钻研,始可与言于医道者矣。又须涉猎群书,何者? 若不读五经,不知有仁义之道。不读三史,不知有古今之事。不读诸子,睹事则不能默而识之。不读《内经》,则不知有慈悲喜舍之德。不读《庄》《老》,不能任真体运,则吉凶拘忌,触涂而生。至于五行休旺,七耀天文,并须探赜。若能具而学之,则于医道无所滞碍,尽善尽美者矣。(《千金要方》卷一《大医习业第一》)

从以上所举述的大量历史文献、人物及其经验中,不难看出孙思邈知识与经验的渊博。并且,孙思邈也非常重视同时代他人的实践经验。他说:"至于切脉诊候,采药合和,服饵节度,将息避慎,一事长于己者,不远千里,伏膺取决。"(《千金要方》序)从这里可以看到孙思邈虚心好学的品格。同时,从孙思邈的这些论述中,也可以看到其与儒家重视历史经验的观念以及墨家经验主义理论的暗合之处,这其中清楚地显现出一种中国传统。

另外,孙思邈也非常重视养生问题。关于养生,孙思邈也像陶弘景一样,其在《千金要方》中引用了《小有经》对于养生的看法,并将其作为养生的要领,即:"善摄生者,常少思、少念、少欲、少事、少语、少笑、少愁、少乐、少喜、少怒、少好、少恶。行此十二少者,养性之都契也。"这也包括以下解释:"多思则神殆,多念则志散,多欲则志昏,多事则形劳,多语则气乏,多笑则脏伤,多愁则心慑,多乐则意溢,多喜则忘错昏乱,多怒则百脉不定,多好则专迷不理,多恶则憔悴无欢。此十二多不除,则荣卫失度,血气妄行,丧生之本也。"(《千金要方》卷二七《道林养性第二》)如此,陶弘景与孙思邈均以《小有经》为据,经过二人的努力提倡和推行,中国古代养生理论已经最终确立。而我们也可以看到,这其中包含了道家与道教的丰富的思想内容。

正是由于孙思邈这种优秀的医德与医术,其不仅在隋唐时期地位极高,而且也对后来的儒医产生深刻的影响。

三、对身体的关注与形神观念

形神问题早在先秦时期就已经形成了,如管子说:"人之生也,天出其精,地出其形,合此以为人。"(《管子·内业》)庄子说:"汝神将守形,形乃长生。"(《庄子·在宥》)荀子说:"形具而神生,好恶、喜怒、哀乐藏焉。"(《荀子·天论》)到了汉代,《淮南子》讲:"精神者所受于天也,而形体者所禀于地也。"(《精神训》)并且讲:"以神为主者,形从而利;以形为制者,神从而害。"(《原道训》)之后,魏晋时期阮籍讲:"人生天地之中,体自然之形。身者,阴阳之积气也;性者,五行之正性也;情者,游魂之变欲也;神者,天地之所以驭者也。"(《达庄论》)嵇康讲:"形恃神以立,神须形以存。"(《养生论》)

无疑,形神这一哲学问题的发展显然与对身体的认识有关,或者说与对养生的看法有关。如《黄帝内经》第一篇《上古天真论》开首就引岐伯的话说:"上古之人,其知道者,法于阴阳,和于术数,食饮有节,起居有常,不妄作劳,故能形与神俱,而尽终其天年,度百岁乃去。"而随着道教养生术的发展,这二者的关系结合得更加紧密。如葛洪讲:

> 夫有因无而生焉,形须神而立焉。有者,无之宫也;形者,神之宅也。故譬之于堤,堤坏则水不留矣。方之于烛,烛糜则火不居矣。身劳则神散,气竭则命终。根竭枝繁,则青青去木矣;气疲欲胜,则精灵离身矣。(《抱朴子内篇·至理》)

陆修静也讲:

> 夫万物以人为贵,人以生为宝。生之所赖,唯神与气。神气之在人身,为四体之命。人不可须臾无气,不可俯仰失神。失神则五脏溃坏,失气则颠蹶而亡。气之与神,常相随而行;神之与气,常相宗为强。神去则气亡,气绝则身丧。(《洞玄灵宝斋说光烛戒罚灯祝愿仪》)

又陶弘景引太史公司马谈《论六家要旨》云：

> 夫神者生之本，形者生之具也。神大用则竭，形大劳则毙。神
> 形早衰，欲与天地长久，非所闻也。故人所以生者，神也；神之所托
> 者，形也。神形离别则死，死者不可复生，离者不可复返，故乃圣人
> 重之。(《养性延命录》)

这些关于形神问题的思想的基本要点是强调形神共俱，形神相依，也就
是将形与神高度统一起来。如此，就为形神这一哲学问题提供了丰富的
知识依据，同时也赋予养生问题以深刻的哲学思考。当然，养生问题涉
及许多具体的方法，如按摩、导引、行气、服气等。但最重要的是，这些关
于身体或养生的思想与同时期哲学思想有着密切的关系，包括它与佛教
有神论思想或灵魂不灭思想之间所存在着的区别。这种对身体的关注
以及相应的养生观念与思想在生命问题上形成了鲜明的具有中国特色
的传统。

四、鬼神报应观念侵入医学

我们知道，早在先秦时期，由于无神论思潮的积极影响，医对巫逐渐
排斥并最终分离，这形成了中国医学的优秀理性传统。两汉时期，方术
盛行，鬼神迷信在宫廷与民间产生深刻影响，例如史籍对民间以符水治
病就有所记载，如："太平道者，师持九节杖为符祝，教病人叩头思过，因
以符水饮之。"(《三国志·张鲁传》注引《典略》)"有道士琅邪于吉"，"立
精舍，烧香，读道书，制作符水以治病。"(《三国志·孙策传》注引《江表
传》)但总的来说，这一时期的医疗活动仍基本秉持先秦以来的优秀理性
传统，不承认鬼神有存在的位置。直到魏晋时期的皇甫谧、葛洪都明确
反对问病于鬼神。按照李申的说法，"魏晋时期，医学继承汉末张仲景传
统，作风认真。又受天道自然观念影响，也不讲鬼神。""从张仲景到皇甫
谧，反映了汉魏、魏晋之际的医学思想和医疗作风。""不信鬼神，仍是他
们医病的原则。""汉魏、魏晋之际的医学家和他们的前辈一样，基于医疗

实践的经验,顽强地抗御着鬼神病因说及求神治病活动对医学的入侵。"①李申还说:"魏晋南北朝时期,社会上虽然广泛流行用鬼神迷信治病,但国家医疗机构却不承认鬼神迷信的地位。国家政权机构中的人物,从亲王到一般士人,为反对医学中的鬼神迷信,进行过英勇的斗争,医学著作中也几乎没有鬼神迷信的内容。"②

但这种状况在这个时期的末期,特别是隋唐时期还是发生了变化,医学终于接受了鬼神迷信和报应思想。同时,咒禁术也广泛出现在这一时期的医学思想中。尤其是到了唐代,鬼神咒禁已经扩大到一般的医学领域,国家医疗机构尚药局和太医署中专门设有咒禁科。究其原因,既有巫术的回潮,也有道教与佛教的影响。当然,儒家具有理性特征的思想在这一时期的全面低落同样是一个十分重要的原因。

隋代巢元方的《诸病源候论》在涉及精神性疾病时就有关于鬼神的记载,如《鬼邪候》中说:

> 凡邪气鬼物所为病也,其状不同。或言语错谬,或啼哭惊走,或癫狂惛乱,或喜怒悲笑,或大怖惧如人来逐,或歌谣咏啸,或不肯语。

又如《鬼魅候》中说:

> 凡人有为鬼物所魅,则好悲而心自动。或心乱如醉,狂言惊怖,向壁悲啼,梦寐喜魇,或与鬼神交通。病苦乍寒乍热,心腹满,短气,不能饮食。此魅之所持也。

鬼神及神秘观念尤其体现在孙思邈的医学思想中。如前所见,孙思邈在谈到为医时就说:"凡欲为大医,必须谙《素问》、《甲乙》、《黄帝针经》、《明堂流注》、十二经脉、三部九候、五脏六腑、表里孔穴、《本草》、《药对》、张仲景、王叔和、阮河南、范东阳、张苗、靳邵等诸部经方。又须妙解阴阳禄命,诸家相法,及灼龟五兆,《周易》六壬,并须精熟,如此,乃得为

---

① 卢嘉锡总主编、席泽宗分卷主编:《中国科学技术史·科学思想卷》,第 274 页。
② 李申:《中国古代哲学和自然科学》,第 746 页。

大医。"(《千金要方》卷一《大医习业第一》)这其中有相当多的神秘或巫术内容。当然,这也是任何一个生活在传统土壤中的人所必然面对的。而孙思邈又说:

> 老君曰:人行阳德,人自报之;人行阴德,鬼神报之。人行阳恶,
> 人自报之;人行阴恶,鬼神害之。(《千金要方》卷一《大医精诚第
> 二》)

这其中明显有鬼神报应思想。类似的思想也反映在其关于致病与治病的思想中,如:

> 人生天地气中,动作喘息皆应于天,为善为恶天皆鉴之。人有
> 修善积德而遭凶祸者,先世之余殃也;为恶犯禁而遇吉祥者,先世之
> 余福也。故善人行不择日,至凶中得凶中之吉,入恶中得恶中之善。
> 恶人行动择时日,至吉中反得吉中之凶,入善中反得善中之恶。此
> 皆自然之符也。(《千金翼方》卷一二《养性禁忌》)

又如:

> 凡服水之法,先发广大心,仍救三途大苦,普度法界含生,然后
> 安心服之。(《千金翼方》卷一三《服水》)

在这里,善报思想十分明显,这显然又接受了佛教的思想。事实上,在这里,鬼神报应和善恶报应观念有效地结合在了一起。[①]

通过鬼神报应观念侵入医学这一现象,我们既可以清楚地看到道教与佛教鬼神观念对中国传统文化的深刻影响,也可以清楚地看到理性精神与神秘因素之间此消彼长的关系。同时,我们还可以清楚地看到宗教特别是巫术与科学之间、神秘主义与理性之间的反复较量。事实上,这种影响和较量直到今天也并未结束,而这也正是中国社会的理性、科学所要面临的严峻性。

---

① 李申的《中国古代哲学和自然科学》一书对此有较详尽的考察,见该书第 746—752 页,可资
  参考。

五、"五运六气"学说

所谓五运六气就是指"气"观念与"五行"观念这二者的结合。这里的"运"即是指金、木、水、火、土五行的运行推移；"气"即是指风、火、热、寒、燥、湿六气的转移变化。作为运气观念，它的初步产生与形成或在秦汉之际，当其时，气观念与五行观念都得到高度的发展。就观念的发展而言，"气"与"阴阳"观念在先秦时期已经高度结合，而到了战国末年和秦汉时期，随着"五行"观念的泛滥，"气"与"五行"观念也开始相互结合。

但五运六气思想的真正发展是在唐代，并且是与医学领域的发展密切相关的。这一时期的人们十分关注气候变化与人体健康和疾病之间的关系，由此，涉及医学以及天文、地理、历法种种知识的五运六气说开始盛行（事实上，在思维或观念上与此十分接近的卦气说等理论在汉代时已经盛行，由此也可以看到思维的连续和观念的发展）。这其中最为重要的是唐王冰的《补注黄帝内经素问》一书。在该书中王冰为《内经》共补入了《天元纪大论》、《五运行大论》、《五常政大论》、《六微旨大论》、《六元正纪大论》、《气交变大论》、《至真要大论》七个篇章，简称"七大论"，同时对《内经》的思想做了新的阐发，特别是详细展现了《内经》的运气即五运六气学说。例如《天元纪大论》中强调："夫五运阴阳者，天地之道也，万物之纲纪，变化之父母，生杀之本始，神明之府也，可不通乎？"

"七大论"尤其关注人体与自然的关系，例如《气交变大论》中说："夫五运之政，犹权衡也，高者抑之，下者举之，化者应之，变者复之，此生长化成收藏之理，气之常也，失常则天地四塞矣。"再如《六元正纪大论》中说："风温春化同，热曛昏火夏化同，胜与复同，燥清烟露秋化同，云雨昏暝埃长夏化同，寒气霜雪冰冬化同。此天地五运六气之化，更用盛衰之常也。"又说："天气不足，地气随之，地气不足，天气从之，运居其中而常先也。恶所不胜，归所同和，随运归从而生其病也。故上胜则天气降而下，下胜则地气迁而上，多少而差其分，微者小差，甚者大差，甚则位易气交，易则大变生而病作矣。"这些论述或思想中有科学的内容，但也有巫术的成分,同时也明显地包含了哲学的思考。可以这样说,王冰对《内经》思想的补注与阐发,尤其是对《内经》五运六气学说的重新开掘在中国医学史上具有重要的意义。这一工作不仅对当时医学理论的探讨产生了深刻的影响,也对后来医学理论的探讨产生了深远的影响,这其中也包括更具哲学观念层面的内容。但同时,王冰在一定程度上又促使了经自然天道观打击后已奄奄一息的五行观念的复活,这对后来宋元时期的科学与哲学思想同样也产生了影响。而这也再次证明了中国古代科学和理性发展的复杂性。

第八节　其他学科中的科学思想

魏晋南北朝与隋唐时期还有其他一些科学思想。如杨泉的《物理论》中既有哲学思想,同时也包含有不少知识的内容,我们将其放在这一节加以考察。在农学方面,贾思勰的《齐民要术》是一个重要的总结性成果,其中包含了丰富的科学思想以及相关的哲学内容。在魏晋至南北朝时期,数学思想也获得了很大的发展,出现了一大批数学著作以及刘徽、祖冲之这样的重要数学家,其中一些思想也具有哲学意义。此外,唐代在潮汐理论方面也取得了不少重要的成果。

一、杨泉的《物理论》

杨泉与王充一样,同是会稽人。杨泉的《物理论》早已散佚,现存内容由后世辑佚而成。该书广泛涉及天文、历法、地理、物候、农学、医学等科学内容,是一部具有自然哲学性质的著作。在宇宙论或天道观方面,杨泉与王充一样,是天道自然观念与"元气"说的重要提倡和阐释者。如杨泉说:"元气浩大,则称皓天。皓天,元气也,皓然而已,无他物焉。"并且我们可以看出,在这方面杨泉也是王充思想的继承者。但杨泉对宇宙结构的看法与王充也有所不同,他一定程度上表达了某种类似宣夜说的观点,如他说:"星者,元气之英水之精也。气发而升,精华上浮,宛转随流,名之曰天河,一曰云汉,众星出焉。"我们由此可以联想到在当时宣夜说可能有更广泛的影响。杨泉也像王充一样用"元气"理论来解释生命现象,他以为:"人含气而生,精尽而死。死,犹澌也,灭也。譬如火焉,薪尽而火灭,则无光矣。故灭火之余无遗炎矣,人死之后无遗魂矣。"这里,杨泉利用薪火知识阐述了无神论的形神观。需要说明的是,形神理论是东汉至魏晋南北朝时期哲学思考的一个重要问题,包括桓谭、王充、嵇康、何承天、范缜等人都对此问题作过无神论的阐述,其中,薪火之喻是十分重要的论证手段。此外,《物理论》中也涉及土壤的性质及其与农作的关系问题,杨泉讲:"地,形有高下,气有刚柔,物有巨细,味有甘苦。"又讲:"凡种有强弱,土有刚柔。土宜强,高茎而疏粟,长穗而大粒。"杨泉还对稼(耕种)与穑(收获)之间的辩证关系谈过自己的看法:"稼,农之本;穑,农之末。农,本轻而末重,前缓而后急。"并且在论述中,杨泉也更加肯定了人的主观能动作用,而这又是与纯粹的自然无为理论有所区别的。从这里也可以看出思想与知识的内在联系,一旦知识的内容涉及人工控制的领域或部门,思想也就会对此有所反映。

二、农学中的科学思想

这一时期北方地区的农业生产进入了总结阶段,其代表性成果就是贾思勰的《齐民要术》。《齐民要术》反映了北魏时期山西、河南以及山东等黄河中下游地区的农业科学与技术水平。该书所涉及的内容包括各种农作物的栽培和耕作技术,农具的制作,其他植物的生产利用,动物的饲养及其疾病的医治以及食物和农副产品的加工等,可以说涵盖了农业生产活动的各个方面。这一时期长江以南的经济也日趋繁荣。水稻和蚕桑技术都达到一定的水平。由于南方地区植物种类丰富,这时已经出现了我国最早的植物学著作,如《南方草木状》、《竹谱》,前者包括草、木、果、竹四类植物共80种,后者记载了70余种竹子,这开创了植物谱录的先河。

就农学思想而言,贾思勰的《齐民要术》包括了精耕细作的思想、选种播种的思想、轮作的思想、施肥的思想、防治病虫的技术、果木栽培的技术、种畜培育的技术等。以后元代的《农桑辑要》、王祯的《农书》、明代徐光启的《农政全书》以及清代的《授时通考》四部综合性的农书从体例到取材都沿袭了《齐民要术》。

就与哲学相关的思想而言,贾思勰在《齐民要术》的《序》中首先阐述了重农的思想,这应当是与三代典籍以及先秦包括儒家在内的思想传统是一脉相承的。贾思勰说:

> 盖神农为耒耜,以利天下。尧命四子,敬授民时。舜命后稷,食为政首。禹制土田,方国作乂。殷周之盛,诗书所述,要在安民,富而教之。

同时,《齐民要术》比较明显地受到汉末和魏晋以来天道自然观的影响。例如《齐民要术》强调农业生产的基本原则是:"地势有良薄,山泽有异宜。顺天时,量地利,则用力少而成功多。任情返道,劳而无获。"(《种谷》)这与《易传》中的三才理论是一脉相承的。又《齐民要术》中将"天时"细分为上、中、下三种天时,"地利"分为上、中、下三种地宜。《齐民要术》尤其对宜时高度重视,如"二月、三月种者为稙禾,四月、五月种者为穉禾。二月上旬及麻菩、杨生种者为上时,三月上旬及清明节、桃始花为中时,四月上旬及枣叶生、桑花落为下时。岁道宜晚者,五月、六月初亦得。"(《种谷》)这里讲到了不同作物的栽种时间。特别值得注意的是,贾思勰将"上时"、"中时"、"下时"概念作为准则广泛用于各种农作物的种植活动中,如:"三月上旬种者为上时,四月上旬为中时,五月上旬为下时。"(《黍穄》)"二月中旬为上时,三月上旬为中时,四月上旬为下时。"(《大豆》)"夏至后十日种者为上时,初伏断手为中时,中伏断手为下时,中伏以后则晚矣。"(《小豆》)这其中无疑应当包含了个别——一般——个别的思维过程。同样的思想在畜牧业中也有所体现,例如:"服牛乘马,量其力能。寒温饮饲,适其天性。"(《养牛马驴骡》)这些都表明贾思勰对客观或自然规律的高度重视,它反映了这一时代以天道自然为主的哲学或观念对于科学的深刻影响。

但《齐民要术》中也包含有宜忌迷信思想,如《小豆》引《龙鱼河图》曰:"岁暮夕,四更中,取二七豆子,二七麻子,家人头发少许,合麻、豆著井中,咒敕井,使其家竟年不遭伤寒,辟五方疫鬼。"又引《杂五行书》曰:"常以正月旦——亦用月半——以麻子二七颗,赤小豆七枚,置井中,辟疫病,甚神验。""正月七日,七月七日,男吞赤小豆七颗,女吞十四枚,竟年无病;令疫病不相染。"《种麻子》引《杂阴阳书》曰:"麻生于杨或荆。七十日花,后六十日熟。种忌四季——辰、戌、丑、未——戊、己。"《大小麦》引《杂阴阳书》曰:"大麦生于杏。二百日秀,秀后五十日成。麦生于亥,壮于卯,长于辰,老于巳,死于午,恶于戊,忌于子、丑。小麦生于桃。二百一十日秀,秀后六十日成。忌与大麦同。虫食杏者麦贵。"宜忌观念并非都是迷信思想,其中有符合实践和客观的内容,但其中所包含的迷信思想也是不容否认的。虽说《齐民要术》中这些论述都是引证,但也表明了《齐民要术》本身的看法,应当说,这正是对汉代以来神秘思潮或巫术现象的反映,也是我们在考察相关科学思想时所应注意的。

三、数学中的科学思想

魏晋南北朝时期的数学在汉代数学的基础上同样获得了很大的发展。这一时期,出现了赵爽的《周髀注》、刘徽的《九章算术注》和《海岛算经》、《孙子算经》、《夏侯阳算经》、《张邱建算经》、祖冲之的《缀术》、甄鸾的《五曹算经》、《五经算术》、《数学记遗》等大量数学著作,后来都被收入《算经十书》中。这些著作中有许多内容都是沿《九章算术》的实用方向继续发展,并形成了丰富的成果,由此进一步完善了以《九章算术》为代表的中国古代数学体系。同时,这一时期的数学也有许多开创性的成果,例如刘徽的割圆术,其所得到的圆周率近似值已为 3.14(或以为已经求得 3.1416)。此外刘徽在多面体体积公式、方程解法、重差术等方面都有重要贡献。再如祖冲之,其计算出的圆周率已在 3.1415926 和 3.1415927 之间。又祖冲之还求出用分数表示的两个圆周率数值。一个是 355/113，称作密率；另一个是 22/7，称作约率。其中密率是分子、分母在一千以内表示圆周率的最佳渐进分数。在欧洲，直到 16 世纪才得到这一数值。此外，祖冲之父子还得出了球体积公式，而其最终成果即是"祖暅定理"。这两项成果均比西方早一千年左右。

值得注意的是，这一时期的大多数数学著作及思想都将数学看作最为根本的东西，而这与《九章算术》又是有所区别的，它明显受到汉代重视"数"的观念这一脉传统的影响，并且，这其中也就有了哲学意味。如《孙子算经》序中这样阐述数学思想：

> 夫算者：天地之经纬，群生之元首，五常之本末，阴阳之父母，星辰之建号，三光之表里，五行之准平，四时之终始，万物之祖宗，六艺之纲纪。稽群伦之聚散，考二气之降升，推寒暑之迭运，步远近之殊同，观天道精微之兆基，察地理从横之长短，采神祇之所在，极成败之符验，穷道德之理，究性命之情。立规矩，准方圆，谨法度，约尺丈，立权衡，平重轻，剖毫厘，析泰棄。历亿载而不朽，施八极而无疆。

《孙子算经》在这里所说的经纬、元首、本末、父母、建号、准平、终始、祖宗、纲纪等都无疑是最为根本的东西。就与哲学的关系而言，这一时期的数学活动中以推理和分析为主的逻辑思想是十分典型的。数学研究的一个特点就是通过有限的知识推出无限的结论。例如赵爽在《周髀算经》"问一类而万事达者，谓之知道"的注中就说：

> 引而伸之，触类而长之，天下之能事毕矣，故谓之知道也。

赵爽在这里清晰地表达了推理之于数学活动的重要性。在这方面，刘徽的《九章算术注》表现得更为突出。刘徽讲：

> 事类相推，各有攸归。故枝条虽分而同本干者，知发其一端而已。又所析理以辞，解体用图，庶亦约而能周，通而不黩，览之者思过半矣。（《九章算术注》序）

刘徽这段话涉及了不同的逻辑方法。"事类相推"说的是推理,"析理以辞"说的是分析。将推理与分析集于数学,这其中的哲学思维是很明显的。

如上一章所见,许多中外学者如李约瑟、吴文俊都曾指出中国数学的特征是以解决问题为主旨,这样一个传统在汉代的《九章算术》中已经完全确立。在魏晋特别是南北朝时期,这样一种传统被进一步发挥,如《五曹算经》、《数学记遗》、《孙子算经》、《张邱建算经》,这些数学著作基本上都是旨在解决实用问题。在这里,我们同样也可以找寻到相应的观念、思维,这其中最突出的就是中国社会和文化中面对现实的基本价值取向。当然,魏晋南北朝时期的数学与秦汉时期的数学也有着某些区别。数学理论在这一时期得到更多的重视。这不仅反映了数学学科在这一时期发展的某种特殊性,也可能反映了数学学科与哲学有更多的联系。无论是汉人对数的重视,还是魏晋时期的玄学都可能对此产生过积极的影响。

同时,这一时期数学活动的哲学关联还突出地体现在实事求是的态度上。汉代占支配地位的神学和浓厚的神秘色彩对不同的知识领域都产生过影响,数学也不能例外,刘歆对于数字的神秘主义解释中充斥着这样的内容,张衡的数学活动中也有相关的内容。但魏晋南北朝时期有所不同。祖冲之曾批评刘歆和张衡,他说:"立圆旧误,张衡述而弗改;汉时斛铭,刘歆诡谬其数。"(《宋书·律历志下》)因此在魏晋南北朝时期就有一个拨乱反正的过程,对于圆周率精确数值的不懈追求就充分证明了这一点,知识活动应还原其科学的本质。而这样一个进程与天文学领域中对天道自然也即"顺天求合"观念的强调是吻合或同步的,并且与哲学中对阴阳五行学说和天人感应理论的清算也是相一致的。

四、地理学中的科学思想

隋唐时期在地理学方面也取得了很重要的成就,这在整个中国科学史上也是十分突出的。这一时期,有关全国、地区、边疆甚至外国的地理著作大量涌现,地图方面的著作也纷纷问世,而关于海陆变迁和潮汐现象的认识更丰富了古代地理学的内涵。这其中以潮汐或海潮理论与哲学的关系最为密切,这方面的代表性著作有窦叔蒙的《海涛志》、封演的《说潮》、卢肇的《海潮赋》和邱光庭的《海潮论》。

窦叔蒙在《海涛志》中说:"以潮汐作涛,必待于月。月与海相推,海与月相明。苟非其时,不可强而致也;时至自来,不可抑而已也。"并且窦叔蒙还通过精密的计算,得出一个潮汐循环所推迟的时间为 50 分 28.04 秒,它与现在所用数值已相差无几。这些描述和计算都深入地揭示了潮汐变化与月球运动之间所存在的规律关系。很明显,这种精密的计算受到了天文科学的深刻影响。同时,这一具体认识无疑也会对一般规律的认识产生积极的影响。值得注意的是,窦叔蒙还强调了潮汐是一种自然现象,没有任何意志的因素包含其中,所谓"造化何营,盖自然耳"。这显然是一种天道自然观念的延续,我们在前面天文学的发展中已经看到这一观念在当时的发展状况,这之间应当是有联系或相统一的。当然,窦叔蒙也试图用君臣关系来比附说明潮汐现象,在这种解释中我们也同样看到了汉代阴阳比附理论的影响,而这也是天文学或占星术中另外一个重要观念,这之间同样具有一致性。如窦叔蒙说:"是故推日月知君臣,体朔望知将相。将相,臣之贵也;朔望,月之盛也。是乃潮大于朔望焉。"(《海涛志》)与窦叔蒙大约同时期或稍晚,封演的《说潮》与窦叔蒙有相似之处,但比较简略。

卢肇和邱光庭二人有关海潮理论的科学价值没有窦叔蒙那样突出,但其中所包含的哲学内容却更为明显。例如卢肇的《海潮赋》着重强调了作为海潮这样一类自然现象背后所包含的"理",所谓"事有至理,无争无胜。犹权衡之在悬,审锱铢而必应。""赋之者究物理、尽人谋,水无远而不识,地无大而不搜。"卢肇这里所说的"理",既有规律的含义,也有原因的含义。与此同时,卢肇的理论中有更多的天人感应思想和象数学的内容,这显然是沿袭汉代哲学的表现。也因此,其理论颇受后人讥评。

邱光庭的理论主要是以浑天说为基础,值得注意的是,为了解释海潮现象,邱光庭更多地求助于儒家经典,尤其是汉代的纬书,而这大大限制了其理论的科学思考。可能也正是由于这个原因,其理论科学部分的价值远不如窦叔蒙的工作,所以对后世影响不大。不过,其与哲学相关的思考如天体结构理论对后来宋明理学的一些思想家如张载、朱熹都产生了影响,特别是朱熹。[①]

　　而以上理论的不同倾向以及与前后哲学思想的关系也为我们提供了考察科学与哲学关系的不同视角。这包括了一个很"有趣"的问题,即究竟从怎样的角度来看这些理论:从科学的角度看? 从哲学的角度看? 抑或是从二者关系的角度看? 角度不同,收获或评价自然就会不同。可以说,隋唐时期的海潮理论就为我们提供了这样一个由不同视角观察和解读科学与哲学关系的典型案例或范本。

五、炼丹术及其相关思想

　　魏晋南北朝时期的道教炼丹术实际是在东汉时期道教炼丹术的基础上发展起来的。东汉时期魏伯阳的《周易参同契》已经对炼丹理论与方法作了一定的阐述。魏晋以后,炼丹理论与方法有了新的进展,例如葛洪,这在前面已经有述。南朝的陶弘景是继葛洪之后的又一位重要炼丹家,其炼丹学著作有《合丹药诸法节度》、《集金丹黄白方》、《太清诸丹集要》等。唐代的炼丹术在汉代特别是魏晋南北朝以来的基础上有了更多的发展,出现了许多重要的炼丹家及其著作,如孙思邈既是杰出的医学家又是著名的炼丹家,其他重要人物及著作如陈少微以及他的著作《大洞炼真宝经修伏灵砂妙诀》、《大洞炼真宝经九还金丹妙诀》,张果以及著作《神仙得道灵药经》、《丹砂诀》等。

　　前面的考察也已经指出,从科学的角度来看,炼丹术与化学知识有着密切的关系。乐爱国在《中国传统文化与科技》中认为炼丹术在古代

---

① 详见卢嘉锡总主编、席泽宗分卷主编《中国科学技术史·科学思想史卷》有关内容。

化学上所取得的重要成就主要包括如下一些方面:汞及其化合物的制取以及对其性质的认识;铅及其化合物的制取以及对其性质的认识;砷及其化合物的制取。① 并且这些化合物也具有药用意义。当然,最重要的是,道教炼丹家在炼丹过程中还发明了火药。这也可以说是"歪打正着"。根据现存资料,最早的火药配方见于唐元和三年(808)清虚子的《太上圣祖金丹秘诀》一书,书中记载道:"硫二两,硝二两,马兜铃三钱半,右为末,拌匀。掘坑,入药于罐,内与地平。将熟火一块,弹子大,下放里面,烟渐起。"并且,唐代末年,火药已经用于实战,到了宋代初年,在战争中使用火药的实例已经很多了。

炼丹术作为道教的内容,在理论上必然会反映道教甚至道家的思想,在隋唐时期的炼丹术著作或论述中,都有道教或道家的一些基本思想或概念的运用。例如据认为是唐代道士假托汉人所撰的《阴真君金石五相类》中说:"凡至道之理,只在含精返本,资神气也。采其真液,却归元祖,填其血脑,自然老而复少,枯而复荣。"再如托为魏伯阳所撰的《大丹记》说:"龙者汞也,虎者银也。汞于沙中而受气,银于铅中而受气,二气各得天地之元气也。"还有以后传为在南宋时成书的《修炼大丹要旨》说:"阴阳运转,气化为精,精化为朱,朱化为汞,汞化为金,金化为药,故号金砂,名曰大还。大还者,返归之义。"在上面这些论述中,可以看到道、气、精气、元气、返本这些道家或道教哲学的基本概念及其思想,它也表明炼丹术的实践实际深受道家哲学思想的影响。

除此之外,炼丹术又是一种实验过程。火药这一影响和改变人类生活的重要成就完全是实验科学的结果。正是炼丹术士在不断的实验中,发现了有些物质例如硝、硫、炭混在一起很容易爆发着火。久而久之,终于得到硝、硫、炭这三种成分相合的火药。如从哲学的角度来看,这之中也包括了观察、实践这样一些重要内容。而这些内容与包括儒家格物致知的知识观和修齐治平的社会观在内的许多中国传统思想都是相通的。

---

① 参见乐爱国:《中国传统文化与科技》,第118—121页,桂林,广西师范大学出版社,2006。

但是道教本身毕竟有着深刻的巫术根源或传统,因此对其知识活动要有完整和清醒的认识。必须看到,炼丹术的本意并不在于科学,而在于恰恰是违背科学的成仙愿望,这也致使炼丹术最终不可能成为重要的科学遗产,而其所取得的成就也只能是一种附属或偶然的产品。因此尽管就化学知识而言,炼丹术的确取得了一些成果,但由于炼丹的本意是荒谬的,即企图使人长生不老,得道成仙,所以其主要结果也必然是失败的。

第九节　科学与思维方法

魏晋南北朝至隋唐时期哲学与科学在思维和方法上出现了一些很有趣的现象。一方面,无论是在科学活动中,还是在哲学思考中,秦汉时期的比类思维与方法都在很大程度上遭到摈弃,这反映或表明了二者与前代较大的"断裂",就此而言,哲学与科学在思维上是"同步"的。但另一方面,哲学与科学又遵循着各自的发展脉络,并且在一些思维和方法上,二者出现了十分明显的分道扬镳,例如与科学密切相关,实用思维在这一时期获得重要发展,但在哲学方面,无论是魏晋时期的玄学,还是南北朝与隋唐时期的佛学,都更倾向于更为深奥或抽象的名理。对于这样一种复杂局面,我们在考察二者关系时是应当认真加以关注的。

一、经验思维与方法

经验思维与方法始终是中国古代思维与方法的重要形态。在先秦与秦汉,这样一类思维与方法都不仅为科学所重视,而且为哲学所重视。在魏晋南北朝与隋唐时期,哲学与科学在很大程度上分离,但科学仍延续了以前的传统,这包括观察、实测、实验、归纳等种种重要的经验思维与方法。

如前指出,经验思维的起点是观察与实践。例如天文学、地理学等学科历来与观察方法密切相关,而制作活动、医学等更重视实践,到魏晋南北朝与隋唐时期，又包括炼丹术这样一门知识。一般而言，在魏晋南北朝与隋唐时期，观察通过天文学的实测得到了最好的体现，而最能有效说明实践意义的则是炼丹实验。

先来看天文实测。如前所见，魏晋南北朝与隋唐时期，天文实测普遍得到重视，因此天文观测精度不断得到提高。如北齐民间天文学家张子信经过三十多年的观测，发现太阳和五星视运动不均匀性的现象，指出日行在春分后则迟，秋分后则速。与此同时，所用数值也日益精确。特别是在隋唐时期，李淳风、一行、梁令瓒等不少天文学家都从事或组织过观测活动，其中最为著名或典型的就是一行所主持的大规模的大地实测活动。这次实测活动范围广大，测量地点北至北纬 51°左右的铁勒（今蒙古境内），南至北纬 17°左右的林邑（今越南境内）。测量内容包括测量地点的北极高度，冬、夏至日和春、秋分日太阳在正南方时的日影长度等。其中南宫说所负责测量点的实测发现：从河南白马到上蔡的距离为五百二十六里又二百七十步（唐制），日影相差二寸一分，这就纠正了古时"南北地隔千里，影长差一寸"的臆测。又实测得到南北两地相差三百五十一里八十步，北极高度相差 1 度的数据。换算成现代单位即南北相距 129.22 公里，北极高度相差 1°。这实际就是地球子午线 1°的长度，只是与现测值 111.2 公里有一定的误差，但它毕竟是世界历史上第一次子午线长度的测量，其意义是十分重大的。其他如隋代张胄玄的《大业历》在五星位置的推算中首创利用等差级数提高行星动态表精度的方法，使得五星会合周期的准确值获得了空前的提高；又如这一时期十余种历法所用交点月的长度值同理论推算值之间的差距多在 1 秒以下，以后宋元时期也基本保持在这一水平；再如交食周期数值这时也达到了十分精确的程度，郭献之的《五经历》中采用了 716 个朔望月 122 次食季的交食周期，而一千年后即 19 世纪末西方的纽康周期与此等值。所有这些都与测量水平的提高有关。

再来看炼丹实验。如前所述，实验的方法早在先秦时期的科学活动中就已经出现了，例如《墨经》中所记载的小孔成像方法。在汉代，无论是科学如《氾胜之书》，还是哲学如王充的《论衡》，都记载有相关的实验活动。但毋庸置疑的是，在炼丹活动中，实验这样一种方法被广泛应用了。例如《重修政和经史证类备用本草》中《硝石》条引用陶弘景的话说："先时有得一种物，其色理与朴消大同小异，胐胐如握雪不冰，强烧之，紫青烟起，仍成灰，不停沸，如朴消，云是真消石也。"这里讲到了钾盐火焰的分析方法以及相关的实验方法。又如前面所见清虚子《太上圣祖金丹秘诀》中记载的火药配方："硫二两，硝二两，马兜铃三钱半，右为末，拌匀。掘坑，入药于罐，内与地平。将熟火一块，弹子大，下放里面，烟渐起。"这实际也是一个实验的例子。故有学者指出，这种实验与近代的物质不灭实验并没有根本的不同。它确凿地证明了，物可以化为气，气也可以化为物，但物不会消散为无，或者说气不会变为无。李约瑟在论述道家思想时曾有一段话，用在这里十分恰切，他说："道家哲学家由于强调自然界，在适当的时候就必然要从单纯的观察转移到实验上来。""不过，当观察一旦转移到实验（其实这不过是改变了条件并再进行观察），这就迈出了决定性的一步。"[1]可以这样说，炼丹实验是魏晋南北朝与隋唐时期经验思维与方法中一种既比较特殊但又十分重要的形式。这一形式无论是对于中国科学史还是思维史都有重大意义。当然，到了隋唐时期，实验在不同的方向都有所发展，化学学科无疑是最主要的部门之一。例如瓷器的制作。隋唐时期，瓷器的制作与烧造已经达到了一定的高度。五代后周时期的柴窑名冠一时，其所生产的青瓷称作"雨过天青"，有"青如天，明如镜，薄如纸，声如磬"的美誉。而瓷器的制作同样与实验密不可分。

如果将科学中的实测、实验与哲学思想结合起来加以考察，我们更能清楚地看到科学与哲学二者的关系。我们知道，早在先秦时期，荀子就提出"符验"说，韩非也提出"参验"说，之后，到了东汉王充这里，又提出"考论实虚"、"疾虚妄"，强调"实知"、"效验"，讲"凡论事者，违实不引

---

[1] 〔英〕李约瑟：《中国科学技术史》第二卷《科学思想史》，第 36 页。

效验,则虽甘义繁说,众不见信。"(《论衡·知实》)之后,这些哲学思想便通过科学研究中的实测和实验体现出来。以天文学的实测为例。我们看到西晋杜预在其《春秋长历》中讲:"言当顺天以求合,非为合以验天者也。"这是典型的重视实测的思想。我们还看到何承天、祖冲之、刘焯等人在天文实测问题上与传统观念所作的艰苦卓绝的斗争。而相伴随的便是如上面考察所见,天文观测精度的不断提高。因此,就与哲学思想的关系而言,魏晋南北朝与隋唐时期科学中得到充分发展的实测与实验,应当也有思想的源头,其近可接王充、葛洪,远可溯荀况、韩非。而往后推移,这又进一步影响到宋元以后包括明清时期实证科学的充分发展,也包括与此相关的思想。无疑,这是一个连续的过程,是一个长期发展、逐渐深化、不断进步的过程,当然,这其中也包括有哲学与科学的互动。

二、逻辑思维与方法

除了经验思维与方法,在魏晋南北朝时期,逻辑思维与方法也得到一定的重视和发展。

这一时期哲学中逻辑思维与方法的运用主要体现在对概念或名言的重视上,也体现在严密的理论分析和逻辑论证上,而这一点也是为我们所熟知的。魏晋时期玄学思想的阐述就充分体现了这一点,以后,南北朝时期佛教思想的阐述也充分体现了这一点。此外,儒学之间、崇佛与反佛之间的种种争论也都在很大程度上借助逻辑的方法得以进行和实现,而所有这些都在前面的章节中有详细论述,这里不再展开。同时,在这一时期,逻辑学即形式逻辑也得到一些新的发展。从史书记载来看,对逻辑即"名理"问题的兴趣似乎成为包括魏晋甚至稍后时间在内的一种风尚,这应当与玄学有着密切的关系,部分地也与佛学的传入有关。例如《魏书·钟会传》说"(钟会)博学精练名理";《晋书·孙盛传》说"(孙盛)善言名理";《世说新语·言语》说"(裴颜)善谈名理";《世说新语·文学》说"傅嘏善名理",等等。与此同时,又有了专门研究"名理"即逻辑问题的专著,如鲁胜的《墨辩注》。严可均《全晋文》说鲁胜注墨辩六篇,但该书多散佚,现仅存《晋书》中保留《墨辩注序》一文。而由《墨辩注序》可知,鲁胜如先秦墨家一样,以为逻辑问题主要就是关心事物的同异问题,即"名者所以别同异,明是非,道义之门,政化之准绳也"。之后,随着佛教的输入,因明方法也得到介绍并构成这一时期形式逻辑发展的一个重要组成部分。

特别是,这一时期的数学活动中也包含有相当丰富的逻辑思想。例如赵爽在《周髀算经注》中说:"引而伸之,触类而长之,天下之能事毕矣,故谓之知道也。"这表达了推理之于数学活动的重要性的思想。又说:"盖方者有常而圆者多变,故当制法而理之。"这又明确表明:方圆等数学问题可遵循相应逻辑法则来认识和解决。而刘徽在这方面表现得更为突出。刘徽在《九章算术注序》中讲:"事类相推,各有攸归。故枝条虽分而同本干者,知发其一端而已。又所析理以辞,解体用图,庶亦约而能周,通而不黩,览之者思过半矣。"前面已经指出,刘徽的上述思想可以用"析理以辞"来加以概括。周瀚光的《中国古代科学方法研究》以及袁运开、周瀚光主编的《中国科学思想史》一书对此作了较深入的分析。例如《中国科学思想史》中指出,"刘徽在《九章算术注序》中提出了自己的数学证明方法,这就是'析理以辞'。所谓'析理以辞'就是运用一系列判断(辞)去分析数学公式和法则成立的根据和道理。"并且还指出刘徽的"析理以辞"实际包含了不同的步骤和形式。"第一步是'辨名分',亦即下定义。"从刘徽的注中可以看出,他给大约二十多个重要的数学概念下了明确的定义。"第二步就是运用推理的形式对《九章算术》中许多正确的公式和法则进行逻辑证明。"其中既有演绎推理,也有归纳推理。在演绎推理中不仅使用了三段论,而且现代形式逻辑所列的几种主要推理形式他实际都使用了。另外"从证明的方法看,也是多种多样的,不仅有综合法,还有分析法"[1]。所以冯契先生指出:我们从刘徽的《九章算术注》中

---

[1] 袁运开、周瀚光主编:《中国科学思想史(中)》,第260—262页。

可以看到魏晋之际逻辑学的水平。①

归纳方法也是如此。我们已经知道,具体经验的不断提升会进一步形成归纳判断。例如炼丹活动中葛洪对于铅的氧化还原规律的概括:"铅性白也,而赤之以为丹。丹性赤也,而白之而为铅。"(《抱朴子·黄白》)铅性本白,但经加热产生化学变化后变成铅丹,即"赤之以为丹",铅丹性赤,再经加热又转换成铅白,即"白之而为铅"。这无疑是在通过长久的炼丹实践后所作的总结。又如医学活动中王叔和关于预后的记述:"诊伤寒热盛,脉浮大者生,沉小者死。""热病已得汗,脉静安者生,脉躁者难治。""水病,脉洪大者可治,微细者不可治。"(《脉经》卷四《诊百病死生诀第七》)这里包含了对不同病症的认真观察及归类。再如窦叔蒙在《海涛志》中说:"以潮汐作涛,必待于月。月与海相推,海与月相明。苟非其时,不可强而致也;时至自来,不可抑而已也。"这是在对海潮现象长期观察的基础上就其规律性运动所做出的一般概括。而科学活动一旦上升至归纳阶段,也就意味着与哲学思维有了最直接的联系。

不过,总的来说,到了隋唐时期,逻辑方法在科学中的运用显得十分薄弱,如前所指出,这与哲学和科学的疏离有关,同时也与科学活动特别是像数学这样的学科更加关注实用有关。总的来说,从魏晋南北朝到隋唐时期,实证思维与方法获得了更大的发展,而逻辑思维与方法有所衰落。

除形式逻辑之外,辩证思维与方法在魏晋南北朝时期的哲学与科学中也得到使用,但与以往时期相比,其可能体现得并非突出。在哲学方面,玄学主要关心的是本体和言说问题,对辩证问题似有所忽略。佛教哲学更关心空无和心性问题,辩证思维虽有所涉及,但并不是主要方法。其实若向前追溯,从西汉起,对辩证问题的思考与先秦时期相比似已经有所淡漠,这在很大程度上也是过于关注比类及象数思维与方法所致。哲学的这样一种状况也会影响到科学思维与方法。总体来说,魏晋南北

---

① 参见冯契《中国古代哲学的逻辑发展》(中册),第 537 页。

朝时期科学活动中对于辩证方法的运用也不突出,农学、医学仍是使用这一方法的主要部门,特别是医学。例如皇甫谧的《针灸甲乙经》中讲:"脉者,血气之府也,长则气和,短则病,数则烦心,大则病进,上盛则气高,下盛则气胀,代则气衰,细则气少。""凡用针者,虚则实之,满则泄之,菀陈则除之,邪胜则虚之。太要曰:徐而疾则实,疾而徐则虚。"这里讲到了在观察和治疗时对辩证方法的使用。但其他学科对这一方法或思维的使用似乎并不典型。这并不应当只从消极的意义来加以理解,事实上,我们看到,在诸如天文、地理、数学、律学等知识部门,随着认识的深入,早先带有猜测或思辨性质的辩证思维逐渐消退,更多地发展起来的可能是观测、测量、计算、演算方法。这应当是一种进步的表现,在一定意义上,也是一种从自然哲学走向纯粹科学的表现。

三、科学活动中的精细性思维

这里就牵涉到一个相关的问题。如我们所知,关于传统中国思维的研究一般都否认中国存在着精细性的思维,事实上这往往是以近代西方科学作为参照标准。然而中国古代的知识活动自有其独特的精细之处,这是值得我们注意的。[①]

总的来说,在魏晋南北朝时期,知识活动中对于具体性和精确性有了更高的要求。就背景而言,这也是放弃阴阳五行以及数学神秘主义观念而追求天道自然认识的必然结果。如果说汉人的知识系统每每从观念出发,那么魏晋南北朝时期的知识活动则更加忠实于事实。

例如在天文学领域,祖冲之测出回归年的长度为 365.2428148 日,这比起前人所获得的数值要精确得多,即使与现代的数值相比,也仅差四十六秒;祖冲之推算出交点月的周期时间为 27.21223 日,与现代测定的 27.212220 日数值仅差不到一秒。在数学方面,例如刘徽的割圆术所

---

① 对于这一问题的考察也可参见拙文《中国传统思维笼统说辨》,载于拙著《古代中国科学范型》。

得到的圆周率近似值已为 3.14 或 3.1416,而祖冲之计算出的圆周率已在 3.1415926 和 3.1415927 之间。这也反映到观念层面,如葛洪对汉代天文学的批评:"论天者虽多,然精于阴阳者少。"(《晋书·天文志》)又如刘徽也曾就自古以来在圆周率研究中对于"周三径一"的粗疏理解提出了批评,他说:"然世传此法,莫肯精核,学者踵古,习其谬失,不有明据,辩之斯难。"(《九章算术注·方田章》)这些批评都不只是意味着反思,同时它也代表了一种思维方式:注重精确。

精细思维的另一个重要表现是在植物分类方面。三国时吴人陆玑著有《毛诗草木鸟兽虫鱼疏》两卷。上卷有草本植物 60 种,木本植物 47 种;下卷含鸟类 27 种,兽类 12 种,虫类 24 种,鱼类 11 种。该书与《尔雅》类似,反映了对动植物的兴趣。并且也是以后研究《毛诗》中动植物知识的开端。之后,在植物分类研究方面又有郭璞的《尔雅注》、嵇含的《南方草木状》、戴凯之的《竹谱》这样一些著作,不少较之《尔雅》在分类研究上更加具体细密。例如嵇含的《南方草木状》涉及草类植物 36 种、木类植物 28 种、果类植物 6 种。又如戴凯之的《竹谱》记录了各种竹类植物 70 余种。而这些都是宋代动植物谱录大量出现的先声。不仅分类,类似的精细思维也在对植物形态、功能、遗传和变异等种种方面的深入认识中表现出来。[①] 与植物分类相关,精细思维也体现于医学与药物学的分类中。陶弘景创立了将药物按自然来源和属性分成玉石、草、木、虫兽、果菜、米食以及有名无用七大类的全新分类方法。同时,陶弘景又以病症为纲,按照治疗功效将药物共分为八十多类,分别归入不同的病症项下。这些显然都是思维精细化或具体化的表现,也是与上述在植物学领域中的精细分类相对应的。其他如精细思维也在计量方法与工具上得到反映。例如陶弘景倡导在药物配制上采用更为精细的标准,其以为古秤只有铢两,而无分名,"今则以十黍为一铢,六铢为一分,四分为一两,十六

---

① 这些内容在袁运开、周瀚光主编的《中国科学思想史(中)》里有详细考察,可参见其相关章节。

两为一斤"（《本草经集注》）。这对于度量衡的统一与精细化具有重要的意义。即便是在农学这样一个相比更加粗放的知识中，精细思维也有所体现。我们看到，贾思勰在《齐民要术》中，对农作物播种的时间、深浅、数量以及这几者之间的关系都有深入的研究和论述。如论小豆的播种时间，"夏至后十日种者为上时"，"初伏断手为中时"，"中伏断手为下时"，"中伏以后则晚矣"。（《小豆》）又如播种深浅，"凡春种欲深，宜曳重挞；夏种欲浅，直置自生"（《种谷》）。这些都无疑使得对于农业生产的认识与操作更加具体。

在隋唐时期，精细化思维主要仍体现在天文数值精度的提高上。如前面所见，隋代张胄玄的《大业历》在五星位置的推算中首创利用等差级数提高行星动态表精度的方法，使得五星会合周期的准确值获得了空前的提高，其中火星误差最大，为 0.011 日，木星和土星的误差均为 0.002 日，水星仅差 0.001 日，而金星的达到密合的程度。其他如窦叔蒙通过精密的计算，得出一个潮汐循环所推迟的时间为 50 分 28.04 秒，它与现在所用数值已相差无几，而这无疑是建立在长期精细的观测基础之上的。又孙思邈用心精微的学问态度中也体现出一定的精细思维。

并且，我们应将这种知识上的思维与后来哲学上的思维联系起来考察。我们会发现，这种知识领域对于精细化的追求到了宋元时期事实上对观念甚至思想层面产生了影响。例如关于穷理与格物致知的认识就在一定程度上与精益求精的思维或态度有关。而从更大的范围来说，这不仅包括宋人自身认识事物的方式，也包括前代人认识事物的方式，并且宋人认识事物的方式与前人认识事物的方式也存在着联系。

四、科学活动中的实用性思维

魏晋南北朝与隋唐时期也同时表现出另外一种重要现象，这就是科学活动有进一步实用化的倾向。如前面考察中所见，应用作为传统早在先秦时期就已经形成，两汉时期，这一传统分别在农学、数学、医学中获得了范本的样式，并且也在技术活动中得到发挥。南北朝与隋唐时期的应用性倾向可以说是这种传统的延续和发展。

考察这一时期的科学活动,我们会发现其理论性突出的成果多集中在前期也即魏晋时期,特别是像数学这样的理论性较强的知识部门,而后期成果的理论思维特征普遍有所削弱。这种状况同时也反映了与哲学之间的关系。因为这一时期中国传统的思想在佛教哲学的冲击之下,也面临着资源的枯竭、阐说的贫乏等种种困境,而佛教哲学对于知识问题并无特别兴趣。与之相反,应用性知识或技术在这一时期却得到了更快的发展。

首先,即使是数学这样理论性较强的领域,除赵爽的《周髀算经注》、刘徽的《九章算术注》等少数著作重视理论问题外,大多数数学著作,如《孙子算经》、《五曹算经》、《张邱建算经》等都是旨在解决实用问题。事实上,这些著作中大都是沿《九章算术》的方向继续发展,并形成了丰富的成果,由此进一步完善了以《九章算术》为代表的中国古代数学体系。隋唐时期,实用算数获得了进一步的发展。

同样,魏晋南北朝时期的医疗活动也更加关心临床实践和应用,如王叔和的《脉经》、皇甫谧的《针灸甲乙经》、葛洪的《肘后备急方》、陈延之的《小品方》、陶弘景的《本草经集注》、雷敩的《雷公炮炙论》都无不把医药的临床应用作为重点。与之相反,这一时期对于理论的兴趣明显不如秦汉时期那样浓厚。隋唐时期的医学同样关心临床,这包括巢元方的《诸病源候论》,孙思邈的《千金方》。

这种实用性倾向还表现在冶炼、陶瓷、造纸、纺织、机械制造等技术都有了新的进步。尤其是机械制作能力和水平在这一时期大大提高,这包括各种农业用的机械、军事用的机械、天文观测用的仪器以及与生活相关的欹器等。特别是在车辆制作方面,这时有指南车和记里鼓车,虽然传说这两类车都发明于汉代,但其在魏晋南北朝时期有了更详细的记载。在唐代,纺织、印刷等技术都达到了新的水平,特别是火药,已经开始用于实战。此外,我们知道,在这一时期,建筑也有新的发展。王朝的更迭尤其是步入辉煌无疑是最为重要的原因。同时,由于佛教的传入,也带来了新的建筑样式,例如佛塔;又由于佛教的兴盛,也导致了佛寺数量的激增,这些都促进了建筑技术的发展。而从以上考察中我们能够清楚地看到实际或应用性思维的地位。

科学活动中的实用思维同样不应仅仅从科学的角度来加以理解。事实上,中国古代哲学与整个文化都有重视现实、实际的倾向或品格,科学的实用性只是这种品格中的一个部分或方面。而且,就发展来看,科学活动的实用思维对于思想也是有意义的。在中国古代知识发展中建立起来的坚实和强大的实用观念将在明清以及近代产生重要和深刻的作用与影响,我们在未来的实学思潮中能够清晰地看到这种思维的影响,这方面的问题将在第六章中再加以论述。总之,我们应该看到哲学思维与科学思维更为深刻的内在联系。

第十节 科学、哲学与宗教的关系

在上一章的最后一节中考察了秦汉时期科学、哲学与宗教的关系,在这里我们仍然以此为题对魏晋南北朝与隋唐时期加以考察。而从这里也可以看到秦汉、魏晋南北朝以及隋唐这三个时期在这一问题上具有的某种相似性,这就是宗教都成为考虑科学与哲学关系时所不能忽视或排除的重要因素,其实在前面的考察中,我们已经一再遇到这一问题。当然,这三个时期也有所不同。秦汉时期的宗教信仰主要是原始信仰的延续,它有很强的现实功利性。同时作为宗教信仰它也是国家政治生活的一个部分,大量理论围绕着天人关系和君权神授这样一些问题而展开。魏晋南北朝时期实际是分为两个部分,前半段也即魏晋时期是一个理性重新恢复和增长的过程,这在哲学与科学中均有体现,其中包含了对于秦汉以来谶纬迷信的清算。而这一时期的后半段则是佛教以及道教兴起的时期,佛教与道教气氛开始弥漫中国社会。至于隋唐时期,则基本上是佛教、道教轮流坐庄和一统天下的时期,宗教气氛可以说是贯穿始终。与此同时,佛教哲学也基本主宰了这一时期的最高层面的精神生活,并在很大程度上规定了理性的兴趣与走向。但是不管有怎样的区别或差异,这三个时期中无论是科学还是哲学都受到宗教的干预是十分明显的,并且科学与哲学所受到的干预具有很大的相关性。这里我们接着秦汉时期来考察后两个时期。

先来看魏晋南北朝时期,这一时期大致分为两个阶段,这期间哲学、科学与宗教的复杂关系以及所造成或可能造成的影响值得认真注意。

就魏晋时期而言,理性在哲学与科学中的恢复或重建实际从东汉末年就已经开始了。这样一种理性的恢复或重建在当时突出地体现在天道自然与元气自然观念的流行上,也体现在对天人感应和谶纬迷信的摈弃上。其结果,是哲学领域玄学的兴起,并涌现出一批足以深刻影响中国哲学史的思想家。上述观念也同样影响到科学活动,并在天文学、数学、医学等领域获得不同程度的进展。有理由这样认为,当时的哲学发展与科学发展具有某种共同的背景和相关的基础。神学迷信几乎成为这一时期一切理性形式的共同批判对象,同时也正是以此为基础,不同的理性形式之间找到了相同或相近的话语,找到了相似或相关的思想与概念。虽然哲学与科学所关心的问题有着很大的区别,但在这一时期,这两者之间还真有一种同一条战壕里的士兵那种关系。他们从各自不同的角度批判共同的敌手,并创建着各自既独立却又有关联的成果。

到了南北朝时期,这种状况发生了变化。理性的"防线"或"缺口"首先在哲学这里被突破和撕开。玄学过于思辨的发展或过于抽象的形态导致了自身的衰亡。而玄学的衰亡给予了宗教以发展的良机,这自然是指知识或精英层面。于是,宗教乘虚而入,其影响或结果已可在这一时期的哲学或精神世界的状态中清楚地看到。并且,宗教的兴起并非只是唤起了人们对信仰的兴趣或迷恋,而且它也在相当程度上改变了理性的方向。在南北朝时期的佛教哲学这里,对心性问题的关注代替了对自然问题的关注。进一步,宗教的发展不仅改变了哲学,也改变了科学。由于不再有哲学提供观念或思想的支持,科学的理论基础也在很大程度上失去了根基。同时,信仰的恢复也可能使得原先的迷信死灰复燃,加之外来宗教本身所具有的迷信内容,这最终又导致了迷信对科学的侵蚀,例如咒禁在此时进入了医学,以后它还将在隋唐时期产生更大的影响。

需要注意或强调的是,在魏晋南北朝时期,科学与哲学并非完全同步,或者说,科学与哲学受宗教的影响并非完全同步。由于宗教的影响,哲学或思想层面更早地步入了下一个时期,但在知识领域,却有所延滞或宕后,或者说传统仍保持着一定的力量。这也反映了宗教可以立即替代哲学,却无法立即对知识产生影响。

像魏晋南北朝时期一样,对于隋唐时期科学与哲学关系的考察,也必须结合这一时期的宗教背景一并进行,因为这一时期的哲学与科学都受到宗教的深刻影响,而科学与哲学的关系也自然不能例外。那么,隋唐时期宗教的基本状况究竟是什么呢? 或者说,在哲学与科学身边伫立着的宗教究竟是怎样的呢? 进一步又可以说,它们是怎样影响哲学与科学的呢?

总体而言,与其他历史时期相比,隋唐时期哲学与科学的关系可能是最为疏离的。隋唐时期作为时代的氛围是宗教的。可以这样认为,隋唐时期总体上可以概括为"四教"并存的格局。这四教是指儒、道、释以及原始宗教特别是巫术。当时的哲学与科学分别被这四教所包围,所左右,所影响。这一时期获得最大发展的是佛教及其哲学。我们看到,当时的哲学话语权利主要为佛教所掌握,尽管佛教对知识活动也有一定的介入,但佛教及其哲学思想总的来说是关心空寂的本体和自我的意识,这样一种关心与科学所关心的问题显然有本质的不同。换言之,佛教作为这一时期的主流意识形态,其基本关心方向不在知识而在心性。道教与传统宗教在这一时期也获得了很大的生存空间,虽然道教对知识有一定的关注,但其鲜明的巫术特征或性质注定与科学所关心的问题在根本上是格格不入的。而这样一种宗教氛围必然会深刻影响同时期的知识活动。

我们可以选择医学或孙思邈作为案例来加以分析。首先,医学深受当时重新回潮的天人感应观念的影响。孙思邈讲:"天有四时五行寒暑迭代。其转运也,和而为雨,怒而为风,凝而为霜雪,张而为虹霓,此天地之常数也。人有四支五藏,一觉一寐,呼吸吐纳,精气往来,流而为荣卫,彰而为气色,发而为音声,此人之常数也。"(《旧唐书·方伎传》)杨上善也讲:"肺心居其上,故参天也。肝脾肾在下,故参地也。肝心为牡,副阳也;脾肺肾等牝,副阴也。"(《黄帝内经太素》卷六)由此可以看到一种汉代阴阳五行观念的复活。其次,医学也受到同时期佛教、道教和民间宗教的影响。如孙思邈说:"凡服水之法,先发广大心,仍救三途大苦,普度法界含生,然后安心服之。"(《千金翼方》卷一三"服水第六")这显然是受到佛教的影响。孙思邈又说:"令知服药先服药符大验,遣诸恶气药势必当有效,朱书空腹服之讫,即服药一如前说。"(《千金翼方》卷二一"耆婆治恶病第三")这显然又是受到道教的影响。此外如前所见,孙思邈在《千金要方》中还说:凡欲为大医,"须妙解阴阳禄命、诸家相法,及灼龟五兆、《周易》六壬,并须精熟"。这明显又包含了大量巫术、占卜的内容,属于原始或民间宗教信仰。此外,也有学者将鬼神观念侵入医学的表现归纳概括为三个方面:在生理上,如孙思邈接受了《黄庭经》的说法,以为五脏皆有神灵,且每位神灵之下,还分别有童子、玉女守护。在病理上,如孙思邈《千金翼方》承认疟疾是由鬼神引起的,又讲日月食时不能吃东西,不能交合阴阳、夜里不能赤身裸体、白天不能对着锅灶骂人等。在治疗上,提倡使用咒禁术,而且要求礼拜天地四方诸神。[1] 而从医学这个典型的例子这里,我们可以看到并想象当时宗教对科学的影响究竟有多么的深刻。

当然,在隋唐时期对科学活动产生最直接影响的可能仍是儒家传统,也就是传统儒家的天人感应论和阴阳五行说的传统,换言之,科学活动不得不重新返回传统思想中以寻求支持。《中国科学技术史·科学思想卷》一书中就指出:"在天文历法领域,人们从阴阳学说出发,找到了《周易》和易数;炼丹术、海潮论,也都处处可见阴阳学说的影响。对于炼

---

[1] 参见卢嘉锡总主编、席泽宗分卷主编《中国科学技术史·科学思想卷》,第316页。

丹术,无论什么样的理论都不能炼成使人长生不死的还丹。但在历法和潮汐论领域,阴阳学说,特别是所谓易数,并没有给它们增加新的知识,也未能帮助人们更为深入地理解对象之间的关系。其唯一的功效,就是给本来朴实的科学理论涂上了一层不必要的哲学甚至神学的油彩。"①

　　但上述状况并不就意味着隋唐时期也像秦汉时期那样是一个谶纬迷信"独断"和"横行"的年代。隋唐之际,天人感应和祥瑞观念重新抬头。唐代前期,祥瑞观念接着延续。李世民、武则天时期都一再发生祥瑞事件。但同时唐代又有不少思想家对祥瑞灾异说提出了不同程度的怀疑和批判,包括卢藏用、刘知几、柳宗元、李德裕等。如卢藏用认为:"得丧兴亡,并关人事;吉凶悔吝,无涉天时。"(《析滞论》)柳宗元也指出:"未有丧仁而久者也,未有恃祥而寿者也。"(《贞符》)这些论述都表达了人事治乱与自然吉凶无关的看法。如我们所知,这样一种看法早在先秦时期就有充分的表达,现在当祥瑞和灾异说再次兴起的时候,这一看法也重新得到申说。刘知几其实并不否认祥瑞和灾异说,但他也清醒地意识到这种观念的泛滥不仅荒唐,而且危险。他指出:祥瑞之事"求诸《尚书》《春秋》,上下数千载,其可得言者,盖不过一二而已"。并断言:"盖主上所惑,臣下相欺。故德弥少而祥弥多,政逾劣而瑞逾盛。"(《史通·书事》)在这种情况下,唐宪宗时下《禁奏祥瑞及进奇禽异兽诏》,言明祥瑞是"王化之虚美"。唐文宗时又下《禁奏祥瑞诏》,言明祥瑞是"虚美推功",而"探讨古今,亦无明据"。之后,唐穆宗为《长庆宣明历》写序时又明确要求历法上不必记载祥瑞之事。至唐代后期,祥瑞观念最终衰落了。从祥瑞观念的重新抬头到再次衰落的过程我们可以看到迷信与理性之间的交错和冲突,看到身处逆境的理性思想家们的种种奋争,看到理性最终驱赶迷信的基本走势。

　　关于隋唐时期祥瑞观念的重新出现以及最终衰落问题,李约瑟曾给予过注意,他说:"随着时间的前进,一场接着一场的叛乱都声称从这类

---

① 卢嘉锡总主编、席泽宗分卷主编:《中国科学技术史·科学思想卷》,第 315 页。

伪经书中找到了根据,因而当政的官僚集团开始对这些东西感到头痛,到了隋炀帝时(605—617)遂下令焚毁所能得到的一切这类图书。这并不是说对这类迷信的兴趣就消失了,但是政府觉得平民不宜于从事论证皇帝与上天的关系。在欧洲历史上也有过类似的禁令。这种禁令终于起到了它的作用,再加上宋代理学家的理性主义的影响,这种特殊形式的迷信就大部分消失了。"①而相比之下,李申的见解更值得我们关注,他说:"祥瑞观念在隋代朝廷上的复兴具有强行人为的性质。它没有得到朝野上下的普遍拥护,纯粹是由于政治权力的干预。这种情况表明,科学的发展已使天道自然观念深入人心,并且不断缩小着神学迷信观念所占据的地盘。要夺回失去的地盘,祥瑞观念不得不完全依赖政治权力,从而再一次暴露了自身的虚弱。而政治权力对思想和科学事件的逆向干预,只能奏效于一时,祥瑞观念的衰落已成无可挽回的趋势。""这个时代之初,借助政治权力的干预,祥瑞观念获得了复兴。到这个时代之末,又是在政治权力的干预下,祥瑞观念衰落下去了。当初那次干预,政治权力作用的方向与科学思想的发展方向是相反的,所以那次干预只具有暂时的作用;后来这次干预,政治权力作用的方向与科学思想的发展方向是一致的,所以影响深远。唐代以后,祥瑞观念已经无可挽回地衰落下去了。虽然整个封建时代不可能抛弃王权神授观念,也不可能完全抛弃祥瑞说,但唐代以后,王权神授还是采取了更为精制的形式,祥瑞的地位大大不如从前了。"②

总的来说,隋唐的祥瑞观念已经不可能像秦汉时期那样如鱼得水,毕竟时代不同了,科学在发展,社会也在进步,即便就哲学与宗教而言,像作为主流的佛教及其哲学,也保持着自己的独特关注,而没有像汉代思想界那样普遍参与其中,这些都从各个方向抵制或削弱了巫术迷信的恣意盛行。

---

① 〔英〕李约瑟:《中国科学技术史》第二卷《科学思想史》,第 410 页。
② 分别见卢嘉锡总主编、席泽宗分卷主编:《中国科学技术史·科学思想卷》,第 294、300 页。

第五章 宋元时期哲学与科学的关系

宋元时期大致就是指 10 世纪中叶到 14 世纪中叶这段时间。

与前一个时期相比,宋代的精神可以说是为之一变,其不仅呈现出崭新的面貌,而且也将中国文化推向高峰。宋代的哲学在一部中国哲学史上十分重要,因为它开启了整整一个理学时代的到来。在宋元时期,一大批足以影响以后中国思想和文化的哲学家纷纷登上历史舞台。同时,宋元时期也是中国古代科学技术发展的又一个高峰,包括生物学、农学、数学、天文学以及医学在内的许多知识领域都在这一时期取得杰出甚至可以说是辉煌的成就。并且,由于哲学与科学在各自领域所取得的成就,又共同将古代中国的文化推向了一个新的高峰。事实上,若从更开阔的视角来看,中国古代的文学与艺术同样也在宋代达到了一个高峰状态。

而从科学与哲学的关系来看,这两者之间的相互联系对于其各自所取得的成就是有影响的。一方面,宋元时期的哲学从科学活动这里汲取着养分,使得其与科学之间保持着一种较为密切的联系,这包括对自然的解释能够取得更为接近科学的看法。另一方面,哲学又在理论和方法上为科学提供了不少新的思想、概念和思维。宋元时期的科学(从科学受哲学影响具有一定滞后性来说,也可以指向元明时期的科学)之所以能够全景式地在各个学科都取得成就,在一定程度上便与当时哲学的影响甚至是指引密切相关。但总的来说,在宋元时期,哲学对科学的影响似乎更为明显,这包括理、格物、致知这些重大观念和概念,这也可以说是宋元时期哲学与科学关系的最显著特征。换言之,如果要在中国古代学术思想与文化中找一个哲学影响科学的典型,那么宋代就十分具有代表性。当然,这并不是说哲学与科学之间没有隔阂。理学的极端发展的确也对科学活动产生了消极的影响,但相比魏晋南北朝和隋唐时期以及明代的哲学思想而言,其积极的影响要远远大于或多于消极的影响。另外,由于这一时期的哲学主要就是指的儒学,因此也可以这样说:一方面,儒学的发展使得越来越多的知识部门儒学化;另一方面,由于知识的加入又使得儒学也具有越来越多的知识内涵。

第一节　宋元时期的知识背景与观念背景

我们仍然先来总体考察这一时代的科学知识背景、哲学思想背景以及二者之间的关系。

宋元时期的科学技术取得了重大的进展。如果说中国古代的科学技术在两汉时期达到了第一个高峰的话,那么,宋元时期就是第二个高峰,并且它是超迈此前一切时期的。

在技术方面,中国古代的"四大发明"中有三项是在宋代获得了重要的发展。火药自唐代发明之后,一直是神仙家丹房中的秘密。直到宋代,对火药的各种药物成分或配比关系始有了比较合理的定量认识,由此,火药的配方终于跨过初级阶段,也因而走出丹房并在军事中得到了应用,宋元时期的许多史籍都有关于火炮的记载。指南针的前身"司南"早在战国时期就已经有过记载。到了宋代,人工磁化技术有了重大的进展,这其中,航海的发展也在指南针的发明中起到了巨大的推动作用。事实上,指南针一经发明,便很快被应用于航海,对此,史籍中也多有记载。雕版印刷技术自唐代发明以后到了宋代更趋成熟。但雕版印刷费工费时，直到宋仁宗庆历年间，平民毕昇终于在雕版印刷的基础上发明创造了活字印刷技术，对此，沈括的《梦溪笔谈》作了记载。活字技术的发明大大节省了时间和成本，使印刷变得异常方便和经济。以上三项发明以后传播至阿拉伯世界，并经由阿拉伯传至欧洲，它们对整个人类的知识、精神活动乃至社会发展进步都产生了极其重大的意义和深远的影响，这种意义或影响是如何评价都不会过分的。

除以上三大技术发明外，宋元时期在其他一些技术方面也取得了重要的进展。瓷器的工艺技术在五代已经达到较高的水平，到了宋元已经达到很高的水平。这一时期瓷器的最主要发展是青瓷和白瓷，五代与宋之间最著名的瓷窑有柴、汝、官、哥、钧、定，其他著名瓷窑还有章、建等。事实上，宋元时期的瓷器无论是在技术上，还是在艺术上都达到了中国瓷器制作的最高水平。纺织技术也在这一时期取得巨大成就。在纺织机具方面，宋代已出现多达 32 锭的具有先进水平的水力大纺车；在纺织技术方面，有包括沙罗、织锦、绫缎、缂丝、棉纺在内的各种织物，如南宋时锦的品种就多达 40 余种，苏州的宋锦与南京的云锦更是闻名遐迩。中国古代以木构为主体的建筑形式在这一时期愈加纯熟，出现了《营造法式》这样的对当时建筑成就作系统整理和全面总结的建筑学著作，与此同时，城市建设如北宋的开封、南宋的临安都达到了新的高度，许多建筑及城市规制保留至今。另外，造船技术也在这一时期趋于鼎盛，这为后来大规模的航海奠定了坚实的基础。

不仅技术，宋元时期的各个科学知识部门同样取得巨大的成就。农业知识在此时达到新的水平。用于指导农业生产的农学著作大量出现，这包括陈旉与王祯的两部《农书》，元代还颁行了《农桑辑要》，这也被认为是中国古代第一部官修农书。此外，这一时期还出现了大量动植物谱录，它体现了生物学知识所达到的新的高度。在天文学方面，宋元间组织过多次大规模的天文测量，不少测量在精度上较之前人都有提高；中国古代的天文观测仪器如漏刻、圭表、浑仪、浑象等也在这一时期发展到了极致的水平;而元代郭守敬所制造的天文仪器以及所制订的《授时历》将中国古代的天文学推向辉煌的巅峰。宋元时期的数学发展十分突出,出现了秦九韶、李冶、杨辉、朱世杰四大数学家,这一时期的成就远远超过同时代的欧洲,其中高次方程的数值解法比西方早800年,多元高次方程组解法和一次同余式解法早500年,高次有限差分法早400年。在医药学领域,这时的分科愈加细化,由唐代的四科发展到宋代的九科,元代更增至十三科,出现了以刘完素、张从正、李杲、朱震亨等为代表的所谓金元四大家,又外科医术、解剖学乃至法医学等不同医学学科也都得到不同程度的发展。此外,地学知识在这一时期也获得相应的发展,地理著作较历代都更为丰富,方志类著作也大大增加,并且这一时期的地图制作也达到一个新的水平。①

总之,中国古代的科学技术在宋元时期达到了顶峰。尤其值得骄傲的是,这一时期出现了像沈括、郭守敬这样的在整部人类科学史上都具有重要地位的大科学家。

现在再来概略地综览一下这一时期的哲学特别是哲学与科学的关系。

宋元时期的哲学实际就是理学,其在一定意义上也可以称之为新儒学,这是一个以儒家学说为主体,融合佛道两家思想的新的哲学形态。就学派而言,宋元时期最重要也最有影响的是以朱熹为代表的理学学派以及以陆九渊为代表的心学学派,尤以前者更为重要。就与知识的关系而言,理学学派的影响无疑是重大而深远的,而心学学派则并没有相应的地位。

具体地,大致可以从这样两个方面来观察这一时期哲学与科学二者之间的关系:

首先,可以这样认为,宋元时期是中国古代科学技术与哲学思想结

---

① 以上考察主要参考了杜石然等编著《中国科学技术史稿》(下册)(北京,科学出版社,1982)和刘洪涛编著《中国古代科技史》等著作中的相关内容。

合的最为紧密的一个时期。这一时期（特别是到了这一时期的后期，例如南宋、元代，而进一步也延续至以后的明清两代）的科学几乎都不同程度地受到哲学的影响。从某种意义上说，宋元时期哲学与科学关系的状况比较类似于秦汉时期的状况，在这两个时期，都有一批哲学家将他们的眼光投向知识活动，对科学问题给予一定的关注。也可以这样说，对于自然或科学问题的关注，这是宋代哲学的一个显著特点，这种状况无疑是与宋代哲学家对于科学或知识给予一定程度的重视密切相关的，而从这种重视中也可以看出科学或知识在宋代哲学中的地位。例如对宇宙演化和宇宙结构问题的关注就十分突出，相当多的哲学家都参与其中，包括周敦颐、邵雍、张载、程颢、程颐、朱熹等人，并且许多观点和思想不乏真知灼见。这也体现在概念的使用上，当时为哲学与科学二者共同关心的问题或使用的概念主要包括：气、理、阴阳、五行、天人、易、象数、格物、致知、穷理等。这些概念大都是从前代那里继承而来，其中一些被加以改造并被赋予了新意，当然也有一些开始弱化或逐渐消退。而相比较秦汉时期来说，宋元时期所表现的自觉性可能还要更为突出一些。因为秦汉时期的许多观念与思想实际是由先秦时期所准备的，而宋元时期的不少思想与概念明显还具有一定的创新性质。当然，宋元时期的科学活动及其与哲学的关系也不像秦汉那样有过多的神秘色彩，这也与这一时期的哲学和科学都更趋理性密切相关。

其次，宋元时期的哲学显然主动地从以往的知识活动中"汲取"了某些重要的概念，当然也主动地向科学"输出"了一些重要的概念。这一时期所"汲取"的一个最为重要的概念就是"理"，在前面的考察中我们已经看到，这一概念有着坚实的知识或科学源头，这对于宋代上升为哲学概念具有至关重要的影响。当然，我们更看到这一时期的哲学概念或思想具有一定的主导性。这种主导性既体现为哲学的基本思想与概念如"理"对于科学的影响，也体现为哲学的基本思维或方法如"格物"对于科学的影响。宋元时期哲学的一个重要成果就是提炼出了一个哲学高度的核心概念——"理",而这一概念同样也为科学活动所普遍使用。[①] 当然,"理"这一概念在哲学和科学中的理解不尽相同。哲学中有本体和规律的不同含义,并且其也被赋予道德内涵;而科学由于其自身的认识性质,主要将"理"理解为规律、法则、原理。在思维或方法上,宋元时期哲学提出了"格物致知"或"格物穷理",这既是一种观念,但更是一种思维和方法。这样一个思维或观念的提出无论对于哲学还是对于科学都有重要的意义。从哲学上说,它表明一种正确的认识论和方法论的形成;而在科学上,它积极地影响到诸如观察和实验这样一些方法的普遍形成。我们应当看到,宋代科学甚至哲学活动普遍注重观察、科学活动中十分强调实验等种种现象在很大程度上都是与对格物的提倡或强调密切相关的。同时,无论是"穷理",还是"格物",又都体现为一种价值观,它表明了知识在这一时期文化中的重要地位。以上是大的氛围。就个人或学科而言,如沈括科学思想中气、理、五行等概念,宋元数学中的理、易概念,金元医学中的易、格致概念等都明显与哲学紧密相关。毫无疑问,上述状况对于宋元乃至以后明清时期科学知识活动的影响或意义都是巨大的。

李约瑟从科学史研究的角度出发,也曾就宋代哲学与科学之间的关系给予过高度的评价,他说:宋代的理学"使中国的'亘久常青的哲学'达到最高境界的体现,并且在许多方面成为现代有机自然主义的先导"[②]。李约瑟认为:"中国批判的人文主义的真正繁荣时期是在宋代(10—13世纪)到来的,而特别有意义的是,当时各门自然科学和技术的活动也达到了高峰,出现了科学世界观的伟大哲学成就,即'理学'这种人文的和哲学的运动差不多同时开始于 10 世纪末——这时欧洲还甚至于没有任何稍微可与之比拟的东西。"[③]李约瑟还强调指出:"宋代确实是中国本土的

---

① "理"虽是理学的核心概念,但它并不是一个创造性的概念,而是一个继承性的概念,关于其继承的意义后面将作专门论述。
② 〔英〕李约瑟:《中国科学技术史》第二卷《科学思想史》,第 2 页。
③ 同上书,第 419 页。

科学最为繁荣昌盛的时期。"而"哲学应该表明是与实用科学有某些联系的；而事实上它也确实是如此，因为中国科学的许多方面，如炼丹术、药用植物学、动物学和磁物理学等，全是受到道家的启发。同样，如果我们对理学倾向的分析是对的，人们就可期待着科学事业的伟大发展会随之而来。事实上，这件事的可资引证的事例多得令人困惑。"①

　　总而言之，宋元时期的思想、概念、观念、思维以及方法不仅改变了哲学自身的面貌，更对科学的发展起到了积极的作用。确切地说，从与科学关系的角度来看，理学使得中国文化对待知识的态度重新回到中国的传统轨道上来；从对科学促进的角度上来看，宋元时期乃至后来明清时期大量世界一流成果的问世也与理学密切相关。就目前而言，我们对理学在这方面的肯定和积极评价还是很不够的。当然，也不能忽视理学中的确有不利于科学发展的消极的一面，这种消极影响可能还很深刻；理学特别是心学的发展也在一定程度上导致了哲学与科学的分离，这种分离状况可能也很严重。但对于历史，我们可能更多地应当是"理解"，而不是"要求"。

第二节　"气"概念与知识的关系

　　我们知道，早在先秦时期，"气"就已经在哲学与科学活动中成为一个基本的或核心的概念，秦汉时期，这一概念的地位进一步增强，之后，这一概念一直在科学与哲学活动中得到延续。到了宋代，"气"概念及思想的发展又达到了一个新的高度。与前代一样，科学与哲学对于气的认识与思考也是相互包含，相互影响的，例如在沈括的思想中就可以看到有哲学的色彩，这有助于其科学思想的阐发；而在张载的思想中则看到有科学的内容，这也有助于其哲学思想的完善。

---

① 〔英〕李约瑟：《中国科学技术史》第二卷《科学思想史》，第 526 页。

一、张载思想中"气"概念与知识的关系

一般认为,"气"观念与思想发展到宋代哲学这里上升到了一个本体论的高度,而这之中,张载的工作至为重要。张载认为,世界万物从最终的意义来说都归之于气,气是最高的范畴。

而值得我们注意的是,张载有关"气"这一问题的哲学思考无疑是有宇宙论和天文学知识作为背景的,这在《正蒙》的《太和》、《参两》两篇中就体现得非常清楚。如《正蒙·太和》中讲:

> 太和所谓道,中涵浮沉、升降、动静、相感之性,是生絪缊、相荡、胜负、屈伸之始。
>
> 太虚无形,气之本体,其聚其散,变化之客形尔。
>
> 气之为物,散入无形,适得吾体;聚为有象,不失吾常。太虚不能无气,气不能不聚而为万物,万物不能不散而为太虚。
>
> 由太虚,有天之名;由气化,有道之名。

这些论述与先秦和两汉主要从阴阳的角度来理解"气"有所不同,它们在很大程度上都和宇宙理论密切相关,这包括"太和"、"太虚"等。我们在这里不仅可以看到自老子以来宇宙理论的发展对哲学思想所产生的深刻影响,又可以看到当张载将宇宙问题纳入思考以后,"气"的哲学所达到的新的高度。又如《正蒙·参两》中讲:

> 一物两体,气也。一故神,两在故不测;两故化,推行于一,此天之所以参也。地纯阴凝聚于中,天浮阳运旋于外,此天地之常体也。
>
> 地有升降,日有修短。地虽凝聚不散之物,然二气升降其间,相从而不已也。
>
> 凡阴气凝聚,阳在内者不得出,则奋击而为雷霆;阳在外者不得入,则周旋不舍而为风;其聚有远近虚实,故雷风有大小暴缓。和而散,则为霜雪雨露;不和而散,则为戾气曀霾;阴常散缓,受交于阳,则风雨调,寒暑正。

显然,这又是从宇宙结构问题逐渐过渡到宇宙演化问题,在这之中,可以看到大量的天文现象。总之,张载有关"气"的思想是以科学知识作为依托的,是以其所掌握的天文学知识作为依托的。其实,类似的思想也可以在这一时期其他具有相同哲学立场的思想家那里看到,例如南宋杨万里也说:"元气浑沦,阴阳未分,是谓太极。"(《诚斋易传》卷一七)就此而言,"气"的哲学在这一时期上升到本体论的高度实际上有着知识的必然性。

二、理学思想中"气"概念与知识的关系

即使是在理学家那里,"气"这一概念同样也在思考中被加以广泛应用。

例如程颐讲:"天地之化,自然生生不穷,更何复资于既毙之形,既返之气,以为造化。"(《程氏遗书》卷一五)而"气"在朱熹的哲学中得到了更进一步的重视。虽然朱熹在涉及理气关系问题上讲:"有是理便有是气,但理是本。""未有天地之间,毕竟也只是理。"(《朱子语类》卷一《理气上》)并且学者们也通常据此来推断朱熹的哲学立场,将其概括为理先气后、理本气末。但其实朱熹同时也十分强调理气的互相依存,不可分割。如他说:"天地之间,有理有气。理也者,形而上之道也,生物之本也。气也者,形而下之器也,生物之具也。是以人物之生,必禀此理,然后有性;必禀此气,然后有形。"(《朱文公文集》卷五八《答黄道夫》)又说:"天地中间,上是天,下是地,中间有许多日月星辰,山川草木,人物禽兽,此皆形而下之器也。然这形而下之器之中,便各自有个道理,此便是形而上之道。"(《朱子语类》卷六二《中庸一》)在这里,"气"显然得到了重视,并且其有着具体知识的依托。更重要的是,我们知道朱熹有很深刻的宇宙论和天文学思想,我们应当看到,朱熹所谓理先气后、理本气末在很大程度上是就宇宙起源状况而言的,也就是说,在朱熹看来,宇宙的起源阶段还谈不上"气",但却有"理"。这一思想与老子和《易传》的理论是一脉相承的,与《淮南子》和张衡《灵宪》的宇宙论思想也是一脉相承的。这种理论

或思想从宇宙起源或天文学的角度来看无疑具有猜测的合理性（也就是从混沌的"道"到初开的阴阳二"气"），但它一旦被加以哲学解读，就会生出立场问题。事实上，我们还要看到，朱熹对理气关系的解释其实是很谨慎的，如他说："理与气本无先后之可言，但推上去时，却如理在先、气在后相似。"（《朱子语类》卷一《理气上》）这里的"推上去"就是指宇宙混沌未开之时。而一旦天地剖分，则"气"变得至为重要，例如："天以气而依地之形，地以形而附天之气。天包乎地，地特天中之一物尔。"（《朱子语类》卷一《理气上》）"天地之气，无处不到，无处不透，是他气刚，虽金石也透过。"（《朱子语类》卷五二《孟子二》）这些看法总体上说与前人在科学意义上的宇宙理论是相同甚至一致的。总之，如果我们更注意朱熹思想的知识背景，我们对它的解读也会更加全面和客观。

三、知识活动中的"气"概念

"气"这一概念及思想同样也在科学活动中得到很广泛的运用。

首先是农学。如沈括对作物与土气的关系问题就作过论述："土气有早晚，天时有愆伏。"（《梦溪笔谈》卷二六《药议》）又如陈旉说："四时八节之行，气候有盈缩、畸赢之度；五运六气所主，阴阳消长，有太过不及之差，其道甚微，其效甚著。盖万物因时受气，因气发生；其或气至而时未至，或时至而气未至，则造化发生之理因之也。"（《农书·天时之宜》）

地学方面。周密的《齐东野语》说："若地震，则出于不测，盖阴阳相薄使然，亦犹人之一身血气或有顺逆，因而肉瞤目动耳。气之所至则动，气所不至则不动。"这显然是继承了自周代以来阴阳二气说的传统。此外，这一时期的潮汐理论也普遍引入了气的概念，如徐兢的《宣和奉使高丽图经》："月临于子，则阳气始升；月临于午，则阴气始升。"

再如医学活动，这一时期仍十分普遍地使用"气"这一概念，这自然是与中国古代医学的基本理论有关。如宋徽宗御制的《圣济经》中说："成变化，行鬼神，往来无所终穷者，莫大于五行。在天之为气，在地之为形。"（《圣济经·卷五正纪篇·政治权衡章第四》）又如刘温舒的《素问入式运气论奥·论六病》中说:"天之邪气,感则害人。"

还有炼丹知识,沈括说:"如细研硫黄朱砂乳石之类,凡能飞走融结者,皆随真气洞达肌骨,犹如天地之气,贯穿金石土木,曾无留碍。其余顽石草木,则但气味洞达耳。"(《梦溪笔谈》卷二六《药议》)又如五代李光玄的《金液还丹百问诀》中说:"水银者,金之魂魄;绿矾者,乃是铁之津华。体五金即二气同根,议铅汞则铜铁疏远。"

或许还可以举出更多的例子。而这些都表明:"气"在当时是一个在知识领域中广泛使用的概念。

第三节　"理"概念与知识的关系

相比"气"概念而言,"理"这一概念及其思想在宋元时期的哲学与科学活动中都产生了更大的影响。"理"这一概念虽然也有伦理道德的源头,但直到北宋初年主要是从自然的角度来加以理解的,其主要用作指自然界万事万物的客观规律,这实际是继承了自先秦以来的认识与思想传统。应当看到,这样一种认识传统无论是对于宋元时期的哲学,还是科学,都产生了极其深刻的影响,尤其是哲学。强调这一点是很重要的,应当知道,"理"对于宋代来说首先不是一个创造性的概念,而是一个继承性的概念。这一概念既有哲学思想,但更有科学知识作为依托。宋元时期特别是北宋时期的许多科学活动首先是从这一传统而非从理学中直接获得思想与概念资源的,而作为延续,这一时期的知识活动对于"理"是高度重视的。同时,作为认识与思想传统,它也对这一时期的哲学有重要的启迪。这一时期的哲学思想从自然或知识之"理"中获益良多。虽然说,包括程朱理学虽赋予"理"以更多的道德内涵,这在很大程度上可以说改变了"理"作为观念的方向,但值得注意的是,理学家们并没有弃绝传统的理解。主观上讲,理学家显然没有这一意愿;客观地说,理学家其实也没有能力通过其影响来弃绝这一传统理解。也因此这一理解仍是其整个哲学思想的一个重要内容。当然,不仅如此,由于理学家对于"理"这一概念的高度重视和极力提倡，它又会反过来对科学活动产生深刻的影响。

一、知识活动中的"理"概念

对"理"的重视和强调首先在宋元时期的科学活动中体现出来，这是对先秦以来特别是南北朝与隋唐以来知识活动中思想传统的继承。

这一观念或思想在天文历法知识中明确地体现出来。一个明显的事实或现象是，宋代的哲学家在涉及历法问题时常用"理"来解释，如邵雍说："历不能无差。今之学历者，但知历法，不知历理。"(《观物外篇》下)又如程颐说："历上若是通理，所通为多。"(《程氏遗书》卷一五)同样，宋代的天文历法研究特别强调历法应受"理"的支配。如北宋周琮说古人制历："得数多，又近于今，兼立法、立数，得其理而通于本者为最也。"(《宋史·律历志八》)又如南宋周密说："然以理揆之，天文有常度可寻，时刻所至，不差分毫，以浑天测之可也。"(《齐东野语》)总之，历法的制定应充分考虑其中的"理"，也即规律，这可以说是宋人的一个普遍观念。

医学也是如此。北宋时期的《圣济经》中讲："声合五音，色合五行，脉合阴阳。孰为此者？理之自然也。"因此治疗就应"皆达自然之理，以合自然之宜。"(《卷一》)更讲："盖物囿于天地间，虽东西南北之异方，山林川泽之异地，散植显隐之异宜，会而通之，皆有明理。"(《卷九》)沈括曾对药物相克规律作过研究，他发现："巴豆能利人，唯其壳能止之；甜瓜蒂能吐人，唯其肉能解之；坐拏能懵人，食其心则醒；楝根皮泻人，枝皮则吐人。"沈括得出结论说："如此之类甚多，悉是一物，而性理相反如此。"(《补笔谈》卷三《药议》)另外如王好古在《阴证略例》中也说："天地万物一理也，圣人之道一中而已。"

宋元时期的数学同样十分重视"理"的意义。如李冶说："彼其冥冥之中，固有昭昭者存。夫昭昭者，其自然之数也；非自然之数，其自然之理也。"并说："苟能推自然之理，以明自然之数，则虽远而乾端坤倪，幽而神情鬼状,未有不合者矣。"(《测圆海镜》序)此外如杨辉说:"算无定法,惟理是用已矣。"(《乘除通变算宝》)"既论小法,当尽其理。"(《法算取用本末》)朱世杰说:"凡习四元者,以明理为务。必达乘除、升降、进退之理,乃尽性穷神之学也。"(《四元玉鉴》)又秦九韶也提出了"数道统一"的思想。这里的"道"又作"理",也就是规律。

对"理"的重视也反映在诸如农学、物理学、化学以及相关的制作技术中。在农学思想方面,如陈旉的《农书》说:"顺天地时利之宜,识阴阳消长之理,则百谷之成,斯可必矣。"(《农书·天时之宜》)理的思想也被用于物理学与机械制作,如沈括在研究声学问题时就说道:"古人制器,用石与铜,取其不为风雨燥湿所移,未尝用铁者,盖有深意焉。律法既亡,金石又不足恃,则声不得不流,亦自然之理也。"(《补笔谈》卷一《乐律》)理的思想还反映在炼丹理论中。如程了一在他的《丹房奥论》一书序中讲:"圣人所谓格物致知,大概不过子母相生、夫妇配偶之理。"类似这样的内容或许还有更多。①

以上考察表明,宋元时期知识界对于"理"的重视有相对的独立性,其在很大程度上是以往知识活动自身传统的延续。当然,在哲学或思想界介入之后,知识活动也会受到相应的影响。但反之,知识活动及其思想同样会影响哲学思想。

二、北宋早期思想中"理"概念与知识的关系

更值得认真关注的是,"理"如何由知识领域向思想领域的延伸或转换。

北宋早期思想中对于"理"的看法可以说基本继承了先秦特别是汉唐以来的认识传统,也即主要从事物或自然规律的角度来理解"理"。如欧阳修说:"阴阳反复,天地之常理也。"(《欧阳文忠公文集》卷一八《居士集·明用》)"凡物有常理,而推之不可知者,圣人之所不言也。磁石引

---

① 详见袁运开、周瀚光主编《中国科学思想史(中)》相关论述。

针,蝍蛆甘带,松化虎魄。"(《欧阳文忠公文集》卷一二九《笔记·物有常理说》)司马光说:"玉蕴石而山木茂,珠居渊而岸草荣,皆物理自然。"(《温国文正司马公文集》卷二五《赵朝议文稿》序)"有兹事必有兹理,无兹理必无兹事。"(《温国文正司马公文集》卷七四《迂书·无怪》)王安石说:"嗟哉浑沌死乾坤至,造作万物丑妍巨细各有理。"(《临川先生文集》卷七《和吴冲卿鸦鸣树石屏》)"万物莫不有至理焉,能精其理则圣人也。"(《临川先生文集》卷六六《致一论》)

在这些思想家中,苏轼关于"理"的思想可能很具有代表性。在苏轼看来,自然界万千事物都有其理也即规律的存在,如他说:

> 山石竹木、水波烟云,虽无常形,而有常理。(《苏轼文集》卷一一《净因院画记》)

并且,苏轼指出,"理"都是具体的,如关于地域气候对于菊花开花时间的影响:"菊黄中之色香味和正,花叶根实,皆长生药也。北方随秋早晚,大略至菊有黄华乃开。独岭南不然,至冬乃盛发。岭南地暖,百卉造作无时,而菊独后开。考其理,菊性介烈,不与百卉并盛衰,须霜降乃发,而岭南常以冬至微霜故也。其天姿高洁如此,宜其通仙灵也。"(《苏轼文集》卷七三《记海南菊》)自然之理如此,对自然之理的认识亦如此,如苏轼说:

> 凡学之难者,难于无私。无私之难者,难于通万物之理。故不通乎万物之理,虽欲无私,不可得也。……是故幽居默处而观万物之变,尽其自然之理,而断之于中。(《苏轼文集》卷四八《上曾丞相书》)

具体地,有如关于治水的认识:"愚窃以为治河之要,宜推其理,而酌之以人情。河水湍悍,虽亦其性,然非堤防激而作之,其势不至如此。古者,河之侧无居民,弃其地以为水委。今也,堤之而庐民其上,所谓爱尺寸而忘千里也。故曰堤防省而水患衰,其理然也。"(《苏轼文集》卷七《禹之所以通水之法》)并且,由此苏轼又将对"理"的认识从自然知识延伸到社会活动。从上面的论述或思想中,我们可以看到苏轼以及他所代表的时代与以前认识传统的联系。苏轼也将"理"称之为"天理",他说:"圣人之论性也,将以尽万物之理,与众人之所共知者,以折天下之疑。"(《苏轼文集》卷四《扬雄论》)

张载对于"理"的看法大致也与此相同。如其讲:"万物皆有理。"(《张载集·张子语录中》)但张载的看法也有自己的特点,这主要体现在关于"理"的论述与"气"本论的思想密切相关,如:"天地之气,虽聚散攻取百途,然其为理也顺而不妄。"张载又接着说道:"太虚不能无气,气不能不聚而为万物,万物不能不散而为太虚。循是出入,是皆不得已而然也。"(《正蒙·太和》)可见,"理"在张载这里是指"气"运行变化的规律或法则,而这也正体现了张载哲学的思考视角与特点。而这里十分重要的一点,就是张载这种视角明显与科学知识保持着更多的联系。同时就哲学传统而言,作为"道"与"理"这一思想,张载主要是取其规律或法则的含义,而舍弃了本原或本体的含义。事实上,这样一种取舍同样是与其对科学的关怀密切相关的,张载由此出发或以此为基础做出了更加符合科学的哲学解释。

总之,从以上的考察中,我们可以看到北宋时期思想界与知识界的衔接,甚至可以看到这一时期的思想与早先知识传统的衔接。

三、二程与朱熹等思想中"理"概念与知识的关系

讲到"理"就不能不考察程朱理学的哲学思想。

二程的哲学为我们所熟知,一般认为,其所说的"理"主要是指世界的本体和本原。应当说,在二程这里,"理"概念的发展出现了重大变化,其将伦理与道德属性视作"理"的基本属性,这样,就从以往主要的自然或知识之"理",转变为伦理或道德之"理"。[①] 但尽管如此,自然之"理"仍

[①] 程颢讲:"吾学虽有所授受,天理二字却是自家体贴出来。"(《河南程氏外书》卷十二)就伦理或道德意义而言,二程的"理"或"天理"应当受到《乐记》的影响。《乐记》中说:"好恶无节于内,知诱于外,不能反躬,天理灭矣。夫物之感人无穷,而人之好恶无节,则是物至而人化物也。人化物也者,灭天理而穷人欲者也。"

然在二程的思想中占据有一定的地位,在他们的论述中我们也仍然可以
体会出自然规律和法则的含义,这样一个内容有着不可替代或不可或缺
的位置,这实际上也是其继承传统认识的反映,或者消极一些说,是其无
法回避传统知识的反映,而以往的考察常常会忽略这一点。但当我们将
其纳入知识的线索来加以考察时,这被忽视的一面便会显现出来。如程
颐讲:

> 天下物皆可以理照,有物必有则,一物须有一理。(《程氏遗书》
> 卷一八)

> 凡眼前无非是物,物物皆有理,如火之所以热,水之所以寒。
(《程氏遗书》卷一九)

具体来说,"理"大可及天地,如:"天地之中,理必相直,则四边当有空阙
处。"(《程氏遗书》卷二下)小可至草木,如:"一草一木皆有理。"(《程氏遗
书》卷一八)显然,二程这里所说的"理"就是规律与法则,这与以往或他
人所说之"理"应当说并无二致。当然,二程之间对于"理"的看法也可能
有所不同,冯友兰就曾指出这一点。如程颢讲:"天地万物之理,无独必
有对,皆自然而然,非有安排也。"(《程氏遗书》卷一一)又程颢讲:"万物
皆有理,顺之则易,逆之则难。各循其理,何劳于己力哉?"(同上)冯友兰
先生认为这里是在讨论自然和人为的关系问题。[1] 不过,从知识的线索
来看,其实都与自然规律有关,而这些都体现了思想传统的非断裂性或
不可割裂性。

与二程相比,朱熹对"理"讲得更为充分,也更为透彻。如他说:

> 宇宙之间,一理而已。天得之而为天,地得之而为地,而凡生于
> 天地之间者,又各得之以为性。(《朱文公文集》卷七〇《谈大纪》)

> 总天地万物之理,便是太极。(《朱子语类》卷九四《周子之书》)

这里的"理"显然有作为本体的含义,并且它与宇宙问题密切相关。不

---

[1] 参见冯友兰《中国哲学史新编》(第五册),第105页,北京,人民出版社,1988。

过,朱熹也将事物的原因与规律称作"理",并且如同二程一样,也如同北宋早期其他思想家一样,朱熹对于规律之"理"的关注完全是在此问题上的认识传统的延续。如朱熹说:

> 至于天下之物,则必各有其所以然之故与所当然之则,所谓理也。(《大学或问》)

在这里,"所以然之故与所当然之则"明确地解释了"理"的规律意义或性质。而基于这一理解的论述在朱熹思想中有许多,例如:"上而无极太极,下而至于一草一木一昆虫之微,亦各有理。"(《朱子语类》卷一五《大学二》)"近而一身之中,远而八荒之外,微而一草一木之众,莫不各具此理。"(《朱子语类》卷一八《大学五》)这是就天地万物的普遍性质而言。又如:"问:枯槁之物亦有性是如何? 曰:是他合下有此理。故云:天下无性外之物。因行街云:阶砖便有砖之理。因坐云:竹椅便有竹椅之理。"(《朱子语类》卷四《性理一》)"理如一把线相似,有条理,如这竹篮子相似,指其上行篾,曰:一条子恁地去;又别指一条,曰:一条恁地去;又如竹木之文理相似,直是一般理,横是一般理。"(《朱子语类》卷六《性理三》)这是援具体事例来加以说明。另外,朱熹也使用"道理"这一语词,例如:

> 如这片板,只是一个道理,这一路子恁地去,那一路子恁地去。如一所屋,只是一个道理,有厅,有堂;如草木,只是一个道理,有桃,有李;如这众人,只是一个道理,有张三,有李四。(《朱子语类》卷六《性理三》)

> 且如这个扇子,此物也,便有个扇子底道理,扇子是如此做,合当如此用,此便是形而上之理。天地中间,上是天,下是地,中间有许多日月星辰、山川草木、人物禽兽,此皆形而下之器也。然这形而下之器之中,便各自有个道理,此便是形而上之道。(《朱子语类》卷六二《中庸一》)

总之,从以上论述中,我们可以清楚地看到程朱理论身后的知识背景,同时,我们也可以看到程朱理学在这一认识问题上自身的连贯性或一致性。

除此之外,宋代其他理学思想家关于"理"也多有论述,对此,乐爱国在《宋代的儒学与科学》一书中作了大量搜集和整理。① 如张栻说:"盖万事具万理,万理在万物。……一物不体则一理息,一理息则一事废。一理之息,万理之紊也;一事之废,万事之堕也。"(《南轩集》卷二)吕祖谦说:"理之在天下,犹元气之在万物也。"(《左氏博议》卷三)即使是像陆九渊这样一个在哲学上被认为是心学代表人物的思想家也说:"塞宇宙一理耳。上古圣人先觉此理,故其王天下也,仰则观象于天,俯则观法于地,观鸟兽之文与地之宜,近取诸身,远取诸物,于是始作八卦,以通神明之德,类万物之情。"(《陆九渊集》卷一五)又说:"天地之间,一事一物,无不著察。"并提出要在"人情物理上做工夫。"(《陆九渊集》卷三五)不难看出,这其中也包含了大量知识的内容以及在此基础上所作的归纳。而究其原因,就在于"理"这样一种普遍性的思潮后面是有知识作为支撑的,任何一个思想家都不能无视或回避这样一种背景及其合理性。

四、"穷理"说

考察"理"概念还不能不涉及"穷理"概念。"穷理"这一概念最早见于《易传·说卦》,其讲:"穷理尽性,以至于命。"如同"理"概念一样,汉唐间,"穷理"也被赋予知识的含义。如《后汉书·胡广传》中说:"(广)博物洽闻,探颐穷理。"

至于北宋,"穷理"一词使用得更为频繁。从张载、二程到朱熹,都大量使用了"穷理"这一语词或概念。如张载讲:"穷理亦当有渐,见物多,穷理多,如此可尽物之性。"(《张载集·张子语录上》)相比之下,二程更重视"理",因此对"穷理"也有更多的重视。如二程说:"如一事上穷不得,且别穷一事。或先其易者,或先其难者,各随人深浅。如千蹊万径皆

---

① 可参见乐爱国《宋代的儒学与科学》,北京,中国科学技术出版社,2007,第六、第七两章相关人物思想的考察。

可适国,但得一道入得便可。所以能穷者,只为万物皆是一理,至如一物一事虽小,皆有是理。"(《程氏遗书》卷一五)"凡一物上有一理,须是穷致其理。""一草一木皆有理,须是察。"(《程氏遗书》卷一八)"穷物理者,穷其所以然也;天之高,地之厚,鬼神之微显,必有所以然者。"(《河南程氏粹言》卷二)在这里,"穷理"就根源讲首先就应当是指自然之"理"。不过,也应当看到,二程总的来说并不十分强调关心"穷"自然之"理"。

朱熹继承了二程的思想,他说:"一书不读,则阙了一书道理;一事不穷,则阙了一事道理;一物不格,则阙了一物道理。须要逐一件与他理会过。"(《朱子语类》卷一五《大学二》)朱熹又特别用"理会"一词来表达"穷理"。如:"以事之详略言,理会一件又一件;以理之浅深言,理会一重又一重。只管理会,须有极尽时。"(《朱子语类》卷一五《大学二》)并且,这"穷理"与"理会"中还包括有类推或推理之意。如朱熹说:"一物有十分道理,若只见三二分,便是见不尽。须是推来推去,要见尽十分,方是各物。既见尽十分,便是知止。"(《朱子语类》卷一五《大学二》)又说:"今以十事言之,若理会得七八件,则那两三件触类可通。若四旁都理会得,则中间所未通者,其道理亦是如此。"朱熹认为:"只要以类而推,理固是一理,然其间曲折甚多,须是把这个做样子,却从这里推去,始得。"(《朱子语类》卷一八《大学五》)

但是,朱熹的"穷理"与二程又有不同之处,这就是他更加关注"穷"自然之"理"。如朱熹说:

> 若万物之荣悴与夫动植小大,这底是可以如何使,那底是可以如何用,车之可以行陆,舟之可以行水,皆所当理会。(《朱子语类》卷一八《大学五》)

> 律历、刑法、天文、地理、军旅、官职之类,都要理会。(《朱子语类》卷一一七《朱子十四》)

这可以说是一个不小的变化,这一变化不仅说明朱熹对自然事物有着浓厚的兴趣,其实也是对当时学者普遍关注"穷理"的反映,毫无疑问,这正是朱熹作为一个伟大哲学家的重要体现。当然,更重要的还在于,朱熹对于"穷"自然之"理"的重视也对思想界和知识界产生了极其深刻的影响。

此外,这一时期还有不少其他思想家也都表达了类似的看法,如吕祖谦说:"吾侪所以不进者,只缘多喜与同臭味者处,殊欠泛观广接。故于物情事理多所不察,而根本渗漏处,往往卤莽不见。"(《东莱集·别集》卷九)又真德秀说:"万事万物皆各各有个道理,须要逐件穷究。"(《西山先生真文忠公文集》卷三〇)这些论述应当都与自然知识有关,从中可以看到当时思想家兴趣的广泛性。

另外,"穷理"这一语词或概念又是与"格物"、"致知"紧密相关的,对此将在下面有关"格物"思想的部分作专门叙述。

五、从知识或科学的角度看"理"概念的发展线索及其意义

以往的中国哲学史研究很少会从知识的角度来看待"理"这一概念的发展线索及其意义,而这有可能在很大程度上遮蔽了对"理"这一概念乃至整个理学的正确认识。关于这一问题,在这里有必要作一个专门的论述。

从知识的角度来考察"理"这一概念的发展线索,以下这样一些方面是值得引起我们高度重视的。

首先,"理"概念的知识含义先于道德含义获得发展,如前面所考察,"理"的知识线索从先秦至秦汉一直是延绵不断的;到魏晋南北朝和隋唐时期这一线索的认识日渐丰富;而宋元时期正是承袭这一线索或传统继续发展的。这有助于我们了解:"理"首先并非是突发于宋代的道德意义的概念,其道德意义是在宋代理学这里发生转型后才凸现出来的。

其次,就是"理"的道德含义在理学这里凸现之后,"理"的知识含义仍保持着独立的发展线索。我们看到,在宋元时期许多知识活动中都有关于"理"即规律的深刻认识,并且其较之前代是大大丰富了。这表明,知识或规律之"理"的发展有其相对独立性,它并未因为哲学思想中的某

种转型而发生变化，更未因此而发生中断，相反，它进一步发展了。

再次，即便是在理学思想中，知识之"理"的地位尽管低于道德之"理"，但仍具有不可替代的意义与地位。我们不应只见其道德的线索，而不见其知识的线索。应当看到，具有连续性和独立性的知识之"理"也一样会深刻影响同时代的理学思想家们的思考。换言之，理学家不可能随意改变这一线索，而我们更不能从主观出发无视这一事实。

最后，也是最重要的，就是"理"这一概念在完全上升到哲学本体论层面的过程中，始终有作为科学问题的宇宙理论的相伴。这实际也是继承了道家与《易传》的传统，只是在宋代的话语中其更多地隐藏在幕后。而从这个角度来看，道德之"理"又是匍匐于自然知识即宇宙之"理"的。因为只有从宇宙本原或本体出发，才能赋予道德以合理性和合法性。

不仅如此，还应当看到，从源头上说，理学家之所以给予知识以相应的地位，其实也包含了儒家和道家等在内的诸多认识资源与理论传统。我们甚至可以更为积极地来看待理学与科学的关系。可以说，正是理学在理的规律或法则意义上的理解和强调，尤其是朱熹在这方面的大量论述，使得这一时期及以后的科学知识活动产生了很大的动力。

而如果我们进一步地从知识的视野出发将"理"与"气"这两个概念加以比较，我们更会看到"理"这一概念对于科学活动所具有的重要意义。通过考察我们看到，与"气"概念相比，"理"概念所涉及的学科门类要更加丰富，例如数学学科，这是一个"气"概念不会涉及的重要学科，但却是"理"概念所必然涉及和产生深刻影响的重镇；同时，"理"又具有推理的含义，这也就意味着"理"又具有方法论的意义，而这一点同样也是作为物质的"气"所不具备的。这也就决定了，为什么在宋元以后，"理"比起"气"不仅在哲学上而且也在科学上产生了更大的影响（相关地，"理"与"道"的比较在上一章中已经作过考察）。对这一点，下面关于"格物"的问题中还将作进一步考察。总之，"理"比起"气"在知识领域中有更少的盲点，因此其涉及面更宽广，影响也更深刻。

第四节 "格物"概念与知识的关系

"格物"概念是与"穷理"概念密切相关的,但与"穷理"比较,"格物"有着更加明确的知识特征。同时,我们应当注意,"理"或"穷理"首先应当是在知识背景中发展起来的,即它最初是基于知识的传统。而"格物"则有所不同,这是一个典型的出生于思想领域的概念,一个署名于儒家哲学的概念。我们看到,在《大学》中,"格物"已经是一个经过归纳、概括或抽绎的概念,已经明确了自己的思想或哲学身份。所以,如果说,"理"或"穷理"是从知识走向思想,那么,"格物"则完全是从哲学走向科学。我们看到,宋元时期思想家关于"格物"这一概念或语词的明确阐述和广泛使用,对同代以及后代的科学活动都产生了极其深远的影响;与此相关,这一时期的科学活动也形成了一种以"格物"观念或认识为核心的研究传统并影响到明清两代甚至近代。

一、"格物"的语词渊源

"格物"语词即概念最早见于《礼记》的《大学》。《大学》形成于秦汉之际,其基本内容是"三纲领"和"八条目",而"格物"、"致知"就是"八条目"中最前面的两个条目。《大学》并未对"格物"、"致知"作出清晰的解释,只是说:"致知在格物,物格而后知至。"之后,汉代郑玄在《礼记注》中解释道:"格,来也;物,犹事也。其知于善深则来善物,其知于恶深则来恶物。"这赋予"格物"、"致知"以道德的内容。唐代孔颖达在《礼记正义》中解释道:"致知在格物者,言若能学习招致所知。格,来也。已有所知,则能在于来物。若知善深,则来善物;知恶深,则来恶物。"孔颖达同意郑玄对于"格物"、"致知"所作的道德理解,但除此之外,孔颖达显然也有新的认识和理解,这就是"格物"、"致知"还具有学习以及推理的意义。至宋代,司马光也曾撰《致知在格物论》,其中讲:"《大学》曰'致知在格物'。格,犹扞也,御也。能扞御外物,然后能知至道矣。郑氏以格为'来',或者犹未尽古人之意乎?"从司马光对"格物"、"致知"的解释以及对郑玄的质疑中,可以看出其赋予"格物"以主动、接触的含义,并且也赋予"致知"以把握"道"的含义。以上是关于"格物"观念与概念最初发生发展的一般认识。

二、思想活动中的"格物"概念

"格物"、"致知"在二程特别是程颐的思想中得到高度重视。程颐说:"学莫大于知本末始终。致知格物,所谓本也,始也;治天下国家,所谓末也,终也。"(《程氏粹言》卷一)不过,最重要的是,对"格物"的解释在程颐这里有了新的气象。在程颐这里,"格物"观念和概念是与"穷理"观念和概念一同受到重视而发展起来的,如程颐说:"格犹穷也,物犹理也,犹曰:穷其理而已矣。"(《程氏遗书》卷二五)"格犹穷也,物犹理也,若曰穷其理云尔。穷理然后足以致知,不穷则不能致也。"(《程氏粹言》卷一)又说:"须是今日格一件,明日又格一件,积习既多,然后脱然自有贯通处。"(《程氏遗书》卷一八)而且程颐所说的"物"又是与自然相关的。如据明胡广《性理大全》记载:"或问伊川云:露是金之气如何? 曰:露自是有清肃之气。古语云露结为霜,今观之,诚是。然露气与霜气不同,露能滋物,而霜杀物也。雪霜亦有异,霜能杀物,而雪不杀物也。雨与露不同,雨气昏,而露气清也。露与雾不同,露气肃,而雾气昏也。"(《性理大全》卷二七)程颐在这里试图对露与霜、雪、雨、雾加以区别,并对各自的特征加以比较。又如二程说:"一草一木皆有理,须是察。"(《程氏遗书》卷一八)从以上这些论述中不难看到二程一种对于"格物"也即对事物加以细致观察研究的认识,这自然也是一种科学精神。

朱熹继承了程颐的思想,他说:"格,至也。物,犹事也。穷至事物之理,欲其极处无不到也。"(《大学章句》)可以看出,朱熹与程颐的看法是一致的,即都将"格物"与"穷理"视作同样的问题加以对待和思考。朱熹也认为,任何事物包括"一草一木"都有理存在于其中,因此就有"格"也即观察研究的必要,所谓:

虽草木,亦有理存焉。一草一木,岂不可以格?如麻、麦、稻、粱,甚时种,甚时收,地之肥、地之硗,厚薄不同,此宜植某物,亦皆有理。(《朱子语类》卷一八《大学五》)

朱熹强调:

所谓格物,便是要就这形而下之器,穷得那形而上之道理而已。

(《朱子语类》卷六二《中庸一》)

如此,"格物"与"穷理"也就紧密地结合了起来。

而朱熹关于"格物"问题最突出的思考,还在于对由格物而致知的过程作了详尽的阐释,也就是以下这段著名的论述:

所谓致知在格物者,言欲致吾之知,在即物而穷其理也。盖人心之灵,莫不有知,而天下之物,莫不有理。惟与理有未穷,故其知有不尽也。是以《大学》始教,必使学者即凡天下之物,莫不因其已知之理而益穷之,以求至乎其极。至于用力之久,而一旦豁然贯通焉,则众物之表里精粗无不到,而吾心之全体大用无不明矣。此谓物格,此谓知之至也。(《补大学格物致知传》)

这当然也是建立在程颐思考的基础上的,但无疑更加深入。我们无须怀疑,这样一种阐述或思考不仅具有哲学的认识论的意义,其对于知识或科学的观察与研究同样有着重要的意义。①

不仅如此,还值得我们注意的是,朱熹本人也直接参与了各种"格物"活动,与"穷理"问题相似,这同样是与二程有很大区别的。而且更有意义的又在于:这样一种区别不仅仅驻足于思想界的活动范围,它在很大程度上也影响到知识活动,甚至在一定程度上也影响到了思想界与知识界的价值观,越是往后,这种影响也就体现得越加明显。

在宋元时期,还有更多的思想家在关注和思考"格物"的问题,对此,

---

① 乐爱国有《朱子格物致知论研究》(长沙,岳麓书社,2010)一书,对朱熹的格物理论以及与科学的关系作了专门的研究,可以参考。

乐爱国的《宋代的儒学与科学》一书同样多有涉及。如叶适说:"君子不以须臾离物也。夫其若是,则知之至者,皆物格之验也。"(《叶适集·水心别集》卷七)真德秀说:"格,训至,言于事物之理,穷究到极致处也。穷理,既到至处,则吾心之知识日明一日,既久且熟,则于天下之理无不通晓,故曰格物而后知至也。"(《西山先生真文忠公文集》卷三〇)王柏说:"格物致知之要,又在格物。盈天地间,物必有则。格物之理,致吾之知。万物同原,皆可类推。"(《鲁斋集》卷四)金履祥说:"盖格物者,初未尝有截然一定之目,而亦未有精粗巨细之间也。惟事物之在天下者无限,而接于吾前者亦无穷,故必随其所遇巨细、精粗、小大、幽显莫不格之以穷其理焉。"(《大学疏义》)①与程朱特别是朱熹的思想一道,这些思想都对同时期以及后来的知识活动产生有重要的影响。

这里自然要涉及一个今日所说的价值观的问题。应当看到或承认,在当时的思想家这里,知识意义上的"格物"仍是受到一定限制的,其不及天理人伦的地位来得重要。如欧阳修说:"蟪蛄是何弃物,草木虫鱼,《诗》家自为一学,博物尤难,然非学者本务。"(《欧阳文忠公文集》卷一二九《笔记·博物说》)而理学家又尤然,如朱熹说:"格物之论,伊川意虽谓眼前无非是物,然其格之也,亦须有缓急先后之序,岂遽以为存心于一草木器用之间而忽然悬悟也哉! 且如今为此学而不穷天理,明人伦,讲圣言,通世故,乃兀然存心于一草木一器用之间,此是何学问! 如此而望有所得,是炊沙而欲其成饭也。"(《朱文公文集》卷三九《答陈齐仲》)当然,学者们也已经普遍注意到这是朱熹早期的看法。但总的来说,宋元时期思想家特别是理学家们更关注社会与伦理问题这一事实是毋庸置疑的。在重新审视和肯定宋元思想家们"格物"思想的同时,我们又必须清楚他们所最关心的究竟是什么。但是,由于对"格物"的重视和强调,这其中必然会导致的对知识的肯定也是我们不应该忽略的,而从对科学活动的影响来说这就更有深刻意义和深远影响。关于这一问题,本章最后一节

---

① 参见乐爱国《宋代的儒学与科学》,第六、第七章相关人物思想的考察。

还将作专门讨论。

三、知识活动中的"格物"概念

正是由于受同时期哲学思想特别是理学思想的影响，在自然科学研究方面，宋元时期的许多学者已多从"格物"和"穷理"或相类似的意义上来看待知识活动。例如沈括就曾记载算家将阳燧照物称之为"格术"，他说："阳燧照物皆倒，中间有碍故也，算家谓之'格术'。"(《梦溪笔谈》卷三《辩证一》)又据《后山谈丛》记载："东都相国寺楼门，唐人所造。国初木工喻皓曰：'他皆可能，惟不解卷檐尔。'每至其下，仰而观焉，立极则坐，坐极则卧，求其理而不得。"这记录了北宋木工喻皓是怎样去潜心研究建筑物之中所蕴含的奥妙道理的。而南宋赵蕃在记载饶州人张甲的冶炼技巧时也说："布衣张甲，体物索理，献言以佐图。"(《章泉稿》卷五《截留纲运记》)这里所说的"体物索理"，正是理学格物穷理态度的体现。这是将知识活动称作穷理的例子。又这一时期的炼丹术中也有十分明确的格物致知和格物穷理思想，如北宋程了一在《丹房奥论》序中就说："窃谓金丹大药，上全阴阳升降，下顺物理迎逢。圣人所谓格物致知，大概不过子母相生、夫妇配偶之理。"此外南宋的朱中有在谈及自己对于潮汐的研究时也谦称是："物格知至，粗尝学焉。"(《潮颐》)这是将知识活动称作格物的例子。

这里尤其值得一提的是格物致知或即物穷理的思想对于生物学、医药学的影响。

格物致知思想对于宋元时期科学研究的影响尤以生物学最为典型，"格物"的概念多出现于对动植物的研究之中。例如南宋时陈景沂撰有《全芳备祖》，韩境在为《全芳备祖》所作的序中就写道：

> 子拱而曰：盈天壤间皆物也。物具一性，性得则理存焉。《大学》所谓格物者格此物也。今君晚而穷理，其昭明贯通，倏然是非得丧之表，毋亦自其少时区别草木，有得于格物之功欤。

另外，"格物"也以"多识鸟兽草木之名"的研究方式出现，如郑樵的《昆虫草木略》就是以孔子"多识鸟兽草木之名"的看法作为理论基础的。郑樵说：

> 欲传《诗》，以《诗》之难可以意度明者，在于鸟兽草木之名也。（《夹漈遗稿》卷二《寄方礼部书》）

在郑樵看来，要研究《诗》，就必须懂得鸟兽草木之学。又韩境在《全芳备祖》序中亦说："昔孔门学《诗》之训有曰：多识于鸟兽草木之名，陈（景沂）君于是书也奚其悔。"

格物与穷理的思想也广泛反映在这一时期的医疗活动和医学思想中。例如金代宋云公在《伤寒类证》的序中说：

> 医不通道，无以知造物之机；道不通医，无以尽养生之理。然欲学此道者，必先立其志。志立则物格，物格则学专。

刘祁也曾说：

> 在淮阳时，尝手节本草一帙，辨药性大纲，以为是书，通天地间玉石草木禽兽虫鱼万物性味，在儒者不可不知。又饮食服饵禁忌，尤不可不察，亦穷理之一事也。（《重修证类本草》跋）

在这些论述中都不难看到格物、穷理思想的影响。而元代的朱震亨则直接为其所撰医书起名为《格致余论》，他说："古人以医为吾儒格物致知一事。故目其篇曰《格致余论》。"（《格致余论》序）

四、"格物"与"博物"

此外，这一时期兴起的博物学也与格物致知和格物穷理思想密切相关。博物学的传统始于晋张华的《博物志》，但从宋元时期起，由于这一学科深受格物致知和格物穷理思想的影响，因此发展很快，如宋李石就撰有《续博物志》。在一些著作中，我们可以清楚地看到"博物"与"格物"二者之间的关系。如宋僧赞宁著有《物类相感志》，后人增补修改后又作

《格物粗谈》，二书均为博物学著作。晁公武说:《物类相感志》十卷,"以博物称于世"(《郡斋读书志》卷二),而以《物类相感志》为基础增改的著作取名为《格物粗谈》这一现象或事实表明,在当时的人们看来,"格物"即是"博物"。[①] 又沈括、郑樵的学术活动也都可以视之为博物学,二者都可视之为博物学家。

而"博物"也与"博学"、"博雅"等观念或概念有关。宋人十分重视博学,如黄庭坚说:"致远者不可以无资,故适千里者三月聚粮,又当知所向,问其道里之曲折,然后取途而无悔。钩深而索隐,温故而知新,此治经之术也。经术者,所以使人知所向也。博学而详说之,极支离以趋简易,此观书之术也,博学者,所以使人知道里之曲折也。"(《山谷集·与潘子真书》)又郑樵尤重博雅,其讲:"然大著述者,必深于博雅,而尽见天下之书,然后无遗恨。"(《通志》总序)与此相关,郑樵亦重"会通",其讲:"天下之理,不可以不会;古今之道,不可以不通。"(《夹漈遗稿》卷三《上宰相书》)郑樵所撰《通志》多涉及博物的内容,尤其是"二十略",乃为中国古代典型的博物学文献。

总的来说,博物学的出现首先是知识或科学自身发展规律的结果,但其也在很大程度上与"格物"思想的发展进程密切相关。

再进一步推而言之,从唐五代以来以及两宋的绘画艺术中,我们其实也可以看到类似的"格物"精神。例如五代黄荃的禽鸟、关仝的山水。至宋代,巨然、范宽等的山水画其实都在对表现自然做有益的探索,夏珪的《钱塘观潮图》则更与相关知识有某种勾连,另花鸟画中有文同的竹、赵孟坚的梅,以及更多无款的花鸟鱼虫,广义地来看,这些其实也都是"格物"的体现,或其中的一个组成部分。

五、关于"格物"概念及其对科学活动影响的评价

如前所述,程朱理学有关"格物"、"致知"、"穷理"的思想并非只有知

---

① 详见卢嘉锡总主编、席泽宗分卷主编《中国科学技术史·科学思想卷》相关内容。

识的内容,其在很大程度上是关于伦理道德的内容,甚至这部分内容还是其终极旨归。而站在后人例如明末清初时期的角度或立场来看,程朱理学有关"格物"、"穷理"的思想也还有很多玄虚空洞的内容。若进一步站在世界范围来看,理学关于知识或科学的内容更是有局限或缺陷的。但所有这些都不应影响对程朱尤其是朱熹提倡"格物"、"致知"、"穷理"思想的正面或积极的评价,在这一问题上我们应持更加客观、中肯和科学的态度。

毋庸置疑,理学对"格物"其实是给予一定的重视的,对"格物"之"物"的自然内容也是给予一定的重视的。正是从"格物"和"穷理"的目的出发,一些重要的理学思想家如朱熹等都掌握了大量的自然科学知识,朱熹甚至还认为家中要备有天文观测仪器,以观测各种天象,同样基于这一目的,朱熹也要求其弟子参与自然观察。当然,宋代对"格物"和"穷理"给予重视的也并非只有程朱理学的思想家们,包括张载、叶适等思想家也都讲"格物"、"致知"、"穷理"。而这恰恰表明,"格物"、"致知"、"穷理"思想的提倡在当时具有某种超越理学的普遍性或广泛性,也即是宋代儒家学者共有的特性。

更进一步而言,我们不应简单地从哲学或伦理道德的视角出发,将"格物"看作一种思想的附属品,而是应当把它看成一种时代的品格(作为一种品格,它其实并不限于知识与思想,如上所述,也在同时代的绘画等种种文化或精神生活领域中得到体现)。这样一种时代的品格既有作为传统的积淀和扩展,也包括了转换和变化。就积淀和扩展而言,"格物"乃是对重视自然之"理"传统的继承,这其实是时代的趋势,宋代思想家也是顺势而为。而就转换和变化来说,对"格物"的重视,在一定程度上也反映出儒家思想在知识观或科技价值观上所发生的集体性的某种变化,尽管这种变化仍是有限的。

尤其值得注意的是,"格物"观念一旦盛行,就必然会导致科学或知识价值观的变化,而这种变化又不是思想所能简单掌控或制约的。如刘蒙的《菊谱》说道:"草木之有花,浮冶而易坏,凡天下轻脆难久之物者,皆以花比之，宜非正人达士坚操笃行之所好也。然余尝观屈原之为文，香草龙凤以比忠正，而菊与菌桂、荃蕙、兰芷、江蓠同为所取。又松者，天下岁寒坚正之木也，而陶渊明乃以松名配菊，连语而称之。夫屈原、渊明，实皆正人达士坚操笃行之流，至于菊犹贵重之如此，是菊虽以花为名，固与浮冶易坏之物，不可同年而语也。且菊有异于物者。凡花皆以春盛，而实者以秋成，其根抵枝叶，无物不然。而菊独以秋花悦茂于风霜摇落之时，此其得时者异也。有花叶者，花未必可食，而康风子乃以食菊仙。又《本草》云：'以九月取花久服，轻身耐老。'此其花异也。花可食者，根叶未必可食，而陆龟蒙云：'春苗恣肥，得以采撷供左右杯。'按又《本草》云：'以正月取根。'此其根叶异也。夫以一草之微，自本至末，无非可食，有功于人者，加以花色香态，纤妙闲雅，可为丘壑燕静之娱。然则古人取其香以比德，而配之以岁寒之操，夫岂独然而已哉？"刘蒙在这里就从"德"与"用"两个方面对菊花的价值作了说明。"德"是传统的，而"用"则是时代的，刘蒙是借"德"助"用"，又以"用"完"德"。

另外，还值得注意的是，这一时期也有学者反驳了将对动植物的兴趣视作玩物丧志的观点，并论证了这一兴趣的合理性。如陈景沂在《全芳备祖》自序中说：

> 子之说则信辨而美矣，子之书则信全而备矣，不几于玩物丧志乎？答曰：余之所纂盖人所谓寓意于物，而不留滞于物者也，恶得以玩物为讥乎？且《大学》立教，格物为先，而多识于鸟兽草木之名，亦学者之当务也。

陈景沂解释说："自太极判而两仪分，五行布而万物具，凡散之两间物物各具一太极也。"至于草木"根而干，干而枝，枝而叶，叶而华，华而实，初者为阳，次者为阴。……得阳之刚则为坚耐之木，得阴之柔则为附蔓之藤。无非阴阳者，则无非太极也。以此观物，庸非穷理之一事乎？"而"程先生语上蔡云贤却记得多许事谓玩物丧志，今止纂许多，姑以便检阅，备遗忘耳，何至流而忘返而丧志焉？"在这里我们看到，陈景沂不仅对"识于鸟兽草木之名"与"格物"和"穷理"的关系做出了说明或辩解,论证了其"合法性",同时也对二程所谓"玩物丧志"的理论提出了委婉的批评。

总之,宋代包括元代的思想家们赋予了"格物"、"致知"、"穷理"这样一些概念或范畴在哲学及知识思考中的重要地位,这无论是对于中国古代哲学史而言,还是对于中国古代科学史而言都具有十分重要的意义,尤其是对后者而言。从前面的考察中,我们可以清楚地看到儒家哲学"格物"、"致知"、"穷理"的思想以及概念对于科学活动的这种深刻影响,也可以看到在这种影响下科学活动所形成的"格物"认知与研究传统,这种作用或影响的意义是不应被低估的。可以这样说,正是由于理学家们的极力倡导和传播,方使得"格物"、"致知"、"穷理"的思想对于同时代以及后来的科学活动产生了"抛砖引玉"的重大作用。

第五节　其他观念与概念

宋元时期还有其他一些观念与概念,这些观念与概念与以前既有联系,也有变化。所谓联系,就是这些观念与概念也大都是从前代延续或继承下来。而所谓变化,则是这些观念或概念的内涵与地位与以前又会有所不同。这些观念与概念中比较重要的有阴阳、五行、象数、天人等,下面就对这些观念、概念与知识的关系作一番简略的考察。

一、"阴阳五行"

这一时期的阴阳学说基本上是一种传统的延续。阴阳理论在哲学中自不待说,其主要与气概念相结合解释本原与本体问题。阴阳理论在医学中同样有着深厚的传统,这也为我们所熟悉。这里我们主要通过天文学和化学这两个学科对这一时期知识活动中阴阳理论的影响做点考察。在天文与气象思想方面,宋代思想家多有涉及,这其中就包括用阴阳理论来解释多种自然现象。以张载为例,如关于日月食现象,"日质本阴,月质本阳。故于朔望之际精魄反交,则光为之食矣。"(《正蒙·参两》)又如关于雷电现象,"凡阴气凝聚,阳在内者不得出,则奋击而为雷霆。"(《正蒙·参两》)在天文与气象领域,可以用阴阳理论来解释的现象还有很多,例如宋代的学者也用阴阳理论来解释潮汐这一现象,张君房在《潮说》中就这样说道:"日月会同谓之合朔,合朔则敌体,敌体则气交,气交则阳生,阳生则阴盛,阴盛则朔日之潮大也。"在包括炼丹、火药知识和技术在内的化学学科,对于阴阳理论的运用也是很突出的。如程了一在他的《丹房奥论》一书序中讲:"窃谓金丹大药,上全阴阳升降,下顺物理迎逢。"这实际上将阴阳理论视作炼丹术的基本原理或依据。又宋代周去非的《岭外代答》中也说:"人炼丹砂为水银,以铁为上下釜。上釜盛砂,隔以细眼铁板;下釜盛水,埋诸地。合二釜之口于地面而封固之,灼以炽火,丹砂得火,化为霏雾,得水配合,转而下坠,遂成水银。然则水银即丹砂也,丹砂禀生成之性,有阴阳之用,能以独休化二体,此其所以为圣也。"这同样突出了炼丹中的阴阳性质及其意义。除此以外,阴阳理论在知识中还可能有更为广泛的使用,如张载就曾用阴阳理论来解释动植物的区别:"动物本诸天,以呼吸为聚散之渐;植物本诸地,以阴阳升降为聚散之渐。"(《正蒙·动物》)

总的来说,五行思想在宋元时期并不十分盛行,或者说,五行这一概念及其思想没有得到特别的重视。这里很重要的一个方面就是相对缺乏哲学的基础,无疑,这与魏晋以来所形成的更为理性的认识传统有关。当然,这并不是说,宋元时期的哲学与科学活动中就没有使用五行概念。这其中最值得注意的就是医学。在医学中,自唐代王冰开始,就十分重视《内经》中的"五运六气"学说,而到了宋代,这样一种学说更受到了极力推崇。"五运六气"学说以五行学说作为基础,认为四时季节实际是五行之气的运行变化过程。同时,这一学说又将各种可能影响人体健康的气分为六种,即所谓风、火、热、湿、燥、寒。可以看出,这样一种学说主要是讲气候变化与人体健康之间的关系。如北宋时期名医王衮在《博济方》的序中说:"天地之间,运行而生成者,非五行乎?人禀五行之秀而生,故具之于形,禀之于气也。其在天则四时六气运乎外,一失其道,则为灾为沴焉;其在人,则五味七情攻乎内,一失其理,则为疾为疹焉。"沈括对医学也颇有研究,并且十分重视"五运六气"学说,他说:"医家有五运六气之术,大则候天地之变,寒暑风雨,水旱螟蝗,率皆有法;小则人之众疾,亦随气运盛衰。"(《梦溪笔谈》卷七《象数一》)以后金元时期的刘完素同样将医学的精髓概括为"五运六气",他说:"观夫医者,唯以别阴阳虚实,最为枢要。识病之法,以其病气,归于五运六气之化,明可见矣。"(《素问玄机原病式序》)不过,从以上的考察中也可以看出,这时的五运六气说与秦汉时期作为宇宙图式的五行学说有着极大的不同,它实际上是一种五行理论与气论的结合形态,主要应用于医学领域,目的在于分析和阐述致病原因,而不像秦汉那样对世界做出某种结构性的安排。

二、"象数"

像前代一样,这一时期象与数这样两个观念仍然同时有着哲学和科学的基础或意义。冯友兰曾判断过周敦颐和邵雍二人的差异,这对于我们了解这一时期的象数学或有某种提示作用,他说:周敦颐的《太极图》来源于道教和陈抟,这是一种象,但是他不讲数,因此可以说是一种象学。邵雍所讲的有图又有数,而着重数,可以说是一种数学,笼统一点说是象数之学。① 而在这之中,又以邵雍的先天象数学影响为大。就理论而言,邵雍的先天象数学与汉人的《纬书》或《易纬》有着密切的关系。冯友兰指出:"邵雍的六十四卦圆图,用以说明一年四时的变化,这是《纬书》'卦气说'的继续,也可以说是一种发展。"②冯契说:"这同汉代《易纬》的象数之学的基本观点相似,只不过邵雍用'加一倍

---

① 参见冯友兰《中国哲学史新编》(第五册),第 67 页。
② 冯友兰:《中国哲学史新编》(第五册),第 71 页。

法'(程颢语)构造出来的象数体系,显得更加整齐而已。"①但邵雍的象数学也有自己的特点,其通过推演,表面上说明了整个宇宙秩序以及发展,因此在当时产生了较大的影响,这尤其突出地体现在数学领域,如秦九韶就认为数学的源头在于河图、洛书、八卦、九畴,而其最高阶段则应是大衍之术。

关于这一时期的象数学,李约瑟也从科学史的角度或视野给予了评判,其指出:"虽然这些象数学公式是在公元前3世纪或更早一点开始的,并且虽然它们曾引起汉代学者们很大兴趣,可是直到宋代,它们对许多思想家仍然保持其全部的魅力。"如"朱熹的直接弟子蔡沉(1167—1230)就曾从事繁复的命理数字推测"。李约瑟又说:"我们无须举出这种数字象征主义的例子,因为它们与真正的数学并没有共同之处,而是紧密地追随着前面从《大戴礼记》所转录的那种模式。有趣之点是,12世纪理学家们有些思想仍然受到它的迷惑。"②也就是说,李约瑟从科学的角度出发,对象数学总体给予了负面的评价。当然,宋代的象数学可能远较李约瑟的判断来得复杂。总的来说,关于这一时期的象数问题,可能有以下这样几点值得我们注意:第一,从宋代象数学这里,我们可以看到后世儒家对于以前知识学派的思想的接受,包括对神秘性质的接受,而这在很大程度上是无法克服的,其最终还是涉及中国文化包括思想与信仰的连续性问题;第二,但宋代的象数学与汉代的象数学相比也有较大的区别,这就是其没有或较少汉代人那种比类和附会的东西,因此其神秘和荒诞的内容不像汉代那样明显;第三,象数观念虽然对宋代知识界和思想界仍产生了重要的影响,但这一影响主要局限于哲学和数学领域,而不像汉代那样几乎无所不涉,无所不包,因此其对于知识的影响也相对有限。而第二与第三两个方面是否又在一定意义或程度上说明了理性的进步?这是值得我们给予关注的。

---

① 冯契:《中国古代哲学的逻辑发展》(下册),第748页,上海,上海人民出版社,1985。
② 〔英〕李约瑟:《中国科学技术史》第二卷《科学思想史》,第296页。

三、"天人"或"力命"

天人关系的思想在宋元时期也得到了继承。

汉代以后,随着天人感应理论在哲学和科学活动中被清除,天人关系思想中很重要的一个内容就体现在"因"、"宜"观念上,宋元时期也是如此,其中尤以农业生产活动为突出。如陈旉说:"夫山川原隰,江湖薮泽,其高下之势既异,则寒燠肥瘠各不同。大率高地多寒,泉冽而土冷,传所谓高山多冬,以言常风寒也,且易以旱干;下地多肥饶,易以淹浸。故治之各有宜也。"(《农书·地势之宜》)王祯也说:"夫封畛之别,地势辽绝,其间物产所宜者,亦往往而异焉。何则?风行地上,各有方位;土性所宜,因随气化,所以远近彼此之间风土各有别也。"(《农书·农桑通诀·地利篇第二》)当然,医学知识也有非常丰富的"因"、"宜"思想,这也是中国古代医学一以贯之的重要和优良的传统。

在天人关系上,也提出了所谓"天人相胜"的观点,如刘祁在其《归潜志》中就说道:"传曰:'人定亦能胜天,天定亦能胜人。'余尝疑之。试以严冬在大厦中独立,凄淡万态不能久居。然忽有外人共笑,则殊暖燠,盖人气胜也。因是以思,谓人胜天,亦有此理。岂特是哉?深冬执爨或厚衣重衾亦不寒,夏暑居高楼,以冰环坐而加之以扇亦不甚热。大抵有势力者能不为造物所欺,然所以有势力者亦造物所使也。"而值得注意的是,在这一时期,知识界愈来愈重视人为和人力,由此也成为一种重要的思想,这既与园艺技术的提高有关,也与炼丹实践或道教思想有关。如韩彦直的《橘录》说:"人力之有参于造化。"王观的《扬州芍药谱》说:"以人而盗天地之功而成之。"这样的观念和思想在当时可以说非常普遍。除此之外,源自南北朝道教的有关"力命"问题的看法在此时仍有继承,如元末刘伯温的《郁离子》中有《天地之盗》篇,其中就在一定程度上继承了《阴符经》的思想。这里尤其值得我们注意的是,宋元时期类似"人力之有参于造化"、"以人而盗天地之功而成之"这样一些思想其实正是后来明清时期"人定胜天"思想的先声。

第六节　沈括的科学思想与哲学思想

北宋科学家沈括及其所著《梦溪笔谈》在中国科学史上有着十分重要的地位。李约瑟称《梦溪笔谈》是中国科学史上的代表作，具有里程碑的意义，而沈括是"中国整部科学史中最卓越的人物"①。同时，在沈括的科学思想中也可以看到丰富的哲学思想，看到哲学思想及概念对科学思想的深刻影响。因此，研究沈括，无论是对于科学思想还是对于哲学思想，都有着重要的意义。

一、沈括简介

沈括（1031—1095），字存中，钱塘（今浙江杭州）人，是我国古代卓越的科学家。沈括博学多才，《宋史·沈括传》称他"博学善文，于天文、方志、律历、音乐、医药、卜算无所不通"。沈括一生论著甚多，据《宋史·艺文志》所录有 22 种 155 卷，现存《梦溪笔谈》26 卷、《补笔谈》3 卷、《续笔谈》1 卷、《长兴集》19 卷、《苏沈良方》15 卷等。其中《梦溪笔谈》涉及大量科学技术方面的条目，内容包括数学、天文、历法、气象、地理、地质、物理、化学、冶金、水利、建筑、生物、医药以及兵器技术等。

当代中国科学史研究对于沈括的科学活动及思想有了更为深入的了解。根据李约瑟的研究，《梦溪笔谈》中属于自然科学的内容共有 207 节，其中包括易经与阴阳五行 7 节、数学 11 节、天文历法 19 节、气象学 18 节、地质与矿物 17 节、地理与制图 15 节、物理学 6 节、化学 3 节、工程与工艺 18 节、水利灌溉 6 节、建筑 6 节、植物学与动物学 52 节、农艺 6 节、医药 23 节。② 又据胡道静研究，《梦溪笔谈》中属于自然科学的内容

---

① 〔英〕李约瑟：《中国科学技术史》第一卷《总论》，第 289、290 页，北京，科学出版社，1975。
② 参见〔英〕李约瑟《中国科学技术史》第一卷《总论》，第 290、291 页。

共有 189 条,其中数学 4 条、天文学及历法 22 条、气象学 12 条、物理学 5
条、化学 3 条、医学及药物学 43 条、建筑学 8 条、灌溉及水利工程 9 条、工
程技术 16 条、生物学 32 条、农学 8 条、地理学及制图学 16 条、地质学及
矿物学 11 条。[①]

从以上简介中,我们可以看到沈括所取得的丰硕成果。

二、沈括科学思想的时代背景

在考察沈括的科学思想之前,我们有必要先来了解一下其时代
背景。

沈括所处的北宋时期,是一个"求知欲"或"探求精神"极强的时代。
自先秦、秦汉、魏晋南北朝与隋唐以来对"理"的探求兴趣至宋代已经有
了相当的"量"的积累,并已经达到"质变"的阶段。这一时期的学者普遍
对自然界的事物抱有浓厚的兴趣,也可以说,这成为一种社会时尚。就
目前所知,在沈括前后,学者对自然知识探讨的主要成果有:燕肃的《海
潮论》、贾宪的《黄帝九章算经细草》、蔡襄的《荔枝谱》、欧阳修的《洛阳牡
丹记》、邢昺的《尔雅疏》,另苏轼与沈括一同撰成《苏沈良方》,稍后又有
韩彦直的《橘录》等。这也包括同时期的思想家,如周敦颐、邵雍、张载以
及二程都对自然知识抱有不同程度的兴趣。并且,如前面所指出,这同
样反映于该时期的艺术作品。同时,还应当看到,包括沈括在内的学者
与科学家的种种知识或科学活动,这其中既有对"物"的认识,也有对
"理"的探求,这也会反过来对同时期其他学者及思想家产生一定影响,
更会对后来的学者及思想家产生深刻影响。

总之,沈括所处的时代是一个对自然或知识有着无比兴趣的时代,
从这个意义上来讲,出现百科全书式的沈括这样的科学家并不是一个偶
然的现象,它实际上具有某种必然性。

---

① 参见胡道静《梦溪笔谈校正》"附录二",上海,上海古籍出版社,1987。

三、主要科学思想

沈括的科学思想十分丰富,它包括天文、地理、数学、物理、医学等诸多方面。

在天文历法和地理知识方面,沈括造诣很深。其中在天文学方面,沈括十分注重观测,经过认真的观测,沈括得出了极星不在天极的结论,又获得冬至日长、夏至日短的认识。沈括也十分重视对观测仪器的改进,由此使得一些观测的精度有很大的提高。沈括还针对传统阴阳合历的缺陷大胆提出了十二气历的设想(具体内容将在下面第七节中作考察)。在地理学方面,沈括也有重要的贡献。其中最突出的就是以泥沙淤积作用来解释华北平原的成因和以流水侵蚀作用来解释浙东与西北地貌的成因。除此之外,沈括还发明了立体地图,较之西欧要早七百余年。

在数学方面,沈括主要关心隙积术和会圆术。其中隙积术是求解垛积问题,这开辟了高阶等差级数求和的研究领域,以后杨辉、朱士杰等人就是在此基础上做进一步的研究。会圆术的研究目的是对圆的弧矢关系给出比较实用的近似公式,以后,元代的郭守敬、王恂等人在授时历中就应用了这一公式。

沈括在物理学研究方面取得了多项成就,这包括磁学、光学、声学。沈括在磁学方面的成就十分卓著。沈括最早发现了磁偏角,其记录比西欧的记录要早约四百年。沈括还记载了指南针的制作方法,而且总结出了放置指南针的四种方法。在光学方面,沈括对凹面镜成像做过实验,也对光的直线传播以及小孔成像问题作过研究。在前面的考察中,我们知道这些研究在《墨经》中就已经有过记录。此外,沈括还对汉代以来的"透光镜"技术做了深入的研究,并对透光原因作了科学解释。在声学方面,沈括做过共振实验。沈括上述许多研究也可以理解为是以前人的成果为基础而开展的工作,并且有了不同程度的推进。

沈括对医药学也很精通。沈括年轻时即对医学有浓厚兴趣,搜集了很多验方。其成果最终反映于和苏轼一起编撰的《苏沈内翰良方》(简称

《苏沈良方》)中。又《梦溪笔谈》和《补笔谈》对医药也都有所涉及,论及几十种药物的形态、配伍、药理、制剂、采集和生长环境等。

四、科学思想的哲学基础

沈括的科学思想是有深厚的哲学基础的。在沈括的科学思想中,经常会使用"气"、"阴阳"、"五行"、"理"这样一些概念或思想,这些概念与思想也是当时哲学中普遍使用和表达的。而对沈括来说,使用和表达这些概念与思想的意义就在于为其科学活动奠定了重要的哲学基础,同时也将科学和哲学连接了起来。

沈括在许多思想中都使用"气"这一概念,沈括认为,世界万物大到宇宙天体,小到细微之物,无不是由气所构成的。例如天文学方面:"日月气也,有形而无质。故相值而无碍。"(《梦溪笔谈》卷七《象数一》)医药学方面:"天地之气,贯穿金石土木,曾无留碍。""如细研硫黄、朱砂、乳石之类,凡能飞走融结者,皆随真气洞达肌骨。"又太阴玄精(即石膏)"乃禀积阴阳之气凝结,故皆六角"(《梦溪笔谈》卷二六《药议》)。沈括也使用"阴阳"、"五行"的概念,如讲阴阳:"凡积月以为时,四时以成岁,阴阳消长,万物生杀变化之节,皆主于气而已。"(《补笔谈·象数》)讲五行:"如木之气在天为风,木能生火,风亦能生火,盖五行之性也。"(《梦溪笔谈》卷二五《杂志二》)从这些概念的使用情况不难看出,沈括对相关哲学问题有深切的关注,同时,这些概念又多是结合具体知识的,这便构成了沈括使用这些概念的特点。

尤其值得注意的是,沈括非常重视"理"。沈括在对物理现象的解释中,就经常使用"理"来描述事物的本质特征或规律性质。如关于磁针,沈括说:

> 以磁石磨针锋,则锐处常指南,亦有指北者,恐石性亦不同。如夏至鹿角解,冬至麋角解。南北相反,理应有异。(《补笔谈》卷三《药议》)

又如关于五音,沈括说:"听其声,求其义,考其序,无毫发可移,此所谓天理也。""此皆天理不可易者。古人以为难知,盖不深索之。"(《梦溪笔谈》卷五《乐律一》)再如关于共振,沈括说:"此乃常理。""此声学至要妙处也。""今人不知此理,故不能极天地至和之声。"(《梦溪笔谈》卷六《乐律二》)沈括也用"理"来解释地理现象,如其在对《禹贡》"彭蠡既潴,阳鸟攸居;三江既入,震泽底定"一语进行解释时说:

> 盖三江之水无所入,则震泽壅而为害;三江之水有所入,然后震泽底定。此水之理也。(《梦溪笔谈》卷四《辩证二》)

又"理"也与阴阳五行有关,如:"五运六气,冬寒夏暑,旸雨电雹,鬼灵魇蛊,甘苦寒温之节,后先胜负之用,此天理也。"(《苏沈良方》序)显然,这些认识与宋代许多哲学家将"理"作本质或规律理解的认识具有一致性或相似性,但沈括的认识无疑更具有知识的特性,同时,由于是从对自然的观察出发,因此其也更具有客观性,这又是作为科学家的沈括与思想家们的不同所在。

五、科学方法

我们再来看沈括科学活动及思想中所使用的方法。

首先,这其中最为重要的就是实验与实考的方法。实验方面如沈括精心设计的共振实验就是一个典型的例子。为了观察共振现象,沈括剪了一个纸人放在一根弦上,当弹奏和该弦频率相应的弦时,纸人就跳动,而弹其他弦时,纸人则不动。在西方直到 15 世纪意大利人才开始做共振实验。而实考就是实地考察。如沈括说:

> 予奉使河北,边太行而北,山崖之间,往往衔螺蚌壳及石子如鸟卵者,横亘石壁如带。此乃昔之海滨,今东距海已近千里。所谓大陆者,皆浊泥所湮耳。尧殛鲧于羽山,旧说在东海中,今乃在平陆。(《梦溪笔谈》卷二四《杂志一》)

通过实考,沈括始能够解释华北地区成陆的原因。

沈括的另一个重要方法就是求故和推理，沈括也称之为"原其理"或
"以理推之"，这实际上是由"理"的概念和思想发展而来，同时又是以实
验与实考为基础的，是在观察或经验基础上所作出的推理。① 其中"原其
理"是指追究事物的原因或规律。如沈括就用"原其理"来解释浙东雁荡
山以及西北地区特殊地貌的成因：

> 原其理，当是为谷中大水冲激，沙土尽去，唯巨石岿然挺立耳。

沈括指出：

> 世间沟壑中水凿之处，皆有植土龛岩，亦此类耳。今成皋、陕西
> 大涧中，立土动及百尺，迥然耸立，亦雁荡具体而微者，但此土彼
> 石耳。

> 凡大河、漳水、滹沱、涿水、桑乾之类，悉是浊流。今关、陕以西，
> 水行地中，不减百余尺，其泥岁东流，皆为大陆之土，此理必然。（以
> 上见《梦溪笔谈》卷二四《杂志一》）

而所谓"以理推之"则是指在对客观规律深刻认识与把握的基础上做符
合逻辑的推理。例如沈括讲：

> 大凡物理有常有变……其造微之妙，间不容发，推此而求，自臻
> 至理。

> 大凡物有定形，形有真数。……非深知造算之理者，不能与其
> 微也。（以上见《梦溪笔谈》卷七《象数一》）

不难看出，这种"原其理"或"以理推之"的方法实际就是沈括重"理"思想
在方法中的体现，但这种重"理"又是离不开科学观察的。

沈括的科学方法并非只有科学意义，其实际与哲学思维与方法有着
联系。其中"原其理"和"以理推之"的方法与先秦时期就已经有的"求
故"、"推理"方法非常接近，这应当是科学与哲学共同使用的方法。而实

---

① 有学者也将沈括"原其理"的思想概括为"验迹原理"的方法，见周瀚光《中国古代科学方法
研究》。

验与实考的方法也并非只有科学家使用,我们看到朱熹其实也同样对此抱有兴趣,并将其作为整个"格物"、"穷理"认识的一个组成部分。不仅如此,从历史的发展来看,这样的科学方法在未来明清时期的知识与思想活动中也将扮演更为积极和重要的角色。

六、科学精神

此外,从沈括的科学思想以及方法中也可以看到一种怀疑与批判的精神,看到一种追求真理的精神,同时,这种精神也与哲学精神相契。

如沈括批评以往漏刻家:

> 古今言刻漏者数十家,悉皆疏谬。历家言晷漏者,自《颛帝历》至今,见于世谓之大历者,凡二十五家。其步漏之术,皆未合天度。余占天候景,以至验于仪象,考数下漏,凡十余年,方粗见真数,成书四卷,谓之《熙宁晷漏》,皆非袭蹈前人之迹。其间二事尤微:一者,下漏家常患冬月水涩,夏月水利,以为水性如此;又疑冰澌所壅。万方理之,终不应法。余以理求之,冬至日行速,天运未期,而日已过表,故百刻而有余;夏至日行迟,天运已期,而日已至表,故不及百刻。既得此数,然后覆求晷景、漏刻,莫不胳合。此古人之所未知也。(《梦溪笔谈》卷七《象数一》)

这是对前人工作的粗疏提出批评。

又如沈括不同意唐代卢肇关于太阳引起潮汐的观点,其批驳说:

> 卢肇论海潮,以谓"日出没所激而成",此极无理。若因日出没,当每日有常,安得复有早晚?予常考其行节,每至月正临子、午,则潮生,候之万万无差。此以海上候之,得潮生之时。去海远,即须据地理增添时刻。月正午而生者为潮,则正子而生者为汐;正子而生者为潮,则正午而生者为汐。(《补笔谈》卷二《象数》)

这是对卢肇的观点所提出的批评。

类似的例子还可以举出许多。

竺可桢曾对沈括这样评论:"括对古人之说,虽加以相当之尊重,但并不视为金科玉律。其论历法一条,抛弃一切前人之说,主张以节气定月,完全为阳历,而较现时世界重行之阳历,尤为正确合理。其言日:'事固有古人所未至而俟后世者,如岁差之类,方出于近世,此固无古今之嫌也。……予先验天百刻有余有不足,人已疑其说。又谓十二次斗建当随岁差迁徙,人愈骇之。今此历论,尤当取怪怨攻骂,然异时必有用予之说者。'(注:见沈括《补笔谈》卷二《象数》)括去今已八百余年,冬夏时刻之有余有不足,斗建之随岁差迁徙,与夫阳历之优于阴历,虽早已成定论。而在括当时能独违众议,毅然倡立新说,置怪怨攻骂于不顾,其笃信真理之精神,虽较之于伽利略(Galileo),亦不多让也。"[①]

乐爱国认为:沈括之所以会产生如此的科学怀疑精神,可能有多种多样的原因,但与当时北宋儒学的发展不无关系。如欧阳修对儒家经典就提出过大胆的怀疑,并由此引发了普遍的"疑古"、"疑经"的思潮;又王安石也有不拘于经典的创新精神,并且沈王二人关系密切。可以说,怀疑精神是北宋儒学的学术精神之一。而沈括的科学怀疑精神正是在这样的背景中形成的。[②]

七、沈括科学思想中的问题

但沈括的思想中也包含有一定的缺陷,例如其中有不少五行的内容,以下这则论述就是其中十分典型的一例:"信州铅山县有苦泉,流以为涧。挹其水熬之,则成胆矾,烹胆矾则成铜。熬胆矾铁釜,久之亦化为铜。水能为铜,物之变化,固不可测。按《黄帝素问》有'天五行,地五行。土之气在天为湿,土能生金石,湿亦能生金石,'此其验也。又石穴中水,所滴皆为钟乳、殷孽。春秋分时,汲井泉则结石花;大卤之下,则生阴精石,皆湿之所化也。如木之气在天为风,木能生火,风亦能生火,盖五行

[①] 杭州大学宋史研究室:《沈括研究》,第2页,杭州,浙江人民出版社,1985。
[②] 参见乐爱国《宋代的儒学与科学》,第59页。

之性也。"(《梦溪笔谈》卷二五《杂志二》)李约瑟指出:"这一段引文似乎明白地提示,沈括对五行理论过于不加批判地接受,妨碍了他对溶液和混合物性质的解释。"当然,李约瑟也指出,事实上欧洲直到 17 世纪也仍存在相同的认识,因此,"如果非难沈括承认了一种在他死后六个世纪还未得到正确解释的转变,那就未免不公正了"。但问题在于,"对这种现象的正确解释在多大程度上是由于象五行那样笼统的理论长期为人们无批判地接受而被推迟了;在这一点上,是很难为这些理论开脱责任的"。李约瑟还认为:"到了宋代(11 世纪),它(注:指五行理论)对当时开展起来的伟大的科学运动大概已在起着一种确属有害的影响了。"①李约瑟以上看法大致是说,在具体结论上批评沈括是不公正的,也是没有意义的,重要的在于沈括或沈括的时代仍没有脱出阴阳五行理论的投影,对这一点是值得深刻检讨与反思的。此外,胡道静也指出,沈括的宿命论思想是很浓厚的,《笔谈》卷二〇"神奇"、卷二一"异事"两卷里,大部分被神秘主义的色彩所笼罩,这些都是需要批判地对待的。② 应当看到,五行思想无疑也是沈括思想中科学与哲学关系的一个重要组成部分,但在这里,其传统的或有糟粕的东西很可能要多于优秀的和有价值的东西。这仍然是前面已经讲到的思维及知识的连续性问题,并且我们通过沈括的这个例子也可以看到理性进步的艰难性,即便是如此伟大的一位科学家同样难逃神秘或巫术传统的宿运。也看到一种文化及知识系统自身所具有的局限性和规定性,这种局限性和规定性往往很难通过自身来解决,通过中国近现代历史的变迁,我们将对这一问题有更深刻的理解。

第七节　天文学与地理学的发展及相关思想

在天文历法方面,宋元期间组织过多次大规模的天文测量,不少测量在精度上较前人都有提高,中国古代的天文观测仪器在宋元时期也达

---

① 〔英〕李约瑟:《中国科学技术史》第二卷《科学思想史》,第 288、289 页。
② 参见胡道静《梦溪笔谈校正》,引言部分第 17 页。

到了最高阶段,而元代郭守敬所制造的天文仪器以及所制订的《授时历》则将中国古代的天文学推向辉煌。值得注意的是,在这一时期,有关宇宙问题其实更多地是由哲学家来思考的,而科学活动则主要面对和解决一些与此相关却更为具体和现实的问题,这一方面既表明思想家对于宇宙或天文问题的关注,另一方面也反映了天文学学科的研究更加深入。除天文学外,这一时期的地理学也有相应的理论成果。

一、宋元时期天文学发展的一般概况

宋元时期天文学所取得的成就首先体现在天象特别是恒星观测上。据统计,北宋时期百余年间共进行过 5 次大规模的恒星位置观测,精确度比以前有很大的提高,这其中尤以 1102—1106 年由姚舜辅等人进行的第五次观测最为精确。到了元代,郭守敬等人在 1276 年又进行过一次大规模的恒星位置测量工作,精确度比宋代又提高约一倍。另通过测量,郭守敬还观测记录了前人未曾命名的恒星 1000 余颗,由 1464 颗增加到 2500 颗。相比较,欧洲 14 世纪文艺复兴前所观测到的恒星数为 1022 颗,由此不难看出我国古代当时的恒星观测所具有的先进水平。除恒星外,对于新星和超新星的观测也在这一时期取得了重大的成就。

中国古代天文观测仪器如漏刻、圭表、浑仪、浑象等也在这一时期达到巅峰阶段。在圭表测影技术上,从沈括、苏颂再到郭守敬,都有新的方法提出,这使得回归年长度、黄赤交角等测量精度有进一步的提高。北宋时期所制造的浑仪特别多,在 995 年至 1092 年的不到百年间,先后有 5 架巨型浑仪问世,每架用铜均在 2 万斤(10 吨)左右。郭守敬还在浑仪的基础上制造出简仪。又燕肃于 1031 年在漏壶中首次使用了漫流系统,保证了漏壶水位的恒定性,大大提高了计时精度。特别是 1088 年,苏颂与韩公廉等人制成了水运仪象台,其利用齿轮和漏壶装置来保持仪器的恒定速度并与天体运动相一致,即能演示天象,又能用于报时。

大规模的恒星测量与天文仪器的高度发展也包含了重要的思想在内,如苏颂在给朝廷的报告中就说道:制作仪器的目的在于"校验皆与天合","其密殆与造物者侔焉"。(《宋史》卷八〇《律历》)由此不难看到当时天文学对于观测精度的极高要求。

二、沈括的"十二气历"

在中国传统的阴阳合历中,由太阳运动设置的节气与由月亮运动设置的月份之间的关系是不固定的,常常会出现节气与月份的不符,即太阳年与月亮年之间会出现一定的差额,尽管采取了置闰方式,但无法根本消除这一矛盾或缺陷。沈括充分意识到了这一问题,其指出节气变化与月亮盈亏其实无关:"凡积月以为时,四时以成岁。阴阳消长,万物生杀变化之节,皆主于气而已。但记月之盈亏,都不系岁事之舒惨。"(《补笔谈》卷二《象数》)但当传统历法硬要将这两者结合在一起时,就必然会出现种种问题,用沈括的话说就是:"气朔交争,岁年错乱,四时失位,算数繁猥。"(《补笔谈》卷二《象数》)这实际是阴阳合历所必然带来的问题。

为从根本上解决这一问题,沈括大胆地提出了十二气历的构想。这一构想的框架是:"用十二气为一年,更不用十二月,直以立春之日为孟春之一日,惊蛰为仲春之一日,大尽三十一日,小尽三十日,岁岁齐尽,永无闰余。"即历法是完全以 12 个节气定月,如立春为孟春(正月)初一,惊蛰为仲春(二月)初一,等等。大月 31 日,小月 30 日,一般大小月相间,一年最多有一次 2 个小月相连。实际上,这是一种纯太阳历的历法制度,既简单,又便于各种生产活动。沈括说:"如此,则四时之气常正,岁政不相凌夺。"又说:"如此历日,岂不简易端平,上符天运,无补缀之劳?"(《补笔谈》卷二《象数》)

以上沈括的十二气历说概括起来主要就是两个思想:第一,应符合自然规律;第二,能指导人事活动。这其实也是哲学思想的体现,它体现了天(规律)人(需求)之间的完美结合。竺可桢对沈括的十二气历作过高度的评价,他指出:"这样彻底的一个阳历较现行历法合乎理想。农夫春耕、夏种、秋收、冬藏的时间,统要看季节而定。沈括所创的历是最合老百姓所需要的。"①

但是,在传统力量极为浓厚的古代,这样的历法是不可能被采用的。对此,沈括已经预知,如前所见,其说道:

> 予先验天百刻有余有不足,人已疑其说;又谓十二次斗建当随岁差迁徙,人愈骇之。今此历论,尤当取怪怨攻骂,然异时必有用予之说者。(《补笔谈》卷二《象数》)

历史的进程亦正如沈括所预见的,他关于十二气历的主张,一直到清代都受到一些人的攻击。这其中固然也有技术上的原因,但更重要的则是政治与观念上的原因,诚如李申所指出:"沈括的十二气历最合老百姓需要,但不合封建政治的需要。"因为"对于封建政治来说,历法描述的是天道,因而是占卜休咎、探测天意的工具"②。我们在这里再次能够清楚感受或体会到中国古代科学与理性在发展过程中所遇到的种种掣肘。但也正如沈括所预期的,"然异时必有用予之说者",如太平天国所用的"天历",今天行用的公历,其实质都与十二气历相似。而按照竺可桢的说法,最令沈括料想不到的是九百年以后,他的历法思想会在英国实行起来,20世纪30年代,英国气象局用于统计农业气候的"萧伯纳历",其原理与十二气历几乎完全相同。这个结果或现象无疑是十分令人玩味的。

三、北宋以张载为代表的宇宙天文思想

在宋元时期,有关宇宙和天文学的理论问题其实更多的是由哲学家来思考的,前已指出,这反映了科学中宇宙问题对哲学思考的深刻影响,也反映了哲学领域对宇宙问题的重视。这里我们先来看北宋时期的状况。

北宋初年,周敦颐和邵雍对于宇宙演化问题都各自有过猜测。如周

---

① 《人民日报》1951年2月26日,第3版,转引自胡道静:《梦溪笔谈校正》,第940页注6。
② 李申:《中国古代哲学和自然科学》,第691页。

敦颐在《太极图说》中曰:"无极而太极。太极动而生阳,动极而静,静而生阴。静极复动。一动一静,互为其根。分阴分阳,两仪立焉。阳变阴合而生水、火、木、金、土,五气顺布,四时行焉。五行一阴阳也;阴阳一太极也;太极本无极也。五行之生也,各一其性。无极之真,二五之精,妙合而凝。乾道成男,坤道成女。二气交感,化生万物,万物生生而变化无穷焉。"这段话虽有太多的哲学层面的假设,但它的确是一种典型的宇宙论猜测或假设。邵雍对宇宙和天文历法多有研究,其哲学思想中包含有不少天文学思想。我们知道,邵雍以象数学作为基础,建立起了先天结构图。邵雍讲:"太极既分,两极立矣。阳下交于阴,阴上交于阳,四象生矣。阳交于阴、阴交于阳,而生天之四象;刚交于柔、柔交于刚,而生地之四象,于是八卦成矣。八卦相错,然后万物生焉。是故一分为二,二分为四,四分为八,八分为十六,十六分为三十二,三十二分为六十四。故曰分阴分阳,迭用柔刚,故易六位而成章。十分为百,百分为千,千分为万。"这"犹根之有干,干之有枝,枝之有叶。愈大则愈少,愈细则愈繁。合之斯为一,衍之斯为万"。(《皇极经世书·观物外篇上》)这明显是一种对宇宙结构和演化的猜测。同时,邵雍的理论中也包含了各种天文、历法知识。例如:"天圆而地方,天南高而北下,是以望之如倚盖焉。地东南下西北高,是以东南多水,西北多山也。""天行所以为昼夜,日行所以为寒暑。夏浅冬深,天地之交也。左旋右行,天日之交也。日朝在东,夕在西,随天之行也。夏在北,冬在南,随天之交也。天一周而超一星,应日之行也。春酉正,夏午正,秋卯正,冬子正,应日之交也。""日以迟为进,月以疾为退,日月一会而加半日减半日,是以为闰余也。日一大运而进六日,月一大运而退六日,是以为闰差也。""日月之相食,数之交也。日望月则月食,月掩日则日食,犹水火之相克也。""日随天而转,月随日而行,星随月而见,故星法月,月法日,日法天。天半明半晦,日半赢半缩,月半盈半亏,星半动半静,阴阳之义也。"(《皇极经世书·观物外篇下》)邵雍还提出了"历理"的概念,将"历"这一天文学概念与"理"这一更具哲学的概念结合在一起,谓"今之学历者,但知历法,不知历理"(《皇极经世书·观物外篇上》)。实际上是主张用哲学来指导天文科学,这对后世产生有一定的影响。邵雍又说:天地"自相依附。天依形,地附气。其形也有涯,其气也无涯"(《渔樵问对》)。这其实是一种宣夜说的观点,也为以后思想家所普遍接受。

这一时期的宇宙天文思想以张载最为丰富。我们知道,张载哲学的基本思想就是"太虚即气",而事实上,这一思想是与宇宙理论密切相关的。在张载这里,宇宙就是"太虚"。其在《正蒙·太和》中讲:"太虚无形,气之本体,其聚其散,变化之客形尔。""太虚不能无气,气不能不聚而为万物,万物不能不散而为太虚。"这就是说,宇宙的本体是"气",客形是"物"。由气而物或由物而气,这是一个聚散过程,这样一个过程具有必然性。我们注意到,张载在叙述其宇宙理论时特别强调它的实有性。如张载说:"气聚则离明得施而有形,气不聚则离明不得施而无形。方其聚也,安得不谓之客?方其散也,安得遽谓之无?""气之聚散于太虚,犹冰凝释于水,知太虚即气,则无无。"(《正蒙·太和》)这显然是针对道、佛两家理论而言的,但在这其中,也将张载的哲学思想和宇宙理论突现了出来。

同时,张载又特别注重对宇宙生成和演化中"因"或动力的考察。张载说:

> 凡圜转之物,动必有机,既谓之机,则动非自外也。(《正蒙·参两》)

所谓"圜转之物"的知识依据应当就是指各种天体,这里明确讲到了宇宙的生成及演化是由于其自身动因的结果。张载还认为,这种"因"或动力就是宇宙本体即气自身所具有的对立性,而这种对立性正是宇宙生成变化的基本动因。张载说:"太和所谓道,中涵浮沉、升降、动静、相感之性,是生氤氲、相荡、胜负、屈伸之始。""气块然太虚,升降飞扬,未尝止息。……此虚实、动静之机,阴阳、刚柔之始。"(《正蒙·太和》)应当看到,所有这些思想虽然都有古代哲学思想的根源,但它们也都有前代和当代的知识背景。

张载也同样十分关注天文学问题,在其思想中涉及有不少天文学的知识,包括天体旋转方向、五星运行迟速、月亮盈亏以及与此相关的潮汐等问题,其中尤其突出地体现在有关"天左旋"的看法中,在张载的《正蒙·参两》中有这方面的重要论述。张载说:

> 地纯阴凝聚于中,天浮阳运旋于外,此天地之常体也。恒星不动,纯系乎天,与浮阳运旋而不穷者也。日月五星逆天而行,并包乎地者也。地在气中,虽顺天左旋,其所系辰象随之,稍迟则反移徙而右尔。间有缓速不齐者,七政之性殊也。

又说:

> 古今谓天左旋,此直至粗之论尔。不考日月出没恒星昏晓之变。愚谓在天而运者,惟七曜而已。恒星所以为昼夜者,直以地气乘机左旋于中,故使恒星河汉因北为南,日月因天隐见。

最后,张载下结论道:"天左旋,处其中者顺之,少迟则反右矣。"天是左旋,还是右旋,这在中国古代天文学中是两种十分重要却又截然相反的观点。总的来说,张载是吸取了历史上不同学说的观点,同时又提出了自己独特的见解,即地球自转说。张载的看法既有合理之处,也有错误之处,但这些可能都并不重要,因为张载毕竟不是一个天文学家。重要的是,他在哲学思想中融入了科学论证。事实上,他的理论对于以后的哲学研究产生了重要影响,此后,朱熹、王夫之都深入思考了这一问题并给出自己的理解。例如朱熹说:"横渠云:天左旋,处其中者顺之,少迟则反右矣。此说好。"(《朱子语类》卷九九《张子之书二》)王夫之说:"此直谓天体不动,地自内圆转而见其差,于理未安。"(《张子正蒙注·参两》)在这里,我们看到朱熹和王夫之都从各自的角度剖析了张载的理论,这既表明了这一理论的影响力,同时又让我们看到这一理论本身所蕴含的内容的丰富性和复杂性。更重要的,是它们连接起来又构成了一种传统。

除此之外,张载还曾解释过风雨等现象形成的原因,他说:

> 阴性凝聚,阳性发散。阴聚之,阳必散之,其势均散。阳为阴累,则相持为雨而降;阴为阳得,则飘扬为云而升。故云物班布太虚者,阴为风驱,敛聚而未散者也。凡阴气凝聚,阳在内者不得出,则奋击而为雷霆;阳在外者不得入,则周旋不舍而为风;其聚有远近虚实,故雷风有小大暴缓。和而散,则为霜雪雨露;不和而散,则为戾气曀霾;阴常散缓,受交于阳,则风雨调,寒暑正。(《正蒙·参两》)

张载也试图解释潮汐现象:

> 地有升降,日有修短。地虽凝聚不散之物,然二气升降其间,相从而不已也。阳日上,地日降而下者,虚也;阳日降,地日进而上者,盈也;此一岁寒暑之候也。至于一昼夜之盈虚、升降,则以海水潮汐验之为信。然间有小大之差,则系日月朔望,其精相感。(《正蒙·参两》)

二程在天文知识方面也有过一些思考。程颐说:"天地阴阳之变,便如二扇磨,升降盈虚刚柔,初未尝停息,阳常盈,阴常亏,故便不齐。譬如磨既行,齿都不齐,既不齐,便生出万变。"(《程氏遗书》卷二上)这是说宇宙天地是由阴阳二气的摩擦运动所造成的。不仅宇宙,天气也是如此,如:"电者阴阳相轧,雷者阴阳相击也。"(《程氏遗书》卷二下)二程又论及月食现象:"月不受日光故食。"也论及岁差问题:"阴阳盈缩不齐,不能无差,故历家有岁差法。"(以上均见《程氏遗书》卷一一)此外,二程也思考过气温与地形之间的关系,曾说:"天下之或寒或燠,只缘它地形高下。如屋阴则寒,屋阳则燠。"(《程氏遗书》卷二下)这些无疑都应是二程"格物"观念的一个组成部分。

四、南宋以朱熹为代表的宇宙天文思想

南宋以后思想家的宇宙天文思想主要是以朱熹为代表。朱熹在宇

宙理论与天文学这两个方面都有十分丰富的思想，这里我们主要考察其宇宙理论，由于论述结构的需要，其天文学思想将在第十一节"朱熹的科学思想"中再作专门考察。

朱熹的宇宙理论是从宇宙演化问题开始的。朱熹说：

> 天地初间只是阴阳之气。这一个气运行，磨来磨去，磨得急了，便拶许多渣滓，里面无处出，便结成个地在中央。气之清者便为天，为日月，为星辰，只在外，常周环运转。地便只在中央不动，不是在下。
>
> 天运不息，昼夜辊转，故地捔在中间。使天有一息之停，则地须陷下。惟天运转之急，故凝结得许多渣滓在中间。地者气之渣滓也，所以道：轻清者为天，重浊者为地。（以上见《朱子语类》卷一《理气上》）

朱熹以上思想在一定程度上受到二程有关摩擦思想的启发，这最初实际也是《易传》的思想，但显然有了更深入的思考，其要点包括：宇宙最初只是阴阳之气；这个气是运动的，而非静止的；而运动的过程也就是摩擦的过程；由于摩擦运动导致了气的分离，重浊者便为地，轻清者则为天。英国科学史家梅森在其《自然科学史》中这样理解：朱熹"认为在太初，宇宙只是在运动中的一团混沌的物质。这种运动是旋涡式的运动，而由于这种运动，重浊物质和清刚物质就分离开来，重浊者趋向宇宙大旋流的中心而成为地，清刚者则居于上而成为天。大旋流的中心是旋流的唯一不动部分，因而地必然处于宇宙的中心"①。而李约瑟则干脆称之为"离心的宇宙形成论"②。可以看出，以上这些评价都意味着对朱熹的宇宙理论的肯定。

事实上，朱熹的宇宙理论可能主要包含有如下具体思想：（1）朱熹讲：太极"方浑沦未判，阴阳之气，混合幽暗"（《朱子语类》卷九四《周子之

---

① 〔英〕梅森：《自然科学史》，第75页，上海，上海译文出版社，1980。
② 〔英〕李约瑟：《中国科学技术史》第二卷《科学思想史》，第515页。

书》)。这是说宇宙最初也即混沌未开时的状况,朱熹在这里继承了浑天说的理论,但朱熹却在很大程度上明显发展了浑天说理论,其体现在以下的第二种思想上。(2)朱熹认为:天与地均"初间极软,后来方凝得硬"(《朱子语类》卷一《理气上》)。这是说宇宙天地的演化发展有一个由软至硬、由柔而刚的过程,这其中是否有可能包含了对老子及《易传》思想的体会。(3)朱熹又说:"天以气而依地之形,地以形而附天之气。天包乎地,地特天中之一物尔。天以气而运乎外,故地摧在中间,颓然不动。"(《朱子语类》卷一《理气上》)这是关于天地之间的关系,天在地外,地在中央,这无疑是地球中心说。但学者们已经注意到,朱熹的这一看法解决了浑天说中"天表里有水"、"地载水而浮"的理论缺陷,把浑天说的传统理论提高到一个新的水平。[①]当然,我们在这里也可以看到宣夜说思想的影响,或者我们也可以这样认为,由于宣夜说思想的持续影响,方使得朱熹这样的思想家产生新的认识或见解。

尤其是关于天,朱熹有更为深入的思考,这也包括以下几个具体的方面:(1)朱熹讲天"只是气旋转得紧,如急风然,至上面极高处转得愈紧"(《朱子语类》卷二《理气下》)。这是讲天始终处于旋转运行之中。(2)又讲:"天无体,只二十八宿便是天体。"(《朱子语类》卷二《理气下》)这是说天无形质可言。(3)天有九重或天体有运行轨道的思想。朱熹说:"《离骚》有九天之说,注家妄解,云有九天。据某观之,只是九重。盖天运行,有许多重数,里面重数较软,至外面则渐硬。想到第九重,只成硬壳相似,那里转得又愈紧矣。"(《朱子语类》卷二《理气下》)实际上,天有九重的看法在屈原的《天问》和汉代的《淮南子》中就有了,而朱熹关于天有九重思想的真正意义在于对天体运行轨道的认识。

> 如以一大轮在外,一小轮载日月在内,大轮转急,小轮转慢。虽都是左转,只有急有慢,便觉日月似右转了。(《朱子语类》卷二《理气下》)

---

① 参见杜石然等编著《中国科学技术史稿》(下册),第106页。

这是朱熹门人的看法,但朱熹赞同此说。而这之中又涉及"左转"或"右转"这样一些因天体相对运动速度不同而产生的视觉问题,前面已经指出,朱熹在此问题上同意张载的看法,他说:"横渠云:天左旋,处其中者顺之,少迟则反右矣。此说好。"(《朱子语类》卷九九《张子之书二》)对于朱熹的上述见解,李约瑟说道:"这位哲学家曾谈到'大轮'和'小轮',也就是日、月的小'轨道'以及行星和恒星的大'轨道'。特别有趣的是,他已经认识到,'逆行'不过是由于天体相对速度不同而产生的一种视现象。"①

　　需要指出的是,学者们还注意到,朱熹的上述思想与康德——拉普拉斯星云说有相似之处,并有可能启发了后者。例如《中国科学思想史》将朱熹的宇宙理论与康德——拉普拉斯星云说相对照,概括出相似之处有七个方面:(1)原始物质是气体;(2)气在不息地旋转运动;(3)旋转中的气体速度在增快;(4)当气的旋转速度增快到一定程度时原始物质裂开;(5)原始物质裂开后分为中心与环绕中心旋转的部分;(6)中心及其外围气体形成太阳、大地、月亮及其他星体;(7)星体的发展均有一个由软而硬的过程。当然,朱熹的思想与康德——拉普拉斯星云说有着很大的不同,即其并未揭示力的作用对于宇宙生成的影响,应当说,这完全是由历史条件所决定的。但《中国科学思想史》的作者指出:朱熹天地生成说是星云说的雏形,星云说是朱熹天地生成说的结果。研究表明,星云说形成于 18 世纪后半期。在此之前的 17、18 世纪之交,通过传教士,欧洲学者曾广泛接触到包括理学在内的中国文化,这也包括康德与拉普拉斯,他们从中国的哲学与科学中吸取营养,进而丰富自己的学识与思想。如拉普拉斯就在阅读了由传教士宋君荣所写的有关中国天文学的著作后将其出版,他还在《宇宙系统论》一书中谈到中国天文学的各种成就。《中国科学思想史》作者判定:在朱熹的天地生成论与拉普拉斯的星云说

---

① 〔英〕李约瑟:《中国科学技术史》第四卷《天学》,第 547 页,北京,科学出版社,1975。

之间一定存在着逻辑上的先后关系。①

　　而上述思考无疑又都涉及基本的哲学问题,这包括:(1) 关于宇宙的物质基础,朱熹在这里显然受到张载的影响。朱熹也认为"气"是宇宙中的基本并且唯一的物质,他说:

　　　　天地间无非气。(《朱子语类》卷三《鬼神》)

　　　　天地间只是一个气。(《朱子语类》卷六五《易一》)

由此可以看出,一旦进入到科学领域或者接近科学领域,朱熹的思想便会被赋予更多的唯物论或科学的色彩,也就是向"气"或"物"靠拢。(2) 朱熹对有限无限的问题也有所思考,如他说:

　　　　自地之外,气之旋转,益远益大,益清益刚,究阳之数,而至于九,则极清极刚,而无复有涯矣。(《楚辞集注》卷三《天问》)

(3) 有限无限又不仅是空间问题,也涉及时间。朱熹认为任何宇宙的演化有始必有终,他描述太极阴阳二气:

　　　　及其既分,中间放得宽阔光朗,而两仪始立。康节以十二万九千六百年为一元,则是十二万九千六百年之前又是一个大辟阖,更以上亦复如此。直是动静无端、阴阳无始。小者大之影,只昼夜便可见。五峰所谓,一气大息,震荡无垠,海宇变动,山勃川湮,人物消尽,旧迹大灭,是谓洪荒之世。(《朱子语类》卷九四《周子之书》)

但当论及宇宙本身时,弟子问:"天地会坏否?"他回答说:

　　　　不会坏。只是相将人无道极了,便一齐打合,混沌一番,人物都尽,又重新起。(《朱子语类》卷一《理气上》)

在这里,朱熹又明确地阐述了宇宙是循环往复的理论。

　　总之,朱熹在宇宙生成演化以及结构方面的思想已经达到了一个崭

---

① 以上分别见袁运开、周瀚光主编《中国科学思想史(中)》,第 670、671、672 页。

新的高度。

此外，朱熹的门人对宇宙问题也有过思考，前述《朱子语类》卷二《理气下》所记载的"一大轮在外，一小轮载日月在内，大轮转急，小轮转慢。虽都是左转，只有急有慢，便觉日月似右转了"之说就是朱熹门人与朱熹讨论时的话。这其中又尤以蔡元定和蔡沈（即蔡沉）父子最为突出。蔡元定的年龄仅比朱熹小 5 岁，由于在天文学等方面很有造诣，故深受朱熹器重，由朱熹《答蔡季通》也可知，朱熹与蔡元定曾深入讨论过天文历法问题。另蔡元定的父亲蔡发也精于天文地理，有学者指出朱熹的某些天文学观点和论述与其观点颇为相似。[①]

又元代的史伯璿也专门思考过宇宙起源和演化问题。其说："以理推之，地之所以不坠者，水载之也；水之所以不泄者，气束之也；气之所以束得水住者，以其运之至劲，故水无可泄之耳。"（《管窥外篇》）李申认为，这是浑天说与宣夜说相结合的新的宇宙结构模型，可称之为"浑宣合一说"。而浑宣合一说既克服了浑天说难以克服的两大力学和物理学问题：天地为何不沉不陷，天为何能从水中通过，同时也使宣夜说中日月星辰的运行遵守着一定的规则。[②] 当然，史伯璿的思考有许多臆测性质，因此也就难免有自相矛盾之处。

这里有一个重要的问题值得再次申说，那就是哲学本体论问题与宇宙理论的关系。结合以上北宋邵雍、张载以及南宋朱熹等人的思想，我们可以清楚地看到，其关于哲学本体论问题的思考实际都是有深刻的知识背景或依据作为支撑的。也就是说，宋代思想家有关本体的思考，不仅仅只有"理"、"气"问题，也有宇宙论问题。这一点与先秦时期老子、庄子以及《易传》的思想非常相似。认识到这一点，有助于我们了解关于哲学本体问题讨论的复杂性和生动性，也有助于我们了解其深刻性及相关的知识性。

---

① 参见乐爱国《宋代的儒学与科学》，第 110 页。
② 参见李申《中国古代哲学和自然科学》，第 659 页。

五、潮汐及其他地学理论

潮汐理论既可以作为天文学的内容，也可以作为地理学的内容。如前所说，有关潮汐现象，汉唐时期的人们已经有所认识，特别是唐代窦叔蒙的《海涛志》，对潮汐的生成有了更为科学的认识。至宋代，燕肃在对海潮规律进行长期观察以及吸取前人研究经验的基础上，历时十年，终于写出《海潮论》，为解释潮汐现象做出了卓越的贡献。燕肃讲：

> 大率元气嘘翕，天随气而涨敛，溟渤往来，潮随天而进退者也。以日者，重阳之母，阴生于阳，故潮附之于日也；月者，太阴之精，水属阴类，故潮依之于月也。是故随日而应月，依阴而附阳，盈于朔望，消于朏魄，虚于上下弦，息于朓朒。

这里可以看到，燕肃是用元气、阴阳这样一些理论来解释潮汐现象的。而燕肃显然已经认识到日月的吸引是形成海潮的原因，并且燕肃还指出一月之中朔望潮大，上下弦潮小，这些无疑都是科学正确的论断。同时，燕肃还"求之刻漏"，对潮汐变化进行了精确的推算。如燕肃记录到："今起月朔夜半子时，潮平于地之子位四刻一十六分半，月离于日，在地之辰，次日移三刻七十二分，对月到之位，以日临之次，潮必应之。过月望复东行，潮附日而又西应之。至后朔子时四刻一十六分半，日、月潮水亦俱复会于子位。"正是通过这样的定量观测，燕肃才能给出每天海潮涨落的确切时间。由此我们也可以看出宋人所普遍具有的一种精细化的思维方式。此外，燕肃还充分注意到地理地形对于潮汐的影响，并对钱塘江潮做出解释。唐代卢肇认为杭州湾的喇叭口形状是钱江潮的原因。燕肃则根据自己的研究，提出钱塘江潮的生成在于泥沙堆积、河床升高这个关键性的因素。至元代宣昭撰《浙江潮候图说》，又结合卢燕二人之说，全面完整地说明钱塘江潮的成因。

在这一时期的地理学中，还有更多的学者参与过对宇宙生成和大地形状问题的探讨，例如宋代地学家徐兢认为："天包水，水承地，而一元之气升降于太空之中,地承水力以自持,且与元气升降,互为抑扬,而人不觉,亦犹坐于船中者,不知船之自运也。"(《宣和奉使高丽图经》卷三四《海道一》)这一时期的人们对大地模式也有过思考,其中张翥的思考就十分深刻,其讲:"九州环大瀛海,而中国曰赤县神州,其外为州者复九,有裨海环之。人民禽兽,莫能相通。"(《岛夷志略》序)由此肯定了邹衍大九州学说的科学价值及创造性意义。而这些论述或思想中的元气升降以及九州结构问题又都是以往或当下哲学思考的问题,这样的思考在宋元时期同样不在少数。①

六、郭守敬与中国古代历法思想的巅峰

这一时期天文科学及其思想的发展在郭守敬这里达到了巅峰。

元代初年,王恂、郭守敬等人受命制订新历。1280年新历告成,元世祖取"敬授民时"古语,名之为《授时历》。不久,王恂病逝,有关新历的诸多计算、定稿等任务均由郭守敬承担完成。

按照李申对《授时历议》以及后人研究的概括,《授时历》的成就主要有如下方面:验影候气作为制历的基础;引入岁差;采用定朔;废除上元积年;用小数代替分数;接受宋代统天历所定的回归年长度,承认回归年长度在不断变化;考虑到日月行度的不均匀,运用三次内插法(招差术)。② 又袁运开、周瀚光主编的《中国科学思想史》将郭守敬的历法思想归纳总结如下:强调"帝王之事,莫重于历";制历要"本天道自然之数";强调"历之本在于测验";"测验之器莫先于仪表",即深信仪器的检测作用;"立术推求,于理为尽",即通过数学公式来推求天体运行规律;强调"参以古制,创以新法"。③

从与哲学关系的角度来看,上述成就或思想中的以下这两点尤为

---

① 可参见袁运开、周瀚光主编《中国科学思想史(中)》,第684—688页。
② 参见李申《中国古代哲学和自然科学》,第696—698页。
③ 见袁运开、周瀚光主编《中国科学思想史(中)》,第673—679页。

重要。

首先,郭守敬天文思想的一个最突出之处就是强调历法是对天道自然之数的反映。郭守敬等赞同晋杜预的思想:"治历者,当顺天以求合,非为合以验天。"指出:"前代演积之法,不过为合验天耳。"(《元史·历志二》)认为历法:

> 切记不以私意牵就。(《元史·历志一》)
>
> 盖天道自然,岂人为附会所能苟合哉。(《元史·历志二》)

主张去除"前代人为附会之失"(《元史·历志一》)。强调制定历法务必"与天道合"(《元史·郭守敬传》)。显然,这是一种典型的天道自然观,在这里我们清楚地看到了哲学对科学的影响,看到了哲学与科学之间的联系或衔接。为此,郭守敬将自刘歆以来历法家主要所依据的上元积数方法加以彻底废除,由此也彻底抛弃了制历中的附会因素。更重要的是其在制订《授时历》时还驱除了天人感应的内容,焚毁阴阳家的星占伪书,使天文学与占星术彻底分离从而完全纳入科学轨道。这无疑是非常重要的。从哲学与理性的视角来看,《授时历》的成功首先就体现在其世界观和科学观上,因为其将神学的内容完全摈除,这标志着自然天道观在天文学这一神学重镇的彻底胜利,也标志着在中国古代天文学领域科学和理性对于天命观念以及巫术迷信的决定性胜利,当然,这也是无神论观念的一个决定性的胜利。而郭守敬的这样一种认识和思想显然对后世产生了深刻的影响,明清时期的学者之所以普遍在天文历算中放弃象数迷信应当是与此密切相关的,由此也可见其意义非凡。

其次,注重科学推理与测验。郭守敬十分重视实际测验,强调:

> 历之本在于测验。(《元史·郭守敬传》)

并且郭守敬认识到测量不能局限于个别地点,而应在广大地域内进行。其对元世祖说:"唐一行开元间令南宫说天下测景,书中见者凡十三处。今疆宇比唐尤大,若不远方测验,日月交食分数时刻不同,昼夜长短不同,日月星辰去天高下不同"必无由得见(同上)。其建议得到元世祖的准许,于是在全国范围内设 27 个观测点,从事四海测验。最后所得数据黄赤交角为二十三度九十分,比今测值只差一分六秒八。二十八宿距度误差总和二度十分,平均每度只有四分五秒。郭守敬又特别注重观测仪器的作用,强调"测验之器莫先于仪表"(同上)。其不仅充分利用已有仪器,还发明了不少新仪器。例如郭守敬对浑仪加以改进,取消黄道圈,创造性地设计和制造了著名的简仪,这也是世界上最早的赤道仪。但测量的数据也有可能存在差距,往往不能直接用于历法。这就需要通过数学的方式加以协调。郭守敬曾撰有《推步》、《立成》,就是以数学公式加以推算。我们看到《授时历》中许多成就都与数学推算有关。例如其运用了招差术,以垛积招差来求得月行迟速,并以算术勾股弧矢方圆斜直所容求黄赤道之差。就此而言,《授时历》的成功也是科学方法的成功。再结合沈括的思想,结合同一时期的数学思想,我们可以看到这种方法或认识在当时的普遍性。

总之,《授时历》已将中国古代历法及其思想推向巅峰。这不仅是作为理性的科学的胜利,也是作为理性的哲学的胜利。

第八节 农学与生物学的发展及相关思想

宋元时期的农业生产技术有了进一步的发展,尤其是在江南地区。与此相关,农学思想也达到了一个很高的水平。这一时期先后出现了陈旉和王祯的两部《农书》,在这两部农书里出现了一些新的思想。也是在宋元时期,出现了大量的动植物谱录,生物学知识和思想发展迅速。与此相关,天人关系问题、"理"与"格物"的观念与思想在农学和生物学中都有所体现,一些观念如对人力的重视创出新意,也有些如"格物"观念则借助生物学知识与思想这个平台获得了很大的发展。

一、宋元时期主要农学与生物学思想

陈旉的《农书》写成于宋高宗绍兴十九年(1149),是现存最早论述南

方水稻地区农业技术与经营的农书。该书对隋唐以来长江下游地区的农业生产经验作了总结。书中涉及的农业生产技术问题有：整地、育苗、中耕、除草、烤田、灌溉等。陈旉的《农书》还第一次系统地专门涉及土地利用问题，论述相当详细。王祯的《农书》是作者于元贞元年至大德四年（1295—1300）在安徽旌德和江西永丰任县官时所作。该书综合了黄河流域旱田耕作与江南水田耕作两方面的生产经验。全书由三部分组成："农桑通诀"概述农业耕作的各个环节；"百谷谱"细述栽培技术；最有特点的是"农器图谱"，共附图 306 幅，对当时通行的农业机械作了形象的记录。[①] 上述两部农书中的一些思想很有特点和价值。以陈旉关于农田治理的论述为例。陈旉说："且黑壤之地信美矣，然肥沃之过，或苗茂而实不坚，当取生新之土以解利之，即疏爽得宜也。硗埆之土信瘠恶矣，然粪壤滋培，即其苗茂盛而实坚栗也。"陈旉尤其强调说：

> 虽土壤异宜，顾治之如何耳；治之得宜，皆可成就。（《农书·粪田之宜》）

可以看到，陈旉十分强调农田治理的作用，也即所谓"顾治之如何耳"。在陈旉看来，"治之得宜，皆可成就"。很显然，陈旉在这里强调了人力的重要性，这一思想的产生在很大程度上也是与宋元时期园艺技术的发展或提高密切相关的，由于园艺以及生物技术和知识的发展，使得生物品种和属性可以人为地加以控制，由此，人对自己的能力有了更高的估计，自信心也大大加强。这一方面的相关内容后面还将作专门论述。

　　除农学知识外，宋元时期生物学知识及其思想也有很大的发展，例如这一时期动植物分类知识和思想愈加细密，大量的动植物谱录面世。据统计，仅宋代关于植物的谱录就约有 50 余种，其中包括有蔡襄的《荔枝谱》、欧阳修的《洛阳牡丹记》、韩彦直的《橘录》、陆游的《天彭牡丹记》、王观的《扬州芍药谱》、刘蒙的《菊谱》、朱子安的《东溪试茶录》等。这些

---

① 也有学者注意到，王祯的《农学》的不少内容有可能来源于"曾氏农书"。

谱录通常会对所涉及生物品种作详细介绍，如蔡襄的《荔枝谱》记述了荔枝的生长特性、品质区分、食用功效以及加工储存等内容，具有很高的植物学价值，被认为是中国乃至世界果树栽培方面的第一部专著。欧阳修的《洛阳牡丹记》共有三篇：花品叙第一列出牡丹品种 24 个；花释名第二叙述了各个品种的来历；风俗记第三记述了洛阳人赏花、接花、种花、浇花、养花以及医花的种种方法。此外，另有合集类的著作，如由陈景沂所编纂的《全芳备祖》共计 60 多万字，分前后两集。其中前集为花部，著录各类植物 120 种；后集有果、卉、草、木、农桑、蔬、药凡 7 部，著录各类植物 150 多种。而在这些著述中也包含了大量的生物学思想，如遗传与变异就是其中十分典型的一个方面，这可以刘蒙的《菊谱》为例。刘蒙在《菊谱》中说：

> 花大者为甘菊，花小而苦者为野菊。若种园蔬肥沃之处，复同一体，是小可变为大也，苦可变为甘也，如是则单叶变而为千叶亦有之类。

又说：

> 余尝怪古人之于菊，虽赋咏嗟叹，尝见于文词，而未尝说其花瑰异，如吾谱中所记者，疑古之品未若今日之富也。今遂有三十五种。又尝闻于莳花者云：花之形色变易，如牡丹之类，岁取其变者以为新。今此菊亦疑所变也。

条件不同，环境不同，菊的生长也会有所不同，而且经人工培养，菊的种类也会不断增多。我们在这里可以清楚地看到有关变异的思想。

二、农学与生物学中的天人关系思想

除农学与生物学知识本身以外，这一时期的农学与生物学也包含了相关的哲学内容，这其中最重要的一个内容就是天人关系。

天人关系问题首先涉及的就是"因"、"宜"问题，前面已经反复指出，这样一个思想是自先秦、秦汉以来一直贯穿于中国农业生产的重要传统。我们看到,陈旉与王祯的农学思想中都包含了这样一个重要的内容。

陈旉明确地继承了中国农学与哲学中有关"宜"的思想,其所著《农书》上卷十二篇均围绕"宜"来展开,如《耕耨之宜》、《天时之宜》、《粪田之宜》等等。如陈旉讲:"耕耨之先后迟速,各有宜也。"(《农书·耕耨之宜》)陈旉还从更为一般的意义来谈因宜问题,例如:"万物因时受气,因气发生。"(《农书·天时之宜》)

王祯同样继承了"宜"的思想传统,并且作为思想更具代表性。王祯说:"四时各有其务,十二月各有其宜,先时而种,则失之太早而不生;后时而艺,则失之太晚而不成。"(《农书·农桑通诀·天时篇第一》)还说:"天气有阴阳寒燠之异,地势有高下燥湿之别,顺天之时,因地之宜,存乎其人。"(《农书·农桑通诀·耕垦篇第四》)尤其是关于地利问题,王祯说:"风行地上,各有方位,土性所宜,因随气化,所以远近彼此之间,风土各有别也。"又说:"九州之内,田各有等,土各有产,山川阻隔,风气不同,凡物之种,各有所宜。故宜于冀、兖者,不可以青、徐论,宜于荆、扬者,不可以雍、豫拟。此圣人所谓分地之利者也。"(《农书·农桑通诀·地利篇第二》)这些都是典型的"风土说"或"土宜说"的观点,这在当时仍很流行。王祯还进而概括道:"常以大体考之,天下地土,南北高下相半。且以江淮南北论之,江淮以北,高田平旷,所种宜黍稷等稼;江淮以南,下土涂泥,所种宜稻秫。又南北渐远,寒暖殊别,故所种早晚不同,惟东西寒暖稍平,所种杂错,然亦有南北高下之殊。"(《农书·农桑通诀·地利篇第二》)显然,王祯仍十分强调地理差异,并认同种种不宜的农耕理论,这其中无疑包括了对自然规律的认识。但也应当看到,王祯的这些思想明显较多地受到传统观念的影响,这在当时很可能已属保守,而在后世一些学者看来也显得有些平庸。

事实上,"因"、"宜"与人为之间的关系在这一时期的农学中已经被充分注意。陈旉强调农业经营并不是消极的,农业生产者应当积极地了解气候(天)、土壤(地)等规律、性质,从而提高农业生产的效率。为此他吸收《列子》中"天有时,地有利,吾盗天地之时利"(《列子·天瑞》)的观点,讲"在耕稼,盗天地之时利"(《农书·天时之宜》)。这里明显有对人为的强调,有对人的智力的强调。陈旉说道:"虽土壤异宜,顾治之如何耳。治之得宜,皆可成就。"(《农书·粪田之宜》)这是讲无论土壤的自身条件怎样,其实都是可以通过人的努力加以改造的。陈旉的这一思想尤其体现在其"粪田"的理论中。其说:

> 或谓土敝则草木不长,气衰则生物不遂,凡田土种三、五年,其力已乏。斯说殆不然也,是未深思也。若能时加新沃之土壤,以粪治之,则益精熟肥美,其力当常新壮矣,抑何敝、何衰之有。(《农书·粪田之宜》)

在这里,陈旉驳斥了农田肥力必然衰减的消极观点,强调通过合理的施肥完全可以保证土壤的肥力,这在当时可以说代表了一种更新的观念。

不过,讲到"因"、"宜"与人为之间的关系,我们更应注意《农桑辑要》一书。《农桑辑要》是元世祖至元年间由司农司主持编成的著作,其具体编撰时间大约在元世祖至元十年后的二十余年间,随即颁行天下,这应当稍早于王祯的《农书》。针对当时的"风土说",《农桑辑要》中讲到:"苟涂泥所在,厥田中下,稻即可种,不必拘以荆、扬。土壤黄白,厥田上中,黍、稷、粱、菽即可种,不必限于雍、冀。坟、垆、黏、埴,田杂三品,麦即可种,又不必以并、青、兖、豫为定也。"(《农桑辑要·论九谷风土及种莳时月》)这里指出农作物的栽种不应简单地以《禹贡》、《周礼》等经典所述为圭臬,而应更为主动积极地对待。《农桑辑要》中更举例对"风土说"加以驳斥,如在《论苎麻木棉》一篇中指出:

> 苎麻本南方之物,木棉亦西域所产。近岁以来,苎麻艺于河南,木棉种于陕右,滋茂繁盛,与本土无异。二方之民,深荷其利。遂即已试之效,令所在种之。悠悠之论,率以风土不宜为解。盖不知中国之物,出于异方者非一。以古言之,胡桃、西瓜是不产于流沙葱岭之外乎?以今言之,甘蔗、茗芽是不产于牂牁、邛、筰之表乎?然皆

> 为中国珍用,奚独至于麻、棉而疑之? 虽然,托之风土,种艺之不谨
> 者有之,抑种艺虽谨,不得其法者亦有之。 故特列其种植之方于右,
> 庶勤于生业者,有所取法焉。

这就是说,有些种植上的问题并非是由于土宜而造成的,而是由于缺乏经验,不得其法,我们应当注意这其中的观念或哲学意义。

需要注意的是,由于《农桑辑要》是由官方所颁行的农书,因此它实际体现了政府对于农事活动的基本认识。 当然,我们也要看到,作为官方所颁行的农书,《农桑辑要》具有劝农的性质或目的。 而在这种背景下,若推行不当,也不排除有违背规律的可能存在。

其实,王祯尽管强调土宜,但也有重视人本身作用的思想,如他说:"若今之善农者,审方域田壤之异,以分其类;参土化土会之法,以辨其种,如此可不失种土之宜,而能尽稼穑之利。"(《农书·农桑通诀·地利篇第二》)在这里,王祯强调农事活动中人应在各个环节中充分发挥自己的能动作用,如此便能"尽稼穑之利"。 又如关于当时普遍存在的木棉的种植问题,王祯进行了深入调查,并且在其《农书》中对木棉的栽种法作了全面介绍,给棉农以切实的指导。 他指出:"木棉为物,种植不夺于农时,滋培易为于人力,接续开花而成实,可谓不蚕而棉,不麻而布,又兼代毡毯之用,以补衣褐之费,可谓兼南北之利也。"(《农书·百谷谱·木棉》)从这一实例我们可知,王祯对于诸如木棉这样的农作物的栽种推广提出了更加具体的指导意见。 由此来看,王祯对于人的作用问题也有所认识,只不过在王祯这里,它是与对客观规律的认识紧密相关的。 因此,尽管王祯的农学思想可能略显传统或保守,但这种观念也可能包含了更为客观合理的精神。

而在这一时期,对人的重视尤其突出地体现在生物学思想之中。 如前所说,这一时期园艺技术发展迅速,大量植物谱录面世。 由于人们对植物品种的人工选择有了更多的认识,因此对人的能动性的认识也更加突出和深刻。 例如韩彦直说:

> 接树之法，载之《四时纂要》中，是盖老圃者能之。工之良者，挥斤之间，气质随异，无不活者。过时而不接，则花实复为朱栾，人力之有参于造化，每如此。（《橘录》）

又如王观说：

> 今洛阳之牡丹、维扬之芍药，受天地之气以生，而小大浅深一随人力之功拙，而移其天地所生之性，故奇容异色间出于人间。以人而盗天地之功而成之，良可怪也。（《扬州芍药谱》）

这里，都强调了人力之于植物栽培或园艺技术的重要意义，也就是"人力之有参于造化"和"以人而盗天地之功而成之"。这样一种观念在当时是非常普遍的。例如李格非的《洛阳名园记》中说：

> 岂因于天理者可久；而成于人力者不可恃耶？

张琰在为《洛阳名园记》所作的序中也说：

> 种植灌溉，夺造化之功。

这样一些思想又正是后来明清时期"人定胜天"思想的先声。

这之中，有些论述或思想已经相当深入。例如韩彦直在其《橘录》的《序》中就对人为因素有十分具体和透彻的分析，他说：

> 橘出温郡，最多种，柑乃其别种。柑自别为八种，橘又自别为十四种，橙子之属类橘者，又自别为五种，合二十有七种。而乳柑推第一，故温人谓乳柑为真柑，意谓他种皆若假设者，而独真柑为柑耳。然橘亦出苏州、台州，西出荆州，而南出闽、广数十州，皆木橘耳，已不敢与温橘齿，矧敢与真柑争高下耶？且温四邑俱种柑，而出泥山者又杰然推第一。泥山盖平阳一孤屿，大都块土，不过覆釜。其旁地广袤只三、二里许，无连岗阴壑，非有佳风气之所淫渍郁烝。出三、二里外，其香味辄益远益不逮，夫物理何可考耶。或曰：温并海，地斥卤，宜橘与柑，而泥山特斥卤佳处，物生其中，故独与他异。予颇不然其说。夫姑苏、丹丘与七闽、两广之地，往往多并海斥卤，何

独温,而又岂无三、二里得斥卤佳处如泥山者。自屈原、司马迁、李衡、潘岳、王羲之、谢惠连、韦应物辈,皆尝言吴楚间出者,而未尝及温。温最晚出,晚出而群橘尽废。物之变化出没,其浩不可考如此。以予意之,温之学者,繇晋唐间未闻有杰然出而与天下敌者,至国朝始盛。至于今日,尤号为文物极盛处。岂亦天地光华秀杰不没之气来钟此土。其余英遗液犹被草衣。而泥山偶独得其至美者耶。

韩彦直指出,温州特别是泥山柑橘品种之优秀并非由于自然条件,"夫姑苏、丹丘与七闽、两广之地,往往多并海斥卤,何独温,而又岂无三、二里得斥卤佳处如泥山者",且"自屈原、司马迁、李衡、潘岳、王羲之、谢惠连、韦应物辈,皆尝言吴楚间出者,而未尝及温"。在韩彦直看来,温州特别是泥山柑橘能独立风骚,乃是由于"文物极盛",即经济与文化发展的必然结果。这充分肯定了人的因素在植物进化过程中的作用。

也有的学者关注到了生物遗传和选择中的人为因素问题。如宋代刘蒙的《菊谱》在讲变异时就涉及人为因素的问题:

> 尝闻于莳花者云:花之形色变易,如牡丹之类,岁取其变者以为新。今此菊亦疑所变也。今之所谱,虽自谓甚富,然搜访所有未至,与花之变异后出,则有待于好事者焉。

刘蒙指出,古代花的品种不如现代丰富,这是由于现代人为选择即"好事者"的结果。也就是说,只要有选择,就会有变异,选择越多,变异也就越多。显然,伴随着栽培技术的发展,人们对于植物品种的自然选择和人工选择有了更多的认识,这之中,对于人为与能动的认识也进一步深化了。值得我们注意的是,刘蒙在这里也是在讲"古"与"今"的问题,但这是结合知识来讲的,是结合栽培技术来讲的,是结合栽培技术中的人工选择来讲的(从一定意义上说,这种讲法与先秦时期法家的认识有某种相似性)。不难看出,这样一种讲法有科学活动的特点,并且也有这一时代的特点。

而通过以上的考察,我们也可以发现中国古代有关天人关系的观念在宋元时期所发生的变化,我们看到,这样一种变化在很大程度上就是由知识活动尤其是生物学知识与思想的发展所引领或推动的。不仅如此,我们也应当注意,这样一种知识背景对于以后明代哲学(包括整个社会精神)中人的主观因素普遍得到高扬这一倾向或现象所可能产生的影响。换言之,我们对明代社会哲学及精神世界的考察和评价不应忽略可能影响到其生成发展的背后的知识因素。

三、农学和生物学中的"理"与"格物"

"理"与"格物"的思想在农学与生物学中同样体现出来。

陈旉十分重视和强调规律对于农业生产的意义,因此"理"这一概念得到高度重视。在陈旉看来:"天地之间,物物皆顺其理。"(《农书·天时之宜》)农业生产自然不能例外。这在很大程度上显然也受到宋代理学思想的影响。具体来说,陈旉所讲的"理"既包括气候规律,也包括土壤性质,例如:"顺天地时利之宜,识阴阳消长之理。"(《农书·天时之宜》)"视其土之性类,以所宜粪而粪之,斯得其理矣。"(《农书·粪田之宜》)"除草之法,亦自有理。"(《农书·薅耘之宜》)不仅陈旉,如前面考察所见,王祯对于"地宜"的重视同样包含了对"理"也即规律的认识。王祯又说:"若能自内而求外,由近而及远,则土产之物,皆可推而知之矣。"(《农书·农桑通诀·地利篇第二》)这里所讲的"推"明显也是建立在对规律即"理"的把握之上的。

宋元时期的生物学更与"格物"观念或思想有着密切的关系。应该看到,宋元时期动植物谱录的出现固然与这一时期的园艺技术发展和园林生活需要有关,但"格物"观念的影响也是非常重要的一个方面,这样的观念早在北宋早期就已经体现出来,欧阳修撰《洛阳牡丹记》、蔡襄撰《荔枝谱》应都与对自然的兴趣有关。之后,动植物谱录大量出现,并且,受程朱理学的影响,"格物"概念也广泛被使用。如前面说过,韩境在为陈景沂所撰《全芳备祖》作的序中就写道:"《大学》所谓格物者格此物也。今君晚而穷理,其昭明贯通,倏然是非得丧之表,毋亦自其少时区别草

木,有得于格物之功欤。"而"格物"的目的尤在于"穷理"或"推理"。如王应麟在为罗愿《尔雅翼》一书所作的后序中写道:

> 右《尔雅翼》三十有二卷,歙罗公愿端良撰。惟大学始教,格物致知。万物备于我,广大精微。一草木皆有理,可以类推。

并且王应麟还称道《尔雅翼》一书是"卓尔先觉,即物精思,体用相涵,本末靡遗。约不肤陋,博不支离,蓄德致用,一原同归"。这虽说是序,但我们从中亦可窥见王应麟本人的观点。并且我们应注意,所有这些看法或认识又会作为涓涓细流,反过来潜移默化地影响思想层面,影响哲学观念。

另外,这一时期学者的"格物"活动不仅直接观察研究动植物的生长习性,也开始研究经典中的"鸟兽草木"知识。这其中,尤为值得注意的是北宋邢昺的《尔雅疏》,南宋郑樵的《昆虫草木略》。我们知道,东晋郭璞著有《尔雅注》,之后唐陆德明有《尔雅音义》,邢昺的《尔雅疏》是在郭璞《尔雅注》的基础上加以补正,但由于更多地注意到其中的知识内容,因此对后世的研究有开风气的意义。特别是郑樵的《昆虫草木略》,直接关注经典中的"鸟兽草木之名",对后世生物学研究的意义重大。其实,北宋理学家已经从格物、穷理的要求出发,重新重视孔子"多识于鸟兽草木之名"的思想,如二程就说:"多识于鸟兽草木之名,所以明理也。"(《程氏遗书》卷二五)并发挥出"一草一木皆有理,须是察"(《程氏遗书》卷一八)的论述。郑樵的工作也必定受到了理学这一观念的影响。但由于郑樵的工作十分具体,因此对后世的知识研究影响极大。郑樵在《昆虫草木略》的《序》中专门引孔子的看法:"《诗》可以兴,可以观,可以怨。迩之事父,远之事君。多识鸟兽草木之名。"并说:

> 臣之释《诗》,深究鸟兽草木之名,欲以明仲尼教小子之意。

在郑樵看来,要研究《诗》,就必须懂得鸟兽草木之学。类似的表述又如:"何物为'六经'? 集言语、称谓、宫室、器服、礼乐、天地、山川、草木、虫鱼、鸟兽而为经,以义理行乎其间而为纬,一经一纬,错综而成文,故曰

'六经'之文。"(《尔雅注序》)"欲传《诗》,以《诗》之难可以意度明者,在于鸟兽草木之名也。"(《夹漈遗稿》卷二《寄方礼部书》)乐爱国由此概括郑樵从经学转向科学研究的两点理由:知"六经"之文;继孔子"鸟兽草木之学"。① 可以这样说,邢昺与郑樵其实是为后人树立了一种研究的典范,或开启了一种研究的样式。这是一面旗帜,至明清时期,这样的研究蔚为风气。

同时,生物学中的"格物"与"穷理"实践也涉及科学态度。如刘蒙在《菊谱》的《说疑》中说道:

> 或谓菊与苦薏有两种,而陶隐居、日华子所记皆无千叶花,疑今谱中或有非菊者也。然余尝读隐居之说,以谓茎紫色青作蒿艾气为苦薏。今余所记菊中虽有茎青者,然而为气香味甘,枝叶纤少,或有味苦者,而紫色细茎,亦无蒿艾之气。又今人间相传为菊,其已久矣,故未能轻取旧说而弃之也。

这是对历史记载持怀疑的科学态度。又《菊谱》的《叙遗》中说道:

> 余闻有麝香菊者,黄花千叶,以香得名。有锦菊者,粉红碎花,以色得名。有孩儿菊者,粉红青萼,以形得名。有金丝菊者,紫花黄心,以蕊得名。尝访于好事,求于园圃,既未之见,而说者谓孩儿菊与桃花一种,又云种花者剪掐为之。至锦菊、金丝,则或有言其与别名非菊者。若麝香菊,则又出阳翟,洛人实未之见。夫既已记之,而定其品之高下,又因传闻附会而乱其先后之次,是非余谱菊之意。故特论其名色,列于记花之后,以俟博物之君子证其谬焉。

这是对世间传闻持保留的科学态度,于此不难看到刘蒙在"格物"上的严谨态度。其实,相关的严谨态度我们在前面沈括的思想中已经有所见识,这也是宋元时期的普遍现象。

而从以上考察中我们又可以看到,园艺或生物知识中的"格物"活动

---

① 参见乐爱国《宋代的儒学与科学》,第73、75页。

与哲学思想有着某种特殊的"亲近感"。这既有《诗经》、《尔雅》这些儒家经典的"传统",也有孔子的教导作为"榜样"。正是基于这样的原因,宋代哲学思想的"格物"概念中常常会有相应的知识背景,而生物学著作中也会常常有相关哲学思想与命题的出现。

第九节　数学的发展与数学思想

宋元时期的数学取得了极大的成就,陆续出现了秦九韶(1202—1261)、李冶(1192—1279)、杨辉(约 13 世纪中叶)、朱世杰(约 13 世纪末14 世纪初)四位重要的数学家,史称宋元四大家,其各自都有重要的数学思想。值得注意的是,这一时期的数学与象数学和理学都有着联系。如钱宝琮在论到秦九韶时就说:"秦九韶以'通神明'的象数学与'经世务'的算术相提并论,得出'数与道非二本'的结论,无疑是受到当时道学家的影响。"[1]这可以说是宋元时期数学思想及其与哲学关系的一个基本状况。

一、宋元时期主要数学思想

宋元时期所取得的数学思想成就是十分丰富的,这其中主要包括有增乘开方法也即高次方程的解法、天元术和四元术、包括垛积术和招差法在内的高阶等差级数、大衍求一术等等,这些思想是通过宋元时期许多数学家的参与尤其是四大家的深入研究而获得的。

讲宋元时期的数学思想首先不能不提北宋时期的贾宪。贾宪的著作有《黄帝九章算法细草》等,但早已亡佚。其数学思想主要是经由杨辉的引用得存于世。贾宪最主要的贡献就是创立增乘开方法,具体用开方作法图表示,也称"贾宪三角",用这样的方法可以进行任意高次幂的开

---

① 钱宝琮:《宋元时期数学与道学的关系》,载钱宝琮等:《宋元数学史论文集》,第 235 页,北京,科学出版社,1966。

方。一般认为,欧洲直到 16 世纪才由德国人阿皮纳斯得到与"贾宪三角"类似的图表,这比贾宪的研究差不多晚了四五百年。

毫无疑问,宋元时期的数学思想以秦九韶、李冶、杨辉以及朱世杰这四大家最为突出。

秦九韶为南宋普州安岳(今属四川)人,其数学名著是《数书九章》,这是一部数学巨著,在世界数学史上占有十分重要的地位。全书共 18 卷,分为大衍、天时、田域、测望、赋役、钱谷、营建、军旅、市易九类。其中最重要的成就是高次方程的数值解法,也即增乘开方法。贾宪虽确立了高次方程的解法,但由于有不少问题没有解决,使用仍是受限的。秦九韶在贾宪、刘益等人的基础上,贯彻了随加随乘的原则或方法,使得高次方程的解法不受整数、正负数和未知项次数的限制。这样,秦九韶就将增乘开方法推广成为各种方程都能够适用的一种数值解法。秦九韶的这一方法与 19 世纪欧洲数学家霍纳的方法相同,但却比霍纳早了六百年。秦九韶的另一项重要成就是"大衍求一术",也就是联立一次同余式的解法。联立一次同余式的问题最早见于《孙子算经》,但具体算法未作记载,故不得而知。秦九韶在《数书九章》中首次系统介绍了这一算法的计算步骤,并将其运用于不同数学问题的解决之中。在欧洲,直到五百年后才有高斯等人对联立一次同余式问题作较深入的研究。秦九韶的数学思想也反映在他的数学观上。秦九韶以为数学的作用是"大则可以通神明,顺性命;小则可以经世务,类万物"(《数书九章》序)。秦九韶的这一数学观还特别体现在其"数道统一"的思想上,周瀚光将这一思想概括为以下四个方面,分别是:数源于道、数进于道、明道求数以及由数知道。[1]

李冶为金元之际河北真定人,他的数学著作有《测圆海镜》、《益古演段》等,其中尤以《测圆海镜》最为重要。《测圆海镜》共 12 卷,包含有 170 个问题,清儒阮元评价该书是"其为术也,广大精微,无所不包"(《重刻测

---

[1] 参见周瀚光《中国古代科学方法研究》,第 63—65 页。

圆海镜细草序》)。《测圆海镜》第一卷主要是讨论直角三角形求内切圆和傍切圆等问题,属于几何学范畴,李冶在此涉及了与几何学相关的一系列概念、定义、定理,并建立起相应的公理系统,与古代希腊欧几里得几何学相比,李冶对几何学的理解有自己鲜明的特点。《测圆海镜》第二卷以下是系统研究和讲述"天元术",也即求解方程的方法,这是关于"天元术"最早的研究,也是李冶最突出的成就。"天元术"与现代通常教科书中列方程的方法类似,"立天元一为某某"也就是"设 x 为某某"。也有学者指出,"天元术"乃是几何问题代数化。[①] "天元术"的出现解决了一元高次方程式列方程的问题,也为"四元术"即多元高次方程组奠定了基础,其在中国数学史乃至世界数学史中都有重要地位。同样,李冶也提出了自己的数学观。李冶在《测圆海镜》序中讲:"由技兼于事者言之,夷之礼,夔之乐,亦不免为一技;由技进乎道者言之,石之斤,扁之轮,岂非圣人之所与乎!"李冶要说明的是,其研究数学就是"由技进乎道",从这里我们可以看到道家思想的影响,也完全符合儒家圣人的要求。李冶又指出"数"中存在着"理"也即规律,而数学研究就是要"推自然之理,以明自然之数"。

杨辉生当南宋后期,杭州人,著作主要有《详解九章算法》、《日用算法》、《杨辉算法》等。杨辉的一个重要研究成果是"垛积术",也即是高阶等差级数问题。北宋沈括为解决物品(如酒坛、圆球、棋子等)按一定规律堆积起来后求其总数的问题,首创"隙积术"。杨辉丰富和发展了沈括的研究成果,提出了新的垛积公式。对这类高阶等差级数问题,在杨辉之后一般称为"垛积术"。杨辉的另一项重要成果是对纵横图也即幻方的研究。通过研究,杨辉不仅掌握了三阶纵横图也即九宫图的组合规律,还掌握了四阶至十阶纵横图的组合规律,由此打破了其中的神秘性。又在杨辉的著作中,收录了不少现已失传的他人数学著作中的算题与算法,其中就包括早期的增乘开方法或"贾宪三角",正是由于杨辉的记载,

---

① 参见袁运开、周瀚光主编《中国科学思想史(中)》,第 705 页。

这些算法才得以流传下来。值得注意的是,杨辉不仅是杰出的数学家,也是杰出的数学教育家,其不少数学思想实际上体现在数学教育思想上。如他说:"且未要穷理,但要知如何发问,作如何用法答题,如何用乘除。"(《算法通变本末》)这就是将发问、答题等视作明理的步骤。而作为教育原则,这又是自孔子以来的儒家代代相传的。

朱世杰为河北人,他的最主要数学著作是《四元玉鉴》。该书共 3 卷,下含 24 门,288 问,主要是讲多元高次方程组解法与高阶等差级数等方面的问题。李冶所创立的"天元术"解决了一元高次方程的列方程问题,而朱世杰的一项突出成果就是将其扩展至多元高次方程组。在《四元玉鉴》中,朱世杰设天、地、人、物四元来求解方程,由此发展出"四元术"即多元高次方程列式与消元解法。由于我国数学家的研究是通过筹算来进行,因此朱世杰的研究实际已经达到了可能达到的极限。朱世杰的创造性成就还包括:"垛积法"即高阶等差数列求和;"招差术"即高次内插法。这些成就同样也已经将宋元数学的相关研究推至最高水平。朱世杰在数学教育普及方面也成果突出,他的《算学启蒙》体系完整,深入浅出。清人罗士琳曾说"汉卿(朱世杰)在宋元间,与秦道古(秦九韶)、李仁卿(李冶)可称鼎足而三。"而"汉卿又兼包众有,充类尽量,神而明之,尤超越乎秦、李之上"(《畴人传续编·朱世杰条》)。另西方科学史家对于朱世杰也有极高的评价,如萨顿就称赞朱世杰是贯穿古今的一位最杰出的数学科学家。

由以上的考察,我们不难看出宋元时期数学思想所达到的高度。

如果将宋元时期的数学思想与汉代以《九章算术》为代表的数学作比较,我们就会感到这二者之间有着明显的区别。数学史专家们早就指出,与汉代《九章算术》注重实际应用不同,宋元数学家们的成就大多比较脱离实际。如中国自然科学史研究室数学组撰写的《宋元数学综述》中就指出,宋元数学的重要成就,如天元术、四元术、高次方程的数值解法、级数求和、招差法等,都严重地脱离当时的社会实际需要。比如天元术,在实际中很少应用。至于多元的高次方程,就更脱离实际。当时所假设的许多勾股问题、垛积问题,大都是由主观出发人为地编造出来的。① 李申认为,这里所说的"主观编造"就是指"脱离现实"。这说明当时的数学注意的的确不是数与现实事物的关联,而是数与数的关联。正是这种脱离现实的倾向,使宋元数学达到了中国古代数学发展的最高峰。② 而这种区别或差异也明显是与同时期的哲学有关的。因为从与哲学关系的角度来看,宋元时期的数学思想明显受到象数学与理学的影响,受到"道本器末"思想的支配和"技进乎道"思想的引领,这可以说是数学研究更关心"数"本身性质而非具体应用的一个十分根本的原因。同时,这也为我们提供了一个在"抽象"层面科学与哲学相通的典型范例。

进一步拓展开去思考,这种状况也让我们联想到战国时期的逻辑学研究,特别是后期墨家更具有理论与实验色彩的科学研究,那同样存在着一种不太计较现实功利的理论精神,由此我们还可以进一步联想到魏晋时期以王弼为代表的玄学,隋唐时期以唯识宗为代表的佛学。可见,在中国传统文化或精神中,也同样能够生成注重理论的风尚。并且有趣的是,这样一种风尚在哲学、科学以及相关的逻辑学中都出现过,这无疑也是耐人寻味的。因为一般而言,学术界的共识是中国古代科学技术活动更偏重于技术和经验,科学理论相对比较薄弱。就与欧洲科学史的总体比较而言,这种认识无疑是有道理的。但是我们切不可形成一种机械和教条的认识,并由此忽略中国古代科学以及哲学思维的多样性和复杂性。

---

① 参见钱宝琮等《宋元数学史论文集》,第 7 页。
② 参见李申《中国古代哲学和自然科学》,第 729 页。但这并不意味着宋元时期的数学研究就全然与实际应用无关。我们也要注意不同学者的差异,如秦九韶的《数学九章》就仍具有较多的应用特征,正如袁运开、周瀚光主编的《中国科学思想史》所指出:秦九韶对数学的分类依然归属旧的窠臼,虽然其也为建立脱离具体事物的纯数学创造了条件,但还没有走上这一步。又指出:杨辉也是根据社会实际编造数学问题,如其《日用算法》就是依据开秤、斗斛、丈尺、田亩、端匹、仓窖、堆垛、修筑等日常事物中的需要编造各类题目。见该著作中册,第 589、718 页。

二、宋元数学与象数学

关于宋元时期数学与象数学的关系,李申提出了一个基本的看法,他认为:从北宋以来,数学家们即或不是我们今天所说的象数学家,也和我们今天所说的象数学有着或直接或间接的关系。又说:宋元时代的数学家们,也几乎都是象数学家。[①]

宋元时期数学与象数学的这样一种关系特别反映在秦九韶的身上。秦九韶的数学思想明显受到象数学包括邵雍思想的深刻影响。秦九韶在《数书九章》序中说道:

> 周教六艺,数实成之。学士大夫,所从来尚矣。其用本太虚生一而周流无穷。大则可以通神明,顺性命;小则可以经世务,类万物,讵容以浅近窥哉?若昔推策以迎日,定律而知气。髀矩浚川,土圭度晷。天地之大,囿焉而不能外,况其间总总者乎?爰自河图、洛书,闿发秘奥,八卦、九畴,错综精微,极而至于大衍、皇极之用,而人事之变无不该,鬼神之情莫能隐矣。

在这里不难看出,秦九韶给予象数以极高的位置。不仅如此,我们还看到,秦九韶的数学思想中是有神秘主义色彩的,这也是历史传统的延续。秦九韶说:

> 今数术之书尚三十余家。天象历度谓之缀术,太乙、壬、甲谓之三式,皆曰内算,言其秘也。

无疑,这是象数学所导致的必然结果,这也向我们昭示,无论研究领域是多么的科学、严谨,一旦渗入神秘主义的观念,它同样会无情地侵蚀理性的坚固根基。但也有学者指出,在进行了多年探求之后,秦九韶意识到"所谓通神明,顺性命,固肤末于见,若其小者窃尝设为问答,以拟于用。"(《数书九章》序)也即实践证明数学不可能"通神明,顺性命",而只能是

---

① 参见李申《中国古代哲学和自然科学》,第 722、727 页。

起到"经世务,类万物"的"小者"也即实际的作用,这事实上是对象数神秘主义的一种否定。[1]

除秦九韶之外,宋元时期还有一大批学者是兼通数学与象数学的,李申对此罗列了一份"清单",其中包括有邵雍、李之才、刘羲叟、楚衍、贾宪、杨云翼、赵秉文、麻九畴、杜英、李冶、刘秉忠、王恂、郭守敬等,这其中贾宪、李冶是数学大家,王恂、郭守敬则制订了《授时历》。[2]

另外杨辉对于纵横图的研究也与象数学有一定关系,但这一研究的目的在于剔出神秘内容。从汉代到宋代,人们在象数学研究中逐步发现《洛书》即是九宫图,而从数学的角度来看,这实际上是一个三阶纵横图,西方也叫作幻方,但象数学家却总是赋予其神秘色彩。杨辉通过研究,不仅掌握了九宫图也即三阶纵横图的数字组合规律,也掌握了四阶至十阶纵横图,其中十阶纵横图亦称"百子图"。这些研究被记录在他的《续古摘奇算法》一书中。杨辉自信地说道:"绳墨既定,则不患数之不及也。"应当说,杨辉的纵横图研究剥去了河图洛书的神秘色彩,而按钱宝琮的说法,"杨辉对河图、洛书的看法给道学家们的数字神秘主义思想一个有力的反击。"[3]

那么宋元时期象数学与数学之间关系又有怎样的特点呢,对此,李申的思考也值得重视,这里姑且将其相关看法归纳概括为以下几个方面:第一,"宋元时代对数的研究,就分成了两股大的潮流;一是用数去构造世界模式、推衍社会历史的象数学,一是解决各种运算方法问题的数学。这两个方面可以共存于一个人的身上,但一般不互相干扰。数学家们,一面尊崇邵雍象数学,尊崇河图、洛书,把它们供奉在天上,一面却在数学王国的地上自由驰骋。"这是说宋元时期的象数学与数学总体上有各自的"分工"和"地盘",一般不相互干扰。第二,"宋元象数学一开始着眼点就高,它不是让易数去俯就现实世界,而是让数进入他们虚构的抽

---

[1] 参见杜石然等编著《中国科学技术史稿》(下册),第 39 页。
[2] 参见李申《中国古代哲学和自然科学》,第 722—727 页。
[3] 钱宝琮:《宋元时期数学与道学的关系》,载钱宝琮等:《宋元数学史论文集》,第 237 页。

象世界,他们把数说成世界的本质和万物的渊源,而把现实世界说成是数的产物或数的物质外壳。在象数学的带动下,数学也开始向虚无缥缈的太空飞升。""从社会地位看,解决各种运算方法问题的数学远不及说明整个世界及人类历史的象数学,它只能在象数学的双翼下求生存、求发展。然而,借助象数学,它不仅获得了生存、发展的空间,而且由于宋元象数学的着眼点高,还把它带入了一个新的境界。"这是说象数学对数学具有引领作用,这应当与理学对于"道"和"器"或"技"之间的看法有关。第三,如与汉唐比较会看到,汉唐以刘歆和一行为代表的"两次数字神秘主义的特点,都是把得自实际的具体科学数据附会于易数,并把易数说成是这些数据的根据"。而"宋元象数学的特点,是用数推算社会历史的进程,这也是数字神秘主义,但它不直接干预具体科学领域。"之所以如此,李申认为是"在宋元时代,古代哲学思想和科学思想的进程都已经历了天道自然观念的长期洗礼,而数学本身的发展,也反复证明,那些历法数据是得自实际,而不是来自易数。"①无疑,这其中也反映或折射出理性的进步。

以上大概就是宋元时期数学与象数学关系的大致状况,显然,它与汉唐时期的象数学既有着内容上的关联,但又是有很大的不同的。

三、数学与理学

还值得注意的是,宋元四大家各自在数学思想上取得巨大成就的同时,几乎又都将数学与当时的理学相结合。在他们的数学理论中,可以看到"理"这一概念及其思想的不同程度的影响。

如李冶指出:"数"理是可以"穷"的,他说:"既已名之数矣,则又何为而不可穷也。故谓数为难穷斯可,谓数为不可穷斯不可。"李冶对于数和数学的理解是:

① 以上参见李申《中国古代哲学和自然科学》,第 727、728 页。

彼其冥冥之中,故有昭昭者存。夫昭昭者,其自然之数也;非自
然之数,其自然之理也。(《测圆海镜》序)

这就是说,"数"是一种表象,在数的背后实际是有"理"也即有规律可循
的,因此他说:

苟能推自然之理,以明自然之数,则虽远而乾端坤倪,幽而神情
鬼状,未有不合者矣。(《测圆海镜》序)

李冶认为,只要能"推自然之理"、"明自然之数",那么,再复杂的问题都
可以解决。所以周瀚光将李冶的数学思想与方法概括为"推理明数",这
是十分准确的。①

秦九韶的思想与李冶的思想十分相似。他提出了"数道(亦作理)统
一"的思想。如前所述,周瀚光将这一思想概括为以下四个方面,分别
是:数源于道、数进于道、明道求数以及由数知道。例如数源于道,秦九
韶写道:

其用本太虚生一,而周流无穷,大则可以通神明,顺性命;小则
可以经世务,类万物,讵容以浅近窥哉?(《数书九章》序)

秦九韶这里所说的"太虚"就是指"道"。这样一种思想贯彻在其《数书九
章》一书中。该书以《系辞》开篇,总论道即规律与数学问题的内在联系,
以下九类问题则分别从易、天、地、人道诸方面展开,从而揭示数与道也
即规律之间的关系。②

除李冶与秦九韶外,杨辉与朱世杰的数学思想也同样受到理学的影
响。如杨辉说:"算无定法,惟理是用已矣。"(《乘除通变算宝》)"既论小
法,当尽其理。"(《法算取用本末》)杨辉这里所说的"法"是指数学公式,
而"理"则是指数学原理。在杨辉看来,法源于理,同时也必然体现理。
朱世杰创立了四元术。其讲:"凡习四元者,以明理为务。必达乘除、升

---

① 参见周瀚光《中国古代科学方法研究》,第 63—65 页。
② 同上书,第 65—67 页。

降、进退之理,乃尽性穷神之学也。"(《四元玉鉴》)特别是,朱世杰所说的"理"与理学中的"理"关系十分密切,其"明理为务"的"理"就是理学家所说的"理",而这一点在宋元四大家中是最为突出的。

宋元时期数学与哲学的这样一种密切关系在整个中国数学史上是最为典型或突出的。

第十节 医学的发展与医学思想

与数学一样,宋元时期的医学也取得了很大的成就,名家辈出。特别是金元时期,先后出现了刘完素(1110—1200)、张从正(1156—1228)、李杲(1180—1251)、朱震亨(1281—1358)等四位重要的医学家,史称金元四大家,其各自都有重要的医学思想。就哲学思想而言,宋元时期的医学与五运六气学说有着密切的关系。同时,宋元时期的医学也深受该时期理学或儒学的影响。

一、宋元时期主要医学思想

宋代的医学比唐代的医学有了很大的进步。这一进步首先反映在医学分科上。唐代设四科,即医、针、按摩和咒禁,宋代增至九科,分别是大方脉(内科)、风科、小方脉(儿科)、眼科、疮肿与折疡、产科、口齿兼咽喉科、针灸科、金镞兼书禁科,元代更增至十三科。分科的细化无疑意味着医学认识的进一步深入。这一时期医学繁荣、医家辈出,如北宋有钱乙、董汲、杨介、庞安时、朱肱、王惟一等,南宋有陈言、许叔微、陈自明、朱端章、李迅、杨士瀛、宋慈等,宋代还有著名药学家苏颂、唐慎微,另苏轼也与沈括合作撰有《苏沈良方》。

医学的繁荣导致了医学思想的活跃。这一时期的医学思想不满足于古法古方,富有创新的精神。如钱乙就不守古法,注重心得,开创出崭新的儿科学;陈自明对以往经验加以批评整理,发展出系统的妇科学;其他如王惟一铸铜人,用于教学实践;许叔微发展脉学,首创用图描绘脉形。而与此相伴的是勇于怀疑和否定前人的经验。如沈括在《苏沈良方》序中说:"《千金》《肘后》之类,犹多溢言,使人不敢复信。"显然,这里充满了疑古与验证的科学精神,宋元时期的医学活动及思想中多有这种强调疑古、验证的品格,这当是与同时期思想界倡导格物与穷理有关。此外,与唐代相比,鬼神迷信在宋代医学活动中的影响受到限制,这无疑也与儒家理性重新回归有着密切的关系。

宋元时期的医学思想尤以金元四大家最为突出。在金元四大家中,刘完素是开创者。因提出"六气皆从火化",故其理论被称作"主火论",又因其对寒凉药物有独到研究也被称为"寒凉派"。其余诸家的理论特点分别是:张从正主"攻邪论",也作"攻下派";李杲主"脾胃论",属"补土派";朱震亨主"养阴论",或称"滋阴派"。

刘完素生当金代,为河北河间人。此时宋王朝南迁,北方因受战乱蹂躏,疫疠流行。刘完素多次拒绝金朝招聘,长期行医民间,深受欢迎。刘完素从二十五岁起钻研《素问》,直到六十岁,历时三十五载,精通医理,有《素问玄机原病式》《素问病机气宜保命集》《宣明论方》《伤寒直格》《三消论》等多种著作。在医学思想上,刘完素特别重视《内经》的五运六气理论。如前章所述,运气学说的流行始于唐王冰补注《素问》的七大论,宋元时期正当此风盛行,故刘完素对运气学说推崇备至。刘完素讲:"医教要乎五运六气。"又讲:"观夫医者,唯以别阴阳虚实,最为枢要。识病之法,以其病气,归于五运六气之化,明可见矣。"并说:"大凡明病,阴阳虚实无越此法。"(《素问玄机原病式》序)就具体医学思想而言,刘完素在《素问玄机原病式》中涉及病机病症达九十多种,其中以属火与热的病症为最多,这其中也包括一些属于风、湿、燥的病症。刘完素认为"六气皆从火化",这是其核心学说,而"主火论"即由此而来。在临床上,刘完素又汲取张仲景《伤寒论》的思想,主张降火去热,并提出一整套应用寒凉药物的办法,也因此被称为"寒凉派"。但无论是"主火说",还是"寒凉说",其又都具有辨证论治的基本特征。刘完素的思想之后为张从正所继承。

和刘完素同一时期还有另一位著名医家张元素，是易水学派的创始人，他的著作多散佚，其中最有影响者为《珍珠囊》。张元素之学主要得之于张仲景之传，疗病处方每每效仲景的分经论治，其弟子李杲在《内外伤辨惑论》中曾引张氏语："仲景药为万世法，号群方之祖，治杂病若神。"但张元素又不拘泥于传统，《金史》记载其平素治病不用古方，自为家法，以为"运气不齐，古今异轨，古方新病，不相能也"（《金史》卷一三一）。张元素对于脾胃病的治疗有较系统的研究，总结出土实泻之、土虚补之、本湿除之、标湿渗之、胃实泻之、胃虚补之、本热寒之、标热解之等具体治疗原则。以后李杲以脾胃立论，成立"补土派"，正是师承了张元素的学说。

张从正为金代河南考城人，主要著作有《儒门事亲》15 卷。张从正医学思想的最突出之处就是强调"攻邪"，其继承和发展了刘完素的医学思想，以刘氏的六气说为基础，认为有风、寒、暑、湿、燥、火六种邪气，并相应地将疾病分为六门。张从正说："夫病之一物，非人身素有之也。或自外而入，或由内而生，皆邪气也。"又说"邪气加诸身，速攻之可也，速去之可也，揽而留之何也？"（《儒门事亲》卷二）此即其"攻邪论"。在具体治则上，使用汗、吐、下三法。三法早见于《内经》和《伤寒论》，但张从正作了进一步的研究和发挥。张从正认为：汗法在于解表，因此凡初感风寒邪在皮表者均可用汗法；邪在上脘用吐法，这于其他医家鲜见使用，可谓医法独到；而邪在下焦则用下法，或以为胃脘以下中邪者皆可用下法，而下也就是泻。张从正辩证地看待泻与补之间的关系，以为洁净肠胃实则有真补存焉。由于张从正在三法之中又尤其注重泻下的方法，故后世又称其为"攻下派"。但泻法有一定难度，故为一般医家所慎。也正因为张从正汗、吐、下三法的治疗方式有别于其他医家，乃使得张从正的医学思想与方法见称于当时和后世。

李杲为金代河北真定人，著有《脾胃论》、《内外伤辨惑论》以及《医学发明》、《兰室秘藏》、《用药法象》、《伤寒会要》等著作。按王好古的说法："近世论医，有主河间刘氏者，有主易州张氏者。盖张氏用药，依准四时，阴阳升降而增损之。正《内经》'四气调神之义'。医而不知此，是妄行也。刘氏用药务在推陈致新,不使少有怫郁,正造化新新不停之义。医而不知此,是无术也。"(《此事难知》卷下)而李杲既继承了张元素的思想,也继承了刘完素的思想。李杲十分注重"气"或"元气",尤其是胃气,以为脾胃居各脏腑之中,由此也形成其"脾胃论"的思想。李杲认为:"元气之充足,皆由脾胃之气无所伤,而后能滋养元气,若胃气之本弱,饮食自倍,是脾胃之气既伤,而元气亦不能充,而诸病之所由生也。"(《脾胃论·脾胃虚实传变论》)由是,李杲又强调升阳益气,调理脾胃,也因此,其学说又被视作"补土派"。不难看出,李杲的上述思想主要是师承于张元素土虚补之、胃虚补之的思想。与此同时,李杲也继承了刘完素的医学思想,注重内外、虚实的辨证,并非一味求补,而是强调虚者补之,实者泻之,这与张从正的理论也有异曲同工之妙。

朱震亨是元代浙江义乌人,为刘完素的再传弟子,又旁通张从正、李杲之学,兼收三家之长。其主要著述有《格致余论》、《局方发挥》、《本草衍义补遗》、《伤寒论辨》、《丹溪心法》等。受刘完素影响,朱震亨提出"相火论",认为相火乃生命之动力,但若妄动则为贼邪而致人于病。又提出"阳常有余,阴常不足"(《局方发挥》)这一核心思想,主张泻火养阴、补阴求平,"养阴论"、"滋阴派"即由此而来。朱震亨还指出,人至暮年精血俱损,故养阴尤为重要。同时朱震亨也认识到:"天地气化无穷,人身之病亦变化无穷。"以为:"古人以神圣工巧言医,又曰医者意也,以其传授虽的,造诣虽深,临机应变,如对敌之将,操舟之工,自非尽君子随时取中之妙,宁无愧于医乎?"(《局方发挥》)主张辨证施治,不执一端。朱震亨的学术思想在元末明初医学界地位极高,如明代医家方广说:"求其可以为万世法者,张长沙外感,李东垣内伤,刘河间热证,朱丹溪杂病,数者而已。然而丹溪实又贯通乎诸君子,尤号集医道之大成者也。"(《丹溪心法附余》序)以后虽有褒有贬,如张介宾就批评朱震亨"阳有余"之说有片面性,但总的来说,朱震亨的思想在国内外都有很大影响。

以上大致是宋元时期主要的医学思想,这些思想虽不能说完善,但的确是富于创造性的,也是充满活力的。

二、宋元医学与运气说

运气说,也就是五运六气说,一般认为是唐王冰补注《素问》所加入的七大论的主要内容。这一学说主要是结合节气变化规律来讨论医学问题。其将五运(也即金、木、水、火、土)、六气(太阳、阳明、少阳、太阴、厥阴、少阴)与天干地支相配合,来说明疾病与气候之间的关系。五运六气说在很大程度上实则是五行理论的延续与发展,同时也加入了一定的象数学的内容,如《素问·天元纪大论》中说:"甲己之岁,土运统之;乙庚之岁,金运统之;丙辛之岁,水运统之;丁壬之岁,木运统之;戊癸之岁,火运统之。"

不过,这一学说在唐代并未引起较多注意。直到北宋,始有名医庞安时、杨子建以及学者沈括等人提倡此说。如沈括说:

> 医家有五运六气之术,大则候天地之变,寒暑风雨,水旱蝗蝗,率皆有法;小则人之众疾,亦随气运盛衰。(《梦溪笔谈》卷七《象数一》)

又说:

> 五运六气,冬寒夏暑,旸雨电雹,鬼灵厌蛊,甘苦寒温之节,后先胜负之用,此天理也。(《苏沈良方》序)

元符年间,刘温舒著《素问论奥》,专门讲五运六气,并附图加以说明,终于使这一学说受到普遍重视。而在医学教育方面,自王安石变法以后,运气学说即被定为太医局考试的科目之一。之后,宋徽宗钦命编修的《圣济总录》也是开首就讲运气。由此不难看出宋代医学对五运六气说的重视。

在金元四大家中尤以刘完素最重五运六气说。刘完素的名著《素问玄机原病式》的主要内容就是讨论五运六气与疾病的关系。该书以《素问·至真要大论》中的"病机十九条"作为立论依据,将原十九条一百七十六字拓展为二百七十六字的纲领,再在此基础上引申出二万余言。如刘完素在《素问玄机原病式》序中说道：

> 医教要乎五运六气。

又说：

> 《经》曰：夫五经阴阳者，天地之道也，万物之纲纪，变化之父母，生杀之本始，神明之府也。可不通乎？

还说：

> 运气者得于道同，盖明大道之一也。观夫医者，唯以别阴阳虚实，最为枢要。识病之法，以其病气，归于五运六气之化，明可见矣。

这些都将"运气"抬到了至要的地位。除《素问玄机原病式》外，刘完素在《素问病机气宜保命集·气宜论》中也讲："治病必明六化分治，五味五色所主，五脏所宜，五行之运行数，六气之临御化。""《经》所谓谨候气宜，无失病机。病机者，寒暑燥湿风，金木水火土，万病悉自此而生矣。故谨察病机之本，得治之要者，乃能愈疾。"具体来说，刘完素的《素问玄机原病式》对五运六气与病因、病机的关系作了充分的阐述。全书包括五运主病、六气为病两大部分。以五运主病部分为例，其进一步分为：诸风掉眩，皆属肝木；诸痛痒疮疡，皆属心火；诸湿肿满，皆属脾土；诸气膹郁病痿，皆属肺金；诸寒收引，皆属肾水。刘完素又特别重视四时天气变化与身体的关系，这应当也是运气理论中比较科学的部分。刘完素说："所谓四时天气者，皆随运气之兴衰也。然岁中五运之气者，风、暑、燥、湿、寒，各主七十三日五刻，合为期岁也。岁中六部之主位者，自大寒至春分属木，故温和而多风也；春分至小满属君火，故暄暖也；小满至大暑属相火，故炎热也；大暑至秋分属土，故多湿阴云雨也；秋分至小雪属金，故凉而物燥也；小雪至大寒属水，故寒冷也。"以为"夫一身之气，皆随四时五运六气兴衰，而无相反矣。适其脉候，明可知也。"(《素问玄机原病式·六气为病·热类》)事实上，刘完素对运气说已经作了取舍，更多地保留了其中较为合理的内容。

除刘完素外,金元时期的其他医家对五运六气说也有所涉及,如张元素也用五运六气理论来对药物和药方加以分类,又张从正、李杲以及朱震亨等也都不同程度地吸收了刘完素的思想。

三、医学与儒学

当时以四大家为代表的医学与儒学和理学的关系也十分密切,这主要表现在以下两个方面:

首先,儒学与医学在济世问题上具有相通性。如据宋吴曾的笔记《能改斋漫录》记载,范仲淹曾言:

> 大丈夫之于学也,固欲遇神圣之君,得行其道。思天下匹夫匹妇有不被其泽者,若己推而内之沟中。能及小大生民者,固惟相为然。既不可得矣,夫能行救人利物之心者,莫如良医。果能为良医也,上以疗君亲之疾,下以救贫民之厄,中以保身长全。在下而能及小大生民者,舍夫良医,则未之有也。(《能改斋漫录》卷一三《文正公愿为良医》)

这在后来也被概括为"不为良相,愿为良医"。虽然说吴曾的笔记晚于范仲淹百余年,史家对于上述记载的真实性还存在不同看法,但学者们对于其在历史上的影响仍是普遍承认的,这其中尤其是对医道的重视。[①]也有学者认为,范仲淹这一观念实际是把医生也当作儒生应当从事的工作,为后来的儒医做了理论上的准备。[②] 而众多医家也认为医学与儒学在德性与知性上具有一致性。例如宋代的寇宗奭说:"普救世人之疾苦,兹盖全圣至德之君,合天地之至仁,接物厚生,大赉天下。"(《本草衍义·序例上》)高保衡等人在校正编辑《金匮要略方论》后所作的序言中也写道:"恭惟主上丕承大统,抚育元元,颁行方书,拯济疾苦,使和气盈溢,而

[①] 有学者指出,这一观念其实有更为久远的传统,如《国语·晋语八》中讲:"上医医国,其次疾人。"

[②] 参见乐爱国《宋代的儒学与科学》,第12页。

万物莫不尽和矣。"这些都体现了一种仁爱厚生、救人济世的儒医精神。在此影响下,有不少医家视医学与儒学为同门。如刘完素在其《素问玄机原病式》序中说:

> 易教体乎五行八卦,儒教存乎三纲五常,医教要乎五运六气,其门三,其道一。故相须以用而无相失,盖本教一而已矣。

此外四大家中,张从正将自己的著作叫作《儒门事亲》;朱震亨将自己的著作叫作《格致余论》。从这里,我们都可以看到医学与儒学的联系。

其次,医学不仅与儒学有着同门的关系,在宋元时期的医家这里,我们同样可以看到当时盛极一时的理学思想的深刻影响。例如宋代的寇宗奭在其《本草衍义》的序言中说:医道就应"知保救之理","穷保救之事"。这里的知、穷、理、事等概念几乎就是对理学思想与概念的复制。又如刘完素说:"夫医教者,源自伏羲,流于神农,注于黄帝,行于万世,合于无穷,本乎大道,法乎自然之理。"(《素问玄机原病式》序)这里的道、理无疑都是理学的核心概念。而在诸多概念中,"理"这一概念又显得格外突出。如刘完素讲:

> 夫圣人之所为,自然合于规矩,无不中其理者也。(《素问玄机原病式》序)
>
> 故触类而长之,莫不有自然之理也。(《素问病机气宜保命集》卷上)

张从正讲:

> 司气用寒时,用药者不可以寒药;司气用热时,用药者不可以热药,此常理也。(《儒门事亲》卷二)

李杲讲:

> 食塞于上,脉绝于下,若不明天地之道,无由达此至理。(《内外伤辨惑论》卷下)

由此,理学之于医学的影响可见一斑。另《易》学在当时的医学中也受到重视。如前所见，刘完素将易、儒、医三教并列，以为其门三，其道一。又张从正讲："观卦者，视之理也。视者，目之用也。""颐卦者，养之理也。养者，口之用也。""口目常动，故风生焉。"(《儒门事亲》卷二)李杲讲："《易》曰：两仪生四象，乃天地气交，八卦是也。在人则清浊之气皆从脾胃出，荣气荣养于身，乃水谷之气味化之也。"(《脾胃论》卷下)此外还有其他一些思想和理论的影响，如王好古在其《阴证略例》中说："《中庸》曰：致中和，天地位焉，万物育焉，而况医乎！"朱震亨在其《格致余论》中说："古人以医为吾儒格物致知之一事。"这里的格致、中和也都是理学所感兴趣的问题。

通过以上的考察，我们不难看到宋元时期医学与儒学或理学之间的密切关系。

第十一节 朱熹的科学思想

朱熹不仅是一位哲学家，其所涉猎的问题非常之多。《宋元学案》中称朱熹是"博极群书，自经史著述而外，凡夫诸子、佛老、天文、地理之学，无不涉猎而讲究也"(《宋元学案》卷四九《晦翁学案》)。这其中有许多就是今日所谓科学问题，学者们也普遍注意到朱熹有丰富的科学思想，故这里有必要作专门的考察。

一、朱熹科学思想的背景

与沈括相同，朱熹的科学思想也是有深厚的时代背景的。如前面考察所见，宋代在各个知识领域皆取得突出成就。尤其重要的是，这一时期的学者普遍对自然怀有兴趣，各门学科都涌现出大量的著述，这些都是朱熹思想的知识基础。而作为思想，如我们所知，北宋诸子大都对天文、历数等有所研究。仅以理学思想渊源二程为例，如前所见，其对于格物与穷理都有过论述。程颢就说："天地万物之理，无独必有对，皆自然而然，非有安排也。每中夜以思，不知手之舞之，足之蹈之也。"(《程氏遗书》卷一一)程颢的这段话固然可以从哲学意义来理解,但是我们又应当看到在其哲学体悟的背后其实是由科学知识作为支持的,其包含了一种对于自然之理参透的喜悦。又如程颐对火的产生也作过解释,其中就包含了摩擦生热的思想,他说:"动极则阳形也,是故钻木戛竹皆可以得火。夫二物者,未尝有火也,以动而取之故也。击石火出亦然。"(《程氏粹言》卷二)这些都是朱熹从当时思想中可以直接获得的资源。总之,从北宋到南宋,探究自然之理已经在学者中蔚然成风,而这正是朱熹时代的环境或背景。

也因此,对朱熹科学思想的考察实际是作为一个有代表性的个案,我们所考察或观看的是当时的思想家对于知识的兴趣程度。

二、关于天文

朱熹的天文学思想是十分丰富的,前面所考察的有关宇宙演化与结构理论就是其中一个十分重要的内容,这里再就其他天文思想作一些考察。

据乐爱国的研究,朱熹最早开始研究天文是在乾道七年(1171)。是年,朱熹41岁,其在《答林择之》中写道:"竹尺一枚,烦以夏至日依古法立表以测其日中之景,细度其长短。"(《朱文公文集》卷四三)之后,朱熹长期关注并研究天文问题。乐爱国对朱熹于 1174、1186、1187、1188、1189、1195、1196、1198 年等年份的相关研究作了详细的考察。考察表明,朱熹所涉及的问题包括日食、恒星位置、日月运行轨道、月亮盈亏变化的原因、北极星的位置以及是否移动、岁差、置闰等,另外,朱熹也十分关注观测仪器的问题。[①]

具体地,如朱熹说日食:"然窃尝观之,日月亏食,随所食分数,则光没而魄存,则是魄常在而光有聚散也。所谓魄者在天,岂有形质邪? 或乃气之所聚而所谓终古不易者邪?"朱熹进而对沈括的看法表示了赞同:

---

① 参见乐爱国《宋代的儒学与科学》,第 90—98 页。

"日月之说,沈存中《笔谈》中说得好,日食时亦非光散,但为物掩耳。若论其实,须以终古不易者为体,但其光气常新耳。"(《朱文公文集》卷四七《答吕子约》)朱熹也与蔡元定一起结合《星经》和《步天歌》讨论过二十八宿序次即恒星的位置问题:

> 《星经》紫垣固所当先,太微、天市乃在二十八舍之中,若列于前,不知如何指其所在? ……近校得《步天歌》颇不错,其说虽浅而词甚俚,然亦初学之阶梯也。(《朱文公文集》卷四四《答蔡季通》)

再如朱熹还解释过月亮中阴影与地球的关系,他说:"或问:月中黑影,是地影否? 曰:前辈有此说,看来理或有之。然非地影,乃是地形倒去遮了他光耳。如镜子中被一物遮住其光,故不甚见也。盖日以其光加月之魄,中间地是一块实底物事,故光照不透,而有此黑晕也。"(《朱子语类》卷二《理气下》)

又据乐爱国,朱熹晚年的许多著述都大量涉及天文学知识。这包括1195年成书的《楚辞集注》、1196年撰写的科学论文《北辰辨》、同年编纂的《仪礼经传通解》中的《历数》以及《夏小正》等、1198年所注释的《尚书》中的《尧典》与《舜典》。如《楚辞集注》中就对以往历法中朔望月与太阳关系的说法提出质疑,"历象旧说,月朔则去日渐远","既望则去日渐近","至晦而朔,则又远日而明复生","此说误矣"。又如所注《尧典》中讨论了岁差和置闰等问题,所注《舜典》中对浑仪结构作了描述。

不难看出,朱熹对于天文学问题有广泛的涉猎。

这里我们应看到,朱熹通过天文学研究也注意到哲学与科学视角的区别,他说:

> 理无内外,六合之形须有内外。日从东畔升,西畔沉,明日又从东畔升。这上面许多,下面亦许多,岂不是六合之外! 历家算气,只算得到日月星辰运行处,上去更算不得,安得是无内外。(《朱子语类》卷一《理气上》)

这提示我们,对于朱熹思想的考察须注意其语境,或者说须注意其所论述的问题,由于问题或语境不同,其立场或观点也会有所不同。形象地说,也就是哲学地看,还是科学地看。其实,即便同样是哲学地看,可能也会有微妙的差别。而若究其根源,其中也应有科学或知识因素的影响。注意这些,都有助于我们对朱熹的思想做出更为丰富、完整的理解和解读。

三、关于气象和地理

朱熹的思想中还涉及有大量的气象与地理问题。

朱熹曾解释过雨、雾、霜、雪、露等各种气象的原因。如关于风:"风只如天相似,不住旋转。今此处无风,盖或旋在那边,或旋在上面,都不可知。如夏多南风,冬多北风,此亦可见。"又如关于霜、露、雪、雾、雨等现象:"霜只是露结成,雪只是雨结成。古人说露是星月之气,不然。今高山顶上虽晴亦无露,露只是自下蒸上。""高山无霜露,却有雪。某尝登云谷,晨起穿林薄中,并无露水沾衣,但见烟霞在下,茫然如大洋海。""或问:高山无霜露,其理如何? 曰:上面气渐清,风渐紧,虽微有雾气,都吹散了,所以不结。若雪,则只是雨遇寒而凝,故高寒处雪先结也。"(《朱子语类》卷二《理气下》)"盖露与霜之气不同,露能滋物,霜能杀物也。又雪霜亦有异,霜则杀物,雪不能杀物也。雨与露亦不同,雨气昏,露气清。气蒸而为露,如饭甑盖之,其气蒸郁而汗下淋离。气蒸而为雾,如饭甑不盖,其气散而不收。雾与露亦微有异,露气肃,而雾气昏也。"(《朱子语类》卷一〇〇《邵子之书》)这其中,有些研究是很深入的,例如关于雪花:

> 雪花所以必六出者,盖只是霰下,被猛风拍开,故成六出。如人掷一团烂泥於地,泥必溅开成棱瓣也。又,六者阴数,大阴玄精石亦六棱,盖天地自然之数。(《朱子语类》卷二《理气下》)

此外,还有雷、雹等,如:

> 雷如今之爆杖,盖郁积之极而迸散者也。
>
> 正是阴阳交争之时,所以下雹时必寒。今雹之两头皆尖,有棱道。凝得初间圆,上面阴阳交争,打得如此碎了。"雹"字从"雨",从"包",是这气包住,所以为雹也。(以上见《朱子语类》卷二《理气下》)

当代学者认为,朱熹的这些探索和解释有些已很接近事实。[1]

在地理学方面,与沈括一样,朱熹也很重视实地考察材料的意义。也正是以此为基础,朱熹建立起自己的一些见解。如对地理地貌变迁的认识就是其中一个方面。关于地理地貌变迁,沈括曾有过描述,朱熹在前人的基础上进一步解释道:

> 常见高山有螺蚌壳,或生石中,此石即旧日之土,螺蚌即水中之物。下者却变而为高,柔者变而为刚,此事思之至深,有可验者。
>
> 今高山上多有石上蛎壳之类,是低处成高。又蛎须生於泥沙中,今乃在石上,则是柔化为刚。天地变迁,何常之有?(以上见《朱子语类》卷九四《周子之书》)

对此,李约瑟和梅森等科学史家都有过十分积极的评价,李约瑟称其在地质学上具有重要意义;梅森认为它代表了中国科学最优秀的成就。[2]当然,朱熹上述考察并不止于地理知识,其实际也深化了从哲学角度对变化的理解。此外,结合实地考察,朱熹还发现《禹贡》中关于南方地理记载与实际存在着不合之处,并加以考订。朱熹说:"盖禹当时只治得雍冀数州为详,南方诸水皆不亲见。恐只是得之传闻,故多遗阙,又差误如此。"朱熹还分析说:《禹贡》地理,乃因治水所需,故"不须大段用心,以今山川都不同了。理会禹贡,不如理会如今地理。如禹贡济水,今皆变尽了"(《朱子语类》卷七九《尚书二》)。这种对实考的重视不仅是整个时代

---

[1] 参见卢嘉锡总主编、席泽宗分卷主编《中国科学技术史·科学思想卷》,第 422 页。
[2] 分别见〔英〕李约瑟:《中国科学技术史》第五卷《地学》,第 266 页,北京,科学出版社,1976;〔英〕梅森:《自然科学史》,第 75 页。

的一部分,也向我们呈示了朱熹思想中最接近或最符合科学精神的一面,包括与整个时代相一致的怀疑精神。

四、对于朱熹科学思想的评价

李约瑟从科学史以及科学与哲学关系的角度给予朱熹很高的评价。李约瑟称朱熹是"中国历史上最高的综合思想家"①。李约瑟又引修中诚的看法:"朱熹在他的模式中给予'气'以如此重要的地位,就为在中国强调实体扫清了道路,正如后来莱布尼茨也许是第一个在欧洲为强调'关系'扫清了道路。"②进而,李约瑟对亚里士多德与朱熹加以比较,并指出:"除了亚里士多德和朱熹在概念上的基本分歧以外,他们的思想在这里是并行不悖的。朱熹以其中世纪的方式肯定理和气的普遍的互相渗透,反映了近代科学的立足点。"③李约瑟还说:"中国的世界图式经过朱熹和理学家们加以系统化之后,它的有机论的性质就通过莱布尼茨(1646—1716)的媒介传入西方的哲学思潮。如果真是如此,那么,它的重要性就怎么估计也不会过高。"④

乐爱国就前人有关朱熹这方面的评价做过更多的搜集。在哲学史与思想史方面,如胡适说:"从某些方面来说,朱子本人便是一位科学家。"⑤钱穆说:"若从现代观念言,朱子言格物,其精神所在,可谓既是属于伦理的,亦可谓是属于科学的。朱子之所谓理,同时即兼包有伦理与科学之两方面。"又说:"以朱子观察力之敏锐,与其想象力之活泼,其于自然科学界之发现,在人类科学史上,亦有其遥遥领先,超出诸人者。"⑥又从事科学史研究的学者如胡道静说:"朱子对于自然界林林总总的万物之理,亦潜心考察,沉思索解,常有独到之见,能符合科学研究所得出

---

① 〔英〕李约瑟:《中国科学技术史》第二卷《科学思想史》,第 489 页。
②③ 同上书,第 510 页。
④ 同上书,第 528 页。
⑤ 胡适:《胡适口述自传》,《胡适全集》第 18 卷,第 444 页,合肥,安徽教育出版社,2003。
⑥ 分别见钱穆:《朱子学提纲》,第 131、206 页,北京,生活·读书·新知三联书店,2002。

的法则……是我国历史上一位有相当成就的自然科学家。"①对此,乐爱国还搜集有更多的材料。②

无疑,这些评价都有助于我们深入了解和准确判断朱熹的科学思想及其地位。我们会发现,从科学史的角度来看,朱熹对于知识的兴趣或研究与沈括对于知识的兴趣或研究其实可能并没有什么根本的不同,与同时期许多其他知识活动也并没有什么根本的不同,它们其实都体现了一种求知、穷理、怀疑、探索的时代精神。当然,这也有助于我们思考朱熹科学思想与哲学思想的关系,这些科学思想是孤立的吗? 是仅仅局限于知识领域的吗? 抑或是朱熹整个思想的一个重要组成部分? 甚至是其哲学思想的一个重要组成部分?

第十二节 科学与思维方法

与前代一样,宋元时期的科学与哲学在思维和方法上仍有不少相同之处,例如推理与论证;也有一些虽不尽相同,但它们在精神上却有相似之处,例如哲学中的格物与科学中的观察与实验。此外,这一时期的思维也出现了一些新的特质,如怀疑、批判精神以及具体、精细化风格,并且这些特质显然是集体或普遍性的,而非是个体或偶然的。值得我们注意的是,科学方法对包括哲学在内的学问方式具有主导性的影响(而这与该时期哲学观念、概念以及思想对科学的主导性影响是有区别的)。包括考察、实验方法以及专注、精细思维等不仅广泛地成为一个时代的科学精神,而且也影响到这一时代哲学的思维与学问方式,并且会进一步延续影响到后世的学问方式以及相应的认识论和价值观。

---

① 胡道静:《朱子对沈括科学学说的钻研与发展》。见《朱熹与中国文化》,上海,学林出版社,1989。
② 参见乐爱国《宋代的儒学与科学》,第88、89页。

一、观察与考察

如果说，"格物"为这一时代提供了一种思维和方法的哲学基础，或者说提供了一种观念，那么，观察与考察则是这一时代重要的科学工具，当然，在一定程度上，"格物"观念、思想与具体的观察和考察方法之间又是存在联系的。

宋元时期的人们十分注重对自然现象的观察。沈括在《梦溪笔谈》中记述："予奉使河北，边太行而北，山崖之间，往往衔螺蚌壳及石子如鸟卵者，横亘石壁如带。此乃昔之海滨，今东距海已近千里。所谓大陆者，皆浊泥所埋耳。"（《梦溪笔谈》卷二四《杂志一》）这是对一种地质地貌变迁的观察和思考。范成大的《吴船录》对峨眉山植物分布做了记录："大抵大峩之上，凡草木禽虫，悉非世间所有。昔故传闻，今亲验之。余来以季夏，数日前雪大降，木叶犹有雪渍斓斑之迹。草木之异，有如八仙而深紫，有如牵牛而大数倍，有如蓼而浅青。"这实际是一种植物地理的观察。罗愿的《尔雅翼》中对不同植物的特性都有详细记载，如其中"兰"条云："予生江南，自幼所见兰蕙甚熟。兰之叶如莎，首春则苗其芽，长五六寸，其杪作一花，花甚芬香。大抵生深林之中，微风过之，其香蔼然达于外，故曰芝兰生于深林，不以无人而不芳。"另外如燕肃的《海潮论》记载了对潮汐变化的仔细观察："今起月朔夜半子时，潮平于地之子位四刻一十六分半，月离于日在地之辰。次日移三刻七十二分，对月到之位，以日临之次，潮必应之。"值得注意的是，在当时，不仅科学活动非常注意观察方法的运用，并且不少哲学家们也自觉地使用观察这样一种方法。例如我们所看到的张载、二程、朱熹在天文学、地理学以及生物学中所做的大量的观察。这些观察既是哲学论证的需要，同时在其中我们也可以看到在当时哲学与科学之间的密切关系，从本质上说，它们是整个时代观察风尚的一个部分。

观察又与考察密切相关。沈括对于地质地貌的观察、范成大对于植物地理的观察其实都是在实地考察中获得的。又北宋学者胡瑗也有相关的论述,他说:"学者只守一乡,则滞于一曲,隘吝卑陋。心游四方,尽见人情物态,南北风俗,山川气象,以广其闻见,则为有益于学者矣。"(《安定言行录》)可见考察在当时绝非个别现象,甚至一些思想家也介入了进来,例如朱熹。而更重要的是,这样一种考察又是明清时期更大范围考察的先声。[1]

二、实验

在实验方面,沈括所做的工作是最为典型的。沈括对于共振问题有深入的研究,并且反复做过实验。例如:"予友人家有一琵琶,置之虚室,以管色奏双调,琵琶弦辄有声应之,奏他调则不应。宝之以为异物,殊不知此乃常理。"(《梦溪笔谈》卷六《乐律二》)又如:"欲知其应者,先调诸弦令声和,乃剪纸人加弦上,鼓其应弦,则纸人跃,他弦即不动。声律高下苟同,虽在他琴鼓之,应弦亦震,此之谓正声。"(《补笔谈》卷一《乐律》)以上都是对共振实验的生动记录。沈括为了证明光以直线的方式传播,也专门做了观察实验。他在窗上开一小孔,于屋内观察鸢影与鸢的飞行方向的关系。实验的结果表明"影与鸢遂相违,鸢东则影西,鸢西则影东"(《梦溪笔谈》卷三《辨证一》)。与此相类似,他还做过塔楼之影穿过窗孔的实验以及阳燧照物的实验。而所有这些都是为了证明光的直线传播。虽然这样一种实验在先秦时已为后期墨家所做过,但由于《梦溪笔谈》的广泛传播,所以其影响十分深远。此外,在磁学方面,沈括对指针的精确度、稳定性以及易于旋转等方面的问题有所考虑,并且提供了多种方法,其中悬丝法尤为科学,经今天的学者研究,这样一种方法对于指针的顺畅旋转非常有利,从而能保证其精确性。[2] 除了沈括,还应注意宋元之间的赵友钦的小孔成像实验,因为这一实验与以往的实验相比更有意义。

---

[1] 卢嘉锡总主编、席泽宗分卷主编《中国科学技术史·科学思想卷》第六章中对此作了较多的搜集和整理,本书参考了这一工作。

[2] 参见蔡宾牟、袁运开《物理学史讲义——中国古代部分》,第184页。

这主要体现在：其较之以往同类实验都要更为复杂，因此所得到的观察要更加丰富；实验设了对照组，这有利于对实验结果加以比较；实验装置相对固定，这有利于实验可以重复进行。

应当注意的是，这样一种实验与"格物"、"穷理"思想之间可能存在的内在联系。同时我们应当看到，沈括的这样一些实验与欧洲文艺复兴时期及以后出现的兴趣与工作非常接近。

三、推理

推理是宋元时期哲学与科学所共同使用的一种重要方法。

邵雍的先天象数学理论不仅提供了一种数学解释，而且也提供了一种演绎即推理方法。如《皇极经世·观物外篇上》中所讲的："八卦相错，然后万物生焉。是故一分为二，二分为四，四分为八，八分为十六，十六分为三十二，三十二分为六十四。……十分为百，百分为千，千分为万。犹根之有干，干之有枝，枝之有叶。愈大则愈少，愈细则愈繁。合之斯为一，衍之斯为万。"不难看出，这既是一种理论，也是一种典型的演绎推理。

而这样一种思维对于科学活动显然也产生了深刻的影响。以数学为例，如李冶说："苟能推自然之理，以明自然之数，则虽远而乾端坤倪，幽而神情鬼状，未有不合者矣。"(《测圆海镜》序)秦九韶也在论及数时，说："其用本太虚生一，而周流无穷，大则可以通神明，顺性命；小则可以经世务，类万物，讵容以浅近窥哉？"(《数书九章》序)可以看到，这里所体现的思维与所使用的方法与邵雍的象数思维与方法有着相同之处。何以李冶、秦九韶的数学思想会与邵雍的思想有相同之处，这就在于数学活动从本质上说是一种演绎推理，并且也正是在这个意义上，宋元时期的数学与象数学或哲学有着密切的联系。

此外，沈括的科学活动中也包含了大量的推理方法的应用，例如《梦溪笔谈》卷七《象数一》中就曾依据"五运六气"理论来预报降雨："熙宁中，京师久旱，祈祷备至，连日重阴，人谓必雨。一日骤晴。炎日赫然。"时沈括因事入对，上问雨期，沈括对曰："雨候已见，期在明日。"但"众以谓频日晦潆,尚且不雨,如此旸燥,岂复有望?"而"次日,果大雨"。沈括就此推理道:"是时湿土用事,连日阴者,从气已效,但为厥阴所胜,未能成雨。后日骤晴者,燥金入候,厥有当折,则太阴得伸,明日运气皆顺,以是知其必雨。"当然,这是一种因果推理,这样一种推理更多的是建立在经验基础之上的。

四、具体、精细的思维方式与怀疑、批判的科学精神

首先,这一时期具体、精细化的思维方式是十分明显的,尤其是在宋代。如前面考察所见,在宋代,这种具体、精细化的思维方式是全方位或全景式的,它体现在包括天文学、数学、医学以及生物学在内的科学活动中,也体现在艺术如诗歌、绘画中。这里,我们可以医学这样一个通常被认为经验性较强、整体感较强并且不十分精确的学科为例。如前所述,唐代医学只设四科,到宋代增至九科,而元代更增至十三科。分科的增加或细化无疑体现了思维的具体性。这一时期,解剖学也有了更大的发展,出现了《欧希范五脏图》、《存真图》这样的解剖图,分别对肝、肾、心、腹腔、血管、消化、泌尿、生殖系统等有较详尽的描述,这无疑是精确思维的体现。特别是这时还出现了《洗冤录》这样的法医学著作。《洗冤录》的作者是南宋时期的宋慈。宋慈在《洗冤录》中尤重检验,其讲:"狱事莫重于大辟,大辟莫重于初情,初情莫重于检验。"(《自序》)又讲:"临时审察,切勿轻易,差之毫厘,失之千里。"(《疑难杂说》上)《洗冤录》也广泛外传,已有 19 种译本。总之可以这样说,具体、精细化的思维方式是宋代文化的普遍精神。值得注意的是,这一时期具体、精确的思维方式与"格物"、"穷理"的观念之间也应当存在着某种联系。一方面,"格物"、"穷理"的观念必然会导致更加关心具体事物。科学自不待言,我们应当看到,宋元时期科学技术与思想之所以取得如此杰出的成就就是这样一种关心的必然结果。这其中又尤以生物学最为典型,具体如大量的动植物谱录以及像郑樵辨识鸟兽草木之名这样的工作。另一方面,我们也可以这样来认识,即"格物"、"穷理"观念在很大程度上又是以知识活动的实

践作为基础的,是对这样一种实践的反映。

这一时期的怀疑与批判精神在前面沈括的科学思想一节中已有过考察,如沈括对以往漏刻家的批评、对唐代卢肇关于太阳引起潮汐的观点的批驳,此外又如燕肃关于钱塘江潮的不同解释,刘蒙的《菊谱》对历史记载所持的怀疑,朱熹对《禹贡》的怀疑,陈景沂在《全芳备祖》中对"识于鸟兽草木之名"的辩解以及对于所谓"玩物丧志"观点的批评,金元时期医学四大家不拘一格的创造性,郭守敬对以往历法中上元积数观念与方法的彻底废除等等。我们看到,这里面不仅有对他说,也有对历史记载和传统,甚而至于有对经典与主流的观念,所有这些其实都体现了一种怀疑与批判的科学精神。并且,这其中不仅有科学家,也有思想家,广义地说,这是这一时期学者的基本状况。由前面的考察可知,汉代王充就具有强烈的怀疑和批判精神,但那是一个个体,而我们在宋元时期所看到的怀疑与批判精神则是普遍的现象。尤为重要的是,这些普遍的怀疑与批判精神又几乎都与科学活动有关。对这其中的意义不可小视。因为这一怀疑与批判精神显然与中国社会历来注重或强调历史和经典的保守传统是背道而驰的。有理由这样说,正是宋元时期建立在科学活动之上的怀疑与批判精神在中国古代过分强调传统和经典的坚固城墙上打开了一个缺口。并且这样一种怀疑与批判精神也在很大程度上赋予或规定了同时代的哲学思想以某种相应的面貌。更推而言之,明代以后思想界的自由风气、启蒙与批判思潮以及再后的学术界对于经典普遍的科学态度又都不同程度地与此相关。

第十三节　全面和正确认识理学或儒学对于科学的态度以及对于科学的影响

全面和正确认识理学或儒学对于科学的态度以及对于科学的影响是十分重要的,也是十分有意义的。

首先,我们必须要看到程朱理学在格物问题上所存在的似乎是自相矛盾的思想与论述。一方面,无论是二程还是朱熹都曾讲过一草一木之中亦有理的话,也曾讲过于一草一木中格物穷理的话,如程颐说:"一草一木皆有理,须是察。"(《程氏遗书》卷一八)朱熹说:"虽草木,亦有理存焉。一草一木,岂不可以格?"(《朱子语类》卷一八《大学五》)但另一方面,他们又讲格一草一木并不是最重要的学问,例如朱熹说:"格物之论,伊川意虽眼前无非是物,然其格之也,亦须有缓急先后之序,岂遽以为存心于一草木器用之间而忽然悬悟也哉!且如今为此学而不穷天理,明人伦,讲圣言,通世故,乃兀然存心于一草木器用之间,此是何学问!如此而望有所得,是炊沙而欲其成饭也。"(《朱文公文集》卷三九《答陈齐仲》)

但我们应当清楚,对于程朱来说,这样的矛盾可能并不存在,因为他们都十分明确地强调,伦理道德在其理学中居于核心地位,而其他如科学知识实则位于从属地位。[①] 这实际也是程朱的基本价值观。这里就需要我们调整自己的观察视角。确切地说,就是我们不应站在今天的立场来看古代的科学观或科学价值观,而是应当站在古代的立场来看当时的科学观或科学价值观。之所以要这样,就是因为我们今天对于科学的态度和观念实际已经受到近现代科学观的充分洗礼,也受到近现代科学价值观的充分洗礼。但古人却不是这样,他们只能给予或提供属于他们那个时代可能给予和提供的东西。对于程朱而言,态度是很明确的,即道德第一,知识第二。换言之,这也是世界范围古代文化的普遍准则。也就此而言,要求古代思想家必须具有对知识充分重视的想法其实是不切实际的,也是十分幼稚的,甚至是蛮横的。这应当是我们考察他们的"科

---

① 极而言之,理学家们所关心的自然现象往往是"大尺度"的,它主要体现在宇宙论以及相连带的天文、气象和地理知识上,而这些都是为了更好地阐述其"理"、"气"这样一些核心概念及其思想。所以尽管程朱等人强调格物致知和格物穷理,甚至说"一草一木"、"一器一用"之中皆有"理"可格,但总的来说,他们对于那些过于具体的"事物"及其"理"的确是不甚重视的。在程朱等理学家看来,这样一些"物"和"理"并不是他们所关注和强调的"物"和"理"的核心内容,这些知识与他们所考虑的道德问题没有实质性的关联,也和他们所考虑的本体问题没有实质性的关联。对此,我们其实也不必过于计较。毕竟不同的领域有不同的关怀,实证研究并非哲学之特征。

学"态度,也是我们能够或应当之于他们的"合理"要求。而恰恰在这里,理学家或者理学(也包括更广泛意义的儒学)有可能是较合理地或较完整地设计了属于他们那个时代的文化结构,包括建立起了较为合理的知识观。从哲学与科学的关系或者说从伦理与科学的关系来说即是:它一方面肯定自然知识在全部认识中的地位和意义,给予科学知识以生存的空间和发展的机会;另一方面又捍卫了理学或道学的尊严,也即捍卫了道德的尊严,指出这样一种道德所应当具有的至高无上的地位。并且还值得我们注意的是,如与同时期西方基督教相比,这在当时很可能是一种"更为合理"或"更为合适"的态度;而与同时期的伊斯兰教文化及其所取得的成就相比,我们也可以看到其中在很大程度上的相似性。当然,这并不是说,这样一种结构与价值观就是完美的,或者没有缺陷的。

然而即便如此,理学或儒学对于同代以及后代的科学发展的积极意义仍是不可忽略的。

例如在前面的考察中我们清楚地看到,理学或儒学的许多思想(也包括涉及重大命题或问题的思想)并不仅仅具有哲学的意义,它同时也与科学活动有着紧密的关系。以"穷理"思想为例,理学对于穷理的强调明显是有知识与认识基础的,这离不开同时代科学实践所提供的材料,也离不开前代认识所提供的资源。但我们应当看到,从认识的资源、知识的材料上升为"穷理"的观念与思想,这之中毕竟包含了理学思想家自身的判断和识见,而这种判断和识见本身无疑是一种重大的跨越和突破。而通过考察,我们不仅看到这一观念和思想在哲学自身认识论层面的正面意义,也看到这一思想对于相当广泛的科学领域的积极影响,并且如前面所指出,这种影响将持续到明清两代,乃至向近代敞开大门。

又如我们还清楚地看到,一些思想家如何亲身参与某些科学活动,不少儒家学者如张载、朱熹从儒学研究的需要出发来研究自然知识,但却也培养起了对于自然知识的兴趣,以至于我们今天已难以确定他们究竟是出于儒学研究的需要,还是纯粹出于个人的兴趣,这同样也作为这一时代科学活动的一个不可忽略或分割的部分。我们应当看到,作为哲学的观念、思想、概念如此广泛地与科学活动相交流、相融合,特别是作为儒学思想家或学者对于科学知识表示出如此浓厚的兴趣并广泛而自觉地参与科学活动,这在中国知识与思想关系史上是不多见的。这反映了价值观上的变化。虽说这一变化并非根本,但可以这样说,正是这观念上迈出的一小步,却导致社会实践上迈出的一大步。

从更广泛的意义上说,儒家文化在南北朝和隋唐时期面临前所未有的危机感,这可以在当时不少儒家思想家如范缜、韩愈的相关论述中清楚地看到。这种状况到了宋代以后有了根本性的改变。而这种状况的改变,也即宋代理学对于唐代佛学的替代,宋代哲学对于唐代宗教的替代,都不仅仅是出于哲学或思想上的原因,它还包含有知识与思维上所提出的要求,也即它有整个文化背景的因素。换言之,儒家对于佛教哲学乃至包括佛教和道教在内的"清算"是一种全面的清算;儒家对于传统文化的"收复"也是一种完整的收复。毫无疑问,在这之中,哲学、科学以及这二者的关系都是十分重要的内容,都是最大的"受益者"。并且在这一收复中,他们也是休戚与共的同盟者。

宋元时期哲学与科学的密切关系直接导致了这样两个结果:一方面,儒学的发展使得越来越多的知识部门儒学化;另一方面,由于知识的加入又使得儒学具有越来越多的知识内涵。不少研究中国科学史的学者也都注意到理学或儒学与科学的这种契合关系。如李约瑟在一段与朱熹相关的论述中就说道:"不管读者是否倾向于接受我的解释,至少理学的世界观和自然科学的观点极其一致,这一点是不可能有疑问的。"[①]又如乐爱国的《宋代的儒学与科学》中认为,宋代儒家对于科学的关系可以分为三个圈层,最外面的是对自然知识有一般兴趣的儒者,中间是对科学有一定研究并撰有著作的儒者,核心层则是在科学上有显著成就并可以被称为科学家的儒者,而这部分人又可以叫作"儒者科学家"。又该书的第九章"宋学与宋代科学发展的关系"中也分三节讨论了宋学或理

---

① 〔英〕李约瑟:《中国科学技术史》第二卷《科学思想史》,第526页。

学与科学的这种契合关系,包括:宋儒对自然知识的重视与研究;宋学精神与概念对科学的影响;宋学对宋代科学发展的作用。乐爱国指出:由于宋代儒家重视并研究自然知识,儒学与科学之间的关系发生了很大的变化,这包括:科学在儒家文化中的地位得到提升;越来越多的儒家学者或具有儒学背景的儒者从事科学研究工作;儒学对于科学的影响更为明显。①

当然,理学与科学的关系可能还远较此来得复杂,例如宋代的理学与元代的理学不一样,宋代的理学与明代的理学更不一样。一般来说,越是往后,理学空疏的学风也越加明显。因此当我们说理学对科学的影响时是要做出区分的。不过,哲学对于科学的影响也有某种滞后性,所以元代包括明代又可能是充分"享受"程朱理学格物思想的时期,在这方面,宋元数学四大家和金元医学四大家对于理学思想的运用就是一个明证,明代诸多科学大家与巨著的出现也是一个明证。

此外还值得我们注意的是,宋元时期的科学价值观并非是完全由哲学单独主导的,科学活动本身也有自己的"声音"。如从前面的考察中我们得知,宋元时期农学与生物学发展迅速,各种动植物谱录纷纷问世,层出不穷,而这些谱录就是关乎"草木虫鱼"的。由于理学家在这个问题上发表过意见,因此当时有不少学者就此展开了属于我们今天所说的科学观的讨论,其中也包括对理学家看法所提出的质疑和批评。如叶大有在王贵学所著《王氏兰谱》的序中说:"窗前有草,濂溪周先生盖达其生意,是格物而非玩物。""夫草可以会仁意,兰岂一草云乎哉?君子养德,于是乎在。"叶大有认为养草"是格物而非玩物",且与养德并行不悖,"君子养

---

① 参见乐爱国《宋代的儒学与科学》,第 79、81、166—178 页。又乐爱国对整个中国古代儒家与科学的关系有很高的评价。其认为:"中国古代科学孕育于以儒家文化为主流的中国传统文化之中,儒家文化与古代科学的关系,不仅表现为儒家包容科学,儒家学者研究科技,表现为儒家文化具有科学的内涵,同时也表现为儒家文化对于古代科学的影响。"这种影响具体有以下几个方面:(1)科学家与儒学密切相关;(2)儒家文化培养科学家的人格素质;(3)儒家学说的价值观影响科学研究的动机;(4)儒家经典成为科学研究的知识基础;(5)儒家的经学方法成为重要的科学研究方法;(6)儒家文化对古代科技特征的影响。见乐爱国:《儒家文化与中国古代科技》,第 293—306 页,北京,中华书局,2002。我想,乐爱国的上述评价放在宋元这一时期最为合适。

德,于是乎在"。又黄公泰为《续博物志》所作的跋说:"夫道固绝学,然岂必漫不省识一物而颓然以独造耶?《诗》识鸟兽草木之名,《易》知鬼神之情状,于道与有力焉。子在川上所见者水,而所取者道也。"黄公泰在这里也指出道学不应拒斥其他知识。而如前所见,陈景沂更在《全芳备祖》的序中说道:"余之所纂盖人所谓寓意于物,而不留滞于物者也,恶得以玩物为讥乎,且《大学》立教,格物为先,而多识于鸟兽草木之名,亦学者之当务也。"且"以此观物,庸非穷理之一事乎?"陈景沂指出观察研究鸟兽草木其实正是《大学》立教的传统,并且他对理学家所谓"玩物丧志"说提出了质疑甚至批评。[①] 所有这些都使得我们看到科学观的独立性,科学价值观的独立性。

我们由此也不难看到当时某种不同于程朱理学的观点,看到不少学者对于程朱理学中某些特定的知识观念或价值观念的矫正,我们也可以将其看作是对理学"格物致知"、"格物穷理"理论与学说的一种更加科学和正面的解读。这样一种科学和正面的解读有助于剔出程朱理学理论中的某些偏见或糟粕,有助于完善对于"格物致知"、"格物穷理"理论与学说的理解。应当看到,这样一些认识和观念在当时对于科学技术的发展也起着积极的作用。我们由此也得知,科学在哲学面前,并非完全是被动的,并非只是一种依附。科学活动有自己的独立意识,不少科学家知道如何接受哲学思想中有价值的东西,并剔除其中的杂质。在一定意义上,我们也看到科学如何从对儒学的依附关系中逐渐地摆脱出来,这其实又是哲学观念所无法设定的结果。而放在儒学发展的大背景中来看,这种知识线索及其观念的相对独立也未尝不是一种进步。从宋元到明清,伴随着科学的独立,我们越来越看到这种意识的确立和成熟。不只如此,它还会更加坚定而明确地向思想与观念发出声音,直至这种声音具有主导地位。

---

① 类似这样的影响可能还可以找到许多,详见卢嘉锡总主编、席泽宗分卷主编《中国科学技术史·科学思想卷》第六章第三节有关内容。

第六章　明清时期传统哲学与科学的终结

　　本章所考察的是明清时期的哲学与科学的关系。需要说明的是,本章中的清代部分主要是考察前期的状况,因为之后的状况由于自身发展的停滞、衰落以及西方知识因素越来越多地渗入已不具有代表性。

　　李约瑟认为:"直到17世纪中叶,中国的和欧洲的科学理论大致是并驾齐驱的,只是在那时以后欧洲的思想才开始迅速地冲上前去。"[①]应当说,李约瑟的这一判断是基本合理的。明清时期是中国古代历史的最后一个阶段,自然也是中国古代哲学与科学历史的最后一个阶段。这里所谓最后一个阶段可以从两个方面来理解:第一,是内在的。在这个阶段,无论是科学,还是哲学,都出现了具有总结性质的著作。这种情况不应当被理解为是偶然的,它表明中国古代的知识与思想系统的确已经登上了"巅峰",同样,它也可以理解为已经走到了"尽头"。这如同所有事物的发展一样,有顶峰,也有结束,并且顶峰本身就意味着结束。事实上,也有一些学科或领域在宋元时期就已经达到了顶峰,例如天文学与数学。当然,结束并不意味着没有发展,并不意味着一切停止。但此时,传统哲学与科学已临近尾声,这应当是毋庸置疑的。第二,是外在的。

―――――――――――――――

[①] 〔英〕李约瑟:《中国科学技术史》第二卷《科学思想史》,第329页。

恰逢此时,西方文明开始进入中国并且与中国传统文化发生碰撞、冲突。而在这种碰撞和冲突中,两种文化或文明的"优"、"劣"似乎显现了出来。在当时尤其是科学,先是天文学和数学,继而是工程技术、物理学、化学甚至于医学的某些方面,中国的知识传统在西方知识传统的有力和无情的冲击下纷纷"落败"。尽管有关孰优孰劣的许多具体问题还有待更长的时间才能解答,但至少在当时,古代文明与近代文明、农业文明与工业文明之间的差距是非常明显的,其凸现在人们眼前。以上可以说是明清时期科学与哲学所面临的基本状况,其中科学较之哲学,其结束传统历史的进程还要更早一些,这同样既有内在的原因,也有外在的原因。但与此同时,科学也较之哲学更先接触西方文化,先得近代之风气。

第一节　明清时期的知识背景与观念背景

我们先来看这一时期的科学背景。

就技术而言,建筑、造船技术在明代都已经达到顶峰。农业、手工业技术也取得相应的发展。中国古代的天文学在元代的郭守敬这里已经发展到巅峰,之后基本处于停滞状态。在明代,由于商业的发达,商业数学获得了极大的发展,数学实用化的特征日趋明显。属于物理学的声学在这一时期有重要的进展,朱载堉在前人的基础上发明了十二平均律。医学在这一时期也取得较大的进展,其中最为重要的就是温病学说的创立。明代以前,医学家对于治疗传染性疾病与非传染性热病的认识,实际上都没有超过《伤寒论》的范围。明清两代,经吴有性等人的努力,温病学说终于得以创立。温病学说的创立,开拓了认识传染性疾病的新的途径,并形成了与伤寒学派认识对立但却并驾齐驱的局面。此外,在明末,诸多总结性科学著作纷纷面世,这包括李时珍的《本草纲目》、徐光启的《农政全书》、徐霞客的《徐霞客游记》、宋应星的《天工开物》。总结性科学著作的普遍出现实际也意味着中国古代科学的"终结"。至清代,某些学科如医学虽仍有进展,但总体而言,中国传统科学技术已经面临西方科学技术的巨大冲击,并且在天文学、数学以及技术领域,缺口被一个接一个打开。与此同时,在方法上,传统的考据学风也开始逐渐显露出其脱离现实的弱点。至此,中国传统知识的发展已经走到了尽头,换言之,科学技术的发展实际已经完全进入到了一个新的局面和阶段。

我们再结合科学与哲学的关系对这一时期的状况作一个总体的描述。

首先来看明清时期科学与哲学的一些相似点。

明清时期科学与哲学的第一个惊人的相似点是在自身发展的逻辑进程中都步入了总结性的阶段。可以这样说,无论是科学,还是哲学,这一时期所涌现出的大家及其著作都给我们一种"回望"的感觉,因此也就平添了一份"终结"的性质。与此同时,明清的科学与哲学还有另一个惊人的相似点,这就是在中西文化的碰撞中两者几乎都是首当其冲。这也表明,文化的冲突首先总是知识与观念的冲突,其中知识是基础层面的,而观念则是核心层面的。这大概是明清时期的科学与哲学在境遇上的相同之处。不过,我们还可以在更为深厚的背景中考察两者之间的关系。

明人是在其前人宋元时期的知识与精神活动中获得现成的资料和财富。这样现成的资料和财富在科学中有天文学、数学以及农学、生物学和医学的巨大成就,在哲学方面则有理学包括心学的登峰造极。因此,明清时期无论是科学还是哲学,许多成果都是在前人的基础上取得的。这里所说的基础有知识的,有观念的,还有方法的。宋元时期儒家的理学也即哲学的一个重要传统就是强调"格物"与"致知",它是"八条目"中最为基本的内容。这样一个传统有自先秦时起就形成的深厚的哲学根源,也有理学自身对千百年来自然科学的发展、特别是其对哲学的意义的深刻认识。应当说这是宋元时期理学或儒家哲学的一个很有意义的工作,也是一个传统,尽管这一传统在当时有着诸多缺陷,但明清时期哲学与科学的根基在很大程度上就是植栽在这样一个传统的泥壤之中的。

我们看到，在哲学方面，明初的不少学者和士人是恪守程朱理学这一传统的，包括宋濂、刘基、方孝孺、杨士奇、曹端等，至明代末年以后，王夫之、顾炎武、颜元、戴震等人在认识论与方法论方面也很大程度上遵循或恢复（针对心学而言）了这一传统。而相比哲学来说，这样一种传统对于明清时期的科学甚至还更加有意义。事实上，明清时期所取得的大量科学成果，在不同程度上都是有"格物"、"致知"以及"穷理"思想作为观念或认识前提与背景的。像李时珍、朱载堉、徐光启、徐霞客、宋应星以及更多的科学家或学者往往从小都受到传统儒家文化的深刻熏陶。他们博览群书，钻研学问，而后几乎又都参加科举考试。虽应试最终有的成功，有的不成功，但在此过程中，儒家思想特别是理学中从启蒙教育就开始的一整套完整的与知识相关的认识理论已经深入人心。注意或强调这一点非常重要，我们应当充分认识宋明理学中"格物"、"致知"思维与观念的基本训练和长期濡养对于这一时期科学成就的深刻意义，甚至是对于所有个体和整个文化的深刻意义。

但是，明清时期科学与哲学活动也有各自的"特点"。

我们看到，明清时期的学者和思想家虽然一方面对前人的知识与思想体系有所继承，但另一方面他们又并没有完全继承前人的兴趣和传统，有些方面或有些时候甚至在相当大的程度上中断了这种兴趣和传统。如明代哲学在陈献章这里就开始发生了变化，其强调静坐对于修养的作用和影响。而这样一种变化终于在王阳明的心学这里走向成熟和导致某种极端，其最严重的后果就是导致空疏学风的出现，当然，空疏学风出现的原因也不唯心学，理学的僵化也是重要原因之一，它是不利于科学或知识活动的。而在科学方面，很重要的一个现象是明人放弃了在宋元时期曾取得巨大成就的天文学和数学领域的研究，这明显是一种"断裂"。这种状况的出现固然有各种外在的和内在的原因，其中也不能排除作为心学空疏学风的泛滥所产生的作用。毫无疑问，这样一些"断裂"并不仅仅只是现象,它会对同时期的知识界与思想界产生深刻的影响。

与此相关,我们看到这一时期的科学与哲学之间一度有很大的游离。这样一种游离在明代真切地达到了某种令人吃惊的状态。一方面是哲学彻底走向心学,而另一方面则是科学更加注重实用的内容。这两者所关心的问题以及所使用的话语显然是不同的。如与先秦、秦汉以及宋代作一对照,我们都明显可以感到那些时期哲学与科学的紧密联系。当然,这并不是说在明清时期的科学与哲学之间没有联系,但其明显因两种不同的话语及背后的兴趣而相互掣肘和割裂。应当看到,明清时期中国知识传统出现明显的停顿或滞后虽与同时期西方知识系统的发力有关,但上述游离也是一个十分重要的原因。

科学与哲学的游离只是当时科学与哲学关系状况的一种表现,事实上就整个历史发展而言,明清时期的中国思想、知识乃至整个文化都遇到了前所未有的复杂局面,这就是西方文明对中国文明的扰动和挑战。从明中叶起,西方传教士就开始进入中国,伴随而来的是越来越多的西方文化的输入。这其中,科学或知识系统可谓首当其冲。中国的知识系统最先与西方知识系统"遭遇"、"碰撞"或者说是"接战"。而"接战"的结果是,中国知识系统没有几个回合就已经"败下阵来",而且恰恰是在中国知识系统中最为核心与至上的部分:天文学领域以及与此密切相关的数学领域。在中国古代天、算、农、医四大知识领域中,这占了两门,并且是最"要命"的两门。这无疑是对中国知识与文化自信心的极大冲击。此后,"危机"迅速蔓延到更为广泛的知识领域,几乎没有多少领域得以保全"身家性命",并且中国在未来的过程中还将要承受无数次失败的痛苦打击。

这正是明清时期中国社会包括科学与思想所面对的局面。而与西方文化的深入接触,尤其是一而再、再而三的"失利"也促使当时一些学者不得不参照西方文化对自己的文化做深刻反思。这里特别值得注意的是徐光启所提出的"责实"、"求精"(《徐光启集》卷一《拟上安边御虏疏》)这样两种观念与思维。其中"实"包括两个方面,分别是实用和实证,前者主要是观念的,而后者则是思维与方法的。徐光启指出中国应将这样两个方面作为当务之急的问题加以解决。而考察表明,明清之际的科学以及明清之际以后的哲学或整个学术活动的确都与徐光启所说的这样两个问题有关,或者说都受到了这样两种观念与思维的深刻影响,由此我们不得不承认徐光启的卓识与远见。而这可以说是当时科学活动以及相应的哲学思考的最大特点。

还需要指出或强调的是:明清时期,观念与思维中新的变化是由科学率先提出的,关系文化及社会命运的重大问题也是由科学率先触碰的。知识或科学系统是一个温度计,是它最先感受中国文化与其他文明特别是西方近代文明的交往过程中自身的弱点与缺陷,并且它是那样的"真实";知识或科学系统也是一个风向标,是它最先感知并指示与先进文明或文化相比中国社会所需要改进的问题及其努力的方向,并且它是那样的"准确"。同时,科学也将它最敏锐、最真切的感受传递或告诉给哲学,正是在此基础上才有中国学术思想的种种变化,才有哲学层面的更为深刻的反思和觉醒。

以下的考察大致分为两个大的板块,从第二节到第五节,主要论述古代科学与哲学及其概念与方法的终结,第六节至第八节,主要论述中西学的接触、碰撞以及在此过程中所产生的新的思想。两大板块或有交叉、重合,这是因为明清时期新旧交替,关系极其错综复杂,但论述将尽量做到完整和清晰。

第二节　中国古代科学的终结

明清时期的科学活动一方面呈现出天文学和数学这样的理论和计算科学的衰落,另一方面也呈现出在农学、生物学、医药学以及物理学、音律学和具体技术活动方面的总结性特征。总的来说,与宋元时期相比,明清时期的科学思想是大大萎缩了,明清科学活动中的总结性要多于创造性,实用性要多于思想性,这一时期的传统科学在整体上已走向衰落,整个传统科学显现出终结特征,但在创造性上已经明显乏力。在本节中,我们着重考察农学、生物学、医药学的思想。

一、农学、生物学思想

中国古代农业一直以来就强调"因"天地之"宜"。这样一种观念在明清时期依然得到继承。例如"启原宜深,启隰宜浅"(《农说》);"轻土宜深,重土宜浅"(《知本提纲》),在这些观念或论述中仍可以清晰地看到自先秦时期《管子》和秦汉时期《吕氏春秋》、《氾胜之书》中就形成的相关思想。像前面考察所反复指出的,"宜"或"因"的观念与思维,说到底也就是强调天人之间的关系,强调顺应和遵循自然法则。如马一龙所说:"天有时,地有气,物有情,悉以人事司其柄。""知时为上,知土次之。知其所宜,用其不可弃;知其所宜,避其不可为。"(《农说》)这里,天、地、时、宜与人的关系清晰呈现。宋应星在他的《天工开物》中同样表达了这一思想,他说:"土脉历时代而异,种性随水土而分。"(《天工开物·乃粒第一》)以防止虫害的办法为例,不同地区是不同的,"陕、洛之间,忧虫蚀者,或以砒霜拌种子"(《天工开物·乃粒第一》)。"晋地菽、麦必用(砒石)拌种,且驱田中黄鼠害",而"宁、绍郡稻田必用蘸秧根,则丰收也"。(《天工开物·燔石第十一》)宋应星在这里不仅是关注和强调"宜"或"因"思想,而且关注和强调与"宜"或"因"密切相关的多样性和具体性问题。类似的思想在清代陈淏子撰写的《花镜》以及官方编修的《授时通考》中也都完好地被继承和保存。

不过在明清时期的农学与生物学活动中,人的因素或能力的意义、作用被进一步强调。在与自然的交往中重视人的地位和作用的思想早在先秦时期荀子的哲学中就已经萌芽。在具体生产实践中,汉代《氾胜之书》中的区种法理论最早强调了"人为"的意义。从魏晋南北朝到唐宋时期,类似的思想不断出现在农学和生物学中,也出现在炼丹术中。而这些思想同样也在明清时期得到延续并得到进一步的加强。

例如：

> （丘浚）土性虽有宜不宜，人力亦有至不至，人力之至，亦或可以胜天，况地乎！（《大学衍义补》卷一四）

> （马一龙）知时为上，知土次之，知其所宜，用其不可弃，知其所宜，避其不可为，力足以胜天矣。（《农说》）

> （吕坤）人定真足胜天。……夫冬气闭藏不能生物，而老圃能开冬花，结春实。（《呻吟语摘》卷上）

徐光启对于这一思想也有很充分的论述。他说：

> 若谓土地所宜，一定不易，此则必无之理。（《农政全书》卷二《农本》）

其又引丘浚的话说："土性虽有宜不宜，人力亦有至不至，人力之至，亦或可以回天，况地乎！"（《农政全书》卷二五《树艺》）这表明丘浚的思想对徐光启影响颇深。徐光启的这方面思想将在后面第四节的天人观念中再作详细考察。以后清人陈淏子也说：

> 能审其燥湿，避其寒暑，使各顺其性，虽遐方异域，南北易地，人力亦可以夺天功。（《花镜·课花大略》）

可以说，这样一种认识在明清时期实际已经形成了某种具有普遍意义的共识。如前所说，这样一种认识的普遍出现与园艺农业的广泛性有关，这也是自唐宋甚至更早一段时间以来的一个重要发展。自然农业与园艺农业这两者有很大的不同，园艺农业为人力所为提供了极大的空间。在这里，传统的自然农业连同它与自然关系的种种规定性有可能被极大地改变，这也已经为现代农业所充分证实。而我们要看到的是，这在中国古代其实早就有悠久且连续的认识历史。并且更有意义的是，中国古代特别是明代的人们在此基础上又进一步明确地提出了"人定胜天"的思想。毫无疑问，这样一种认识或思想无论是对于当时的农学、生物学，还是对于当时的哲学都是具有意义的。

二、医学思想

在明清时期的医药学知识中,也仍然可以看到传统哲学的影响及其内容。并且医学也成为这一时期具有总结性意义的代表性学科。

明清两代,温病学说创立并获得了极大的发展,这是这一时期最为重要的医学思想成果,其中尤以明代吴有性最为重要。崇祯十四年(1641),山东、河南、河北、浙江等地瘟疫流行,许多医家"误以伤寒法治之",致"枉死者不可胜计"。吴有性有感于时医"守古法不合今病,以今病简古书,原无明论",病人"不死于病,乃死于医;不死于医,乃死于圣经之遗亡也"。(《瘟疫论》自序)决心对瘟疫做深入研究。其最终写成《瘟疫论》二卷,补遗一卷,为温病即瘟疫学说奠定了坚实的基础。《瘟疫论》并非系统之著,但吴有性对瘟疫的起因、传染途径以及治疗方法都作了论述。例如其反驳历来以为瘟疫是"非时之气"(风、寒、暑、湿、热、火六气)所致,指出瘟疫不同于伤寒,非六气所致,而是由于疠气或杂气所致,由此使得对于传染性疾病的认识大大深入。而这其中尤值得注意的是,吴有性在创立温病学说过程中所表现出的怀疑与批判精神,如前所见,这样一种精神在宋元时期已经蔚然成风。

就科学思想与哲学思想而言,这一时期的医学著作亦有体现。

李时珍的《本草纲目》是这一时期乃至整个中国古代最为重要的医药学著作,其最为突出的成就是采用了更加先进的药物学分类法,厘定了我国药物分类的标准体例。在科学方法上,李时珍提供了"博采实考"的方法,这不仅强调了实践经验的重要性,而且赋予试验、验证以更加重要的地位,这显然也是宋代以来类似方法及精神的延续。就医学与哲学的关系而言,李时珍在其思想论述中也时有接触,这里可以其对"变"、"宜"问题的思考为例作一番考察。我们知道,医疗活动中的药物药性问题其实非常复杂,中国古代医学一个十分重要的优良传统就是强调用药的具体针对性。而《本草纲目》作为一部总结性的药物学著作对此就有大量涉及,我们看到李时珍在其著述中对于变化和多样性问题有十分独

497

特和深刻的认识。他说:"天地之造化无穷,人物之变化亦无穷。"(《本草纲目·人部·人傀》)这实际强调天人之间在变化问题上的对应性。李时珍的这样一种哲学意义的观点大量体现在其具体的医药学知识中,例如:"虽然月有四时,日有四时,或春得秋病,夏得冬病,神而明之,机而行之,变通权宜,又不可泥一也。"(《本草纲目·序例·四时用药例》)这是讲疾病的发生实际非常复杂,千变万化,如有秋病春得者,也有冬病夏得者,因此用药决不可拘泥于教条。同样,药物的使用也不能概念化,这一思想特别精彩地体现在其有关配伍的理论中,如:"升者引之以咸寒,则沉而直达下焦;沉者引之以酒,则浮而上至颠顶。"(《本草纲目·序例·升降浮沉》)以橘皮为例,"同补药则补,同泻药则泻,同升药则升,同降药则降"(《本草纲目·果部·橘》)。上述医学思想与理论中广泛涉及变化与多样性问题,同时也涉及"常"与"变"的关系问题、涉及与具体性或针对性有关的"宜"思维问题。

不仅李时珍,其他一些医家思想中也不同程度地体现了哲学的影响与内容。例如明代医家张介宾(号景岳)对于哲学思想的运用就是十分突出的。其在所著《景岳全书》第一卷第一节即"明理"里面说道:

> 万事不能外乎理,而医之于理为尤切。散之则理为万象,会之则理归一心。夫医者一心也,病者万象也。

这明显受到宋代程朱理学思想的影响,强调以理入医,以理贯医。张景岳也像宋元时期的医学家那样讨论医易关系,他说:

> 天地之道,以阴阳二气而造化万物,人生之理,以阴阳二气而长养百骸。《易》者,易也,具阴阳动静之妙;医者,意也,合阴阳消长之机。虽阴阳已备于《内经》,而变化莫大乎《周易》。故曰天人一理者,一此阴阳也;医《易》同源者,同此变化也。岂非医《易》相通,理无二致,可以医而不知易乎?(《类经附翼·医易义》)

这一观点与刘完素"易教体乎五行八卦,儒教存乎三纲五常,医教要乎五运六气,其门三,其道一"(《素问玄机原病式》序)的观点是十分相似的。

还有吴有性,其在解释瘟疫的病因时就说:"六气有限,现在可测;杂气无穷,茫然不可测。"(《瘟疫论·杂气论》)从哲学角度上说,这是对传统"气"论的一个具体发展,并且同时提供了复杂多样性的观点,而《瘟疫论》就是在这一理论指导下的具体成果。此外,清代传统医药学发展虽不及明代水平之高,但传统医学思想的核心以及其中的哲学基础仍是得到完好保存与阐释的。

三、其他传统知识及思想

除此之外,还有其他一些知识中也包含有哲学思想或内容。像在朱载堉的《乐律全书》中,就包含了辩证思想的运用,例如:"夫有理而后有象,有象而后有数。理由象显,数自理出。理、数可相倚而不可相违。"(《律历融通》卷四)这里表明了象、数、理三者之间的统一和依赖关系。又如:"数乃死物,一定而不易;音乃活法,圆转而无穷。音数二者,不可以一例论之也。"(《律学新说》卷一)这里又注意到音和数二者的区别和关系。重要的是,我们在这些论述中都可以看到有益的辩证思考。还有徐宏祖的《徐霞客游记》。如在书中,徐宏祖对不同地区溶岩地貌的特征作了概括,广西的特点是"有纯石者,有间石者,各自分行独挺,不相混杂";云南的特点是"皆土峰缭绕,间有缀石,亦十不一二,故环洼为多";贵州的特点是"界于二者之间,独以逼笪见奇"。(《滇游日记》)研究者注意到,这样的概括中不仅有分析,有综合,还有比较。[1] 应当说,这样一种方法,既是科学的,也是哲学的。明代的技术十分发达,这也与天文学和数学的衰落适成对照,它折射出明人在知识领域重视实用而轻视理论的风气。不过,以一些发达的技术活动为基础,相应的技术思想也应运而生,其典型例子就是宋应星的《天工开物》。在《天工开物》中,宋应星对采矿、冶炼、化工以及机械制造等问题作了深入的考察和精细的描述,且这其中也包含有一定的哲学思想。例如关于物态间的转化问题:"若地

---

[1] 参见袁运开、周瀚光主编《中国科学思想史(下)》,第86页。

面沉阴飕刮，鬲火气于寻丈之上，则水态不能自活，而其形为冰，此水之穷灾也。炭炉中，四达之水气就焉，而炭烬矣。射日燃火于河滨，而冰形乃释矣。"（《论气·水火》）这里不仅讲到了物态的转化，也讲到了人工控制的作用。所以李申认为：宋应星赞美天工，实际是赞美人力。《天工开物》，实际是"人工开物"。[1] 李申的这一看法是有道理的，而这同样涉及对人的能力的强调。从某种意义上说，这也可以看作是明清时期"人定胜天"思想的另一个"版本"。

四、中国传统天文学与数学的困境

明清时期的天文学与数学具有一定的特殊性，所以在本节最后作专门的考察。

先来看天文学。自明代开始，中国传统的天文学已陷入衰落的境地。从整个明清两代的情况来看，我们能够清楚地看到这种衰落的趋势，并且这样一种衰落主要是由其自身或内在的原因造成的，当然，这种原因可能是相当复杂的。

从表面现象来看便大致可知，有明一代在天文历法研究中并没有取得重要的成就。这里有各种原因。首先，明代开国之初就禁止民间私习天文历法，如沈德符的《野获编》记载："国初学天文有厉禁，习历者遣戍，造历者殊死。"（《野获编》卷二〇《历法》）这种情况直到100多年后明孝宗时才有所改变，弘治十年（1497），明孝宗下诏访求历算人才。但据《野获编》："至孝宗弛其禁，且命征山林隐逸能通历学者以备其选，而卒无应者。"（同上）由于长年的历禁，人才的匮乏应是自然的。不久，改历被提上议事日程。在以后的100余年时间里，虽不断有新历（即新法）问世，但却都未能替代旧历（即旧法）。究其原因，就在于新历每每不够精确而不足以替代旧历，这自然也与人才的匮乏有关。也因此，有明一代的天文学总体上来说并无建树。明代历法在大部分时间中沿用了《授时历》，

---

① 参见李申《中国古代哲学和自然科学》，第869页。

只是更名为《大统历》。

但中国传统天文学的衰落还有其更为深层的原因。事实上,中国古代天文学在郭守敬的《授时历》这里已经达到了巅峰,后人无论是在知识上还是思想上已很难再在传统的知识框架中超越这一高度,这可以说是明代天文学走向衰落的一个最为内在的原因。李申就指出:"在中国传统的技术条件下,授时历可说是达到了最高的水平。郭守敬改进的观测仪器,达到了非常高的精度,他所用的数学方式,又集中了古代数学的优秀成果。其他的人们,假如没有新的数学方法,又没有更先进的观测手段,仅靠写子换母、调整历元,想超过授时历,是困难的。"因此,"从深层来说,主要是传统天文学失去了传统的动力"。① 其实,这也是一个"生命"过程的例证:从发生到发展,在达到辉煌之后趋向结束。而更宽泛地说,我们可以将中国传统的天文学以及历法系统界定为古代或农耕时代的,而与之对应的西历则是欧洲近代科学的标志。

再来看数学。与传统天文学一样,传统数学在明代也已衰落。有学者将其衰落的表现概括为:增乘开方法无人知晓;天元术无人理解;四元术不复存在;一次同余式问题无进展;否定割圆术,满足于周三径一;不用唐宋已广泛应用的小数方法。② 事实上,明代的数学几乎仅仅是在实用的商业数学领域获得较大的发展,这又主要体现为珠算这种计算方法的广泛流行。那么为什么会出现这种状况呢? 这之中也有着多重的原因。

首先,数学在明代的衰落有作为中国传统数学知识发展自身的原因。我们已经知道,在中国古代,数学发展的一个基本动力是解决现实生活或生产中的实际问题。这样一种应用数学的范式最初奠基于《九章算术》,以后在魏晋南北朝、隋唐和宋元时期都不断有所增益,到了明代这里,数学也十分重视实际应用——具体地说,就是商业中的数学问题。但是这样一个传统却在明代出现了危机,这一危机并非指数学不能面向

---

① 李申:《中国古代哲学和自然科学》,第 820、825 页。
② 参见梅荣照主编《明清数学史论文集》,第 3—4 页,南京,江苏教育出版社,1990。转引自李申:《中国古代哲学和自然科学》,第 825、826 页。

实际,面向应用,而是指以商业数学为主的发展方向实际是将应用数学限制在或引导到一个十分狭窄的空间内,加之其更留意普及,所以很难提升数学的水平。与此同时,由于对应用或普及的过度关注,也使得中国古代特别是宋元时期数学传统中对于理论兴趣的这一分支更难以为继。由此,古代中国数学的研究之风事实上在宋元时期也已经发展到了尽头,主要问题都已提出或解决,根本动力不复存在。也因此,就有了巨大的落差,从宋元之巅一下子跌入明代的谷底。

当然,明代数学的衰落还有另一个极其重要的原因。在中国古代社会,数学的兴衰在很大程度上又与天文学的兴衰紧密相连。从秦汉时期开始,数学的存在与发展就是与占星术或天文学息息相关的,以后魏晋南北朝时期、隋唐时期以及宋元时期无不是如此。但是由于《授时历》所达到的"极限"高度,不仅使得接下来的天文学已无用武之地,也使得与之相伴随的数学偃旗息鼓。而更重要的似乎还在于,郭守敬的《授时历》已经重新赋予自然天道观在天文学中的地位,并且彻底摒弃了天人感应的思想,这直接导致了明代相当多的学者对于传统数学中与传统占星术密切相关的象、数问题持否定态度。如李申所说:"数学,和其他科学的发展一样,当它取得某些成就的时候,它的作用往往易被人们夸大,夸大就不符实际,成为数字神秘主义。数字神秘主义一面把人们引入邪路,一面也扩大了数的影响,它和宋元时代改历的需求相结合,产生了一批光辉的数学成就。"但"数学继续发展,就会暴露出过去那不适当的夸张,于是对数学的热情也就冷落下来。天人感应思想的淡化,也减弱了人们改历的热情。于是传统数学丧失了传统的动力。不仅传统的成果没有发展,甚至已有的成果也失传了。如要再有发展,就需要有新的刺激和新的动力。"[1]结果是不少学者因排斥象数而忽略数学。这其中无疑也折射出这一时期知识分子在这方面的理性态度,但在泼脏水的时候连婴儿也一并倒掉了。

---

[1] 李申:《中国古代哲学和自然科学》,第831页。

　　总之,从明代开始,传统天文学与数学实际已经走到了尽头,它已经丧失了进步或发展的动力。当然,这并不是说,这一时期的天文学与数学全然如一潭死水。从明代开始的中西知识的接触为此时的天文学与数学平添了一丝活力。万历年间,徐光启借西学革新,掀起晚明与清初的改历之争。其间虽充满曲折,最终还是形成兼收中西的《崇祯历书》这一新历法,只是因种种原因而未能实施。及至清代,终以《崇祯历书》为基础形成《时宪历》,并取代了《大统历》。但改历之争并未止息,并且由于传教士开始进入钦天监而引起更大的风波。在数学方面,中西交流起始于徐光启与利玛窦合译《几何原本》。与徐光启同时的另一位学者李之藻也值得注意。李之藻对于天文历算都十分精通,其也参与了《几何原本》的翻译,还与利玛窦一起翻译了《同文算指》。李之藻与徐光启一道,对介绍西方科学做出了重要贡献。之后,在明清之际,天文学与数学有所复兴,这与西方天文学与数学对中国传统天文学与数学的冲击或影响有关。关于这一问题后面还会专门论述。

第三节　中国古代哲学的终结

　　中国古代哲学也在这一时期走向终结,当然,这里主要是从哲学与科学的关系予以考察。应当说,尽管明清时期哲学思想与科学活动有着游离的倾向,但仍然有部分哲学家与科学保持着不同程度的联系,其中既有方以智这样兼哲学家和科学家于一身从而对科学有深厚造诣的学者,也有王廷相、王夫之这样在哲学的阐述中重视用科学成果加以论证的思想家。但总的来说,这样的思想已显露出疲态。特别是对蹈虚空谈学风的批判与以经世致用为核心的实学思潮的兴起,实际已经宣告传统哲学的结束,思想界已经进入另一个新的纪元。

一、王廷相与王夫之

　　首先来看王廷相和王夫之。

王廷相的哲学思想中包含有对物质不灭问题的思考,而这样一个问题既是一个哲学问题,同时也是一个科学问题。如王廷相说:"气至而滋息,伸乎合一之妙也;气返而游散,归乎太虚之体也。是故气有聚散,无灭息。"如前指出,这样的问题既是哲学本原问题,也是宇宙起源问题。并且王廷相也像张载等人那样用具体的水的知识来加以说明:"譬冰之于海矣,寒而为冰,聚也;融渐而为水,散也。其聚其散,冰固有有无也,而海之水无损焉。"(《慎言·道体篇》)王廷相在生物知识方面尤有见解。他曾通过科学观察来判断史书中材料与观点的真伪,例如《诗·小雅·小宛》云:"螟蛉有子,裸蠃负之。"《诗笺》云:"土蜂负桑虫入木孔中,七日而化为其子。"王廷相感到有疑,于是进行观察:

> 田居时,年年取土蜂之窠验之,每作完一窠,先生一子在底,如蜂蜜一点,却将桑上青虫及草上花蜘蛛街入窠内填满;数日后,其子即成形而生,即以次食前所蓄青虫、蜘蛛,食尽则成一蛹,数日即蜕而为蜂,啮孔而出。累年观之,无不皆然。……始知古人未尝观物,躐讹立论者多矣。无稽之言勿信,其此类乎!(《雅述》下篇)

正是通过对土蜂育子的长期观察,王廷相证明了历史上有关土蜂育螟蛉之子的传说是错误的。这也是思想家参与科学观察与实验的一个著名例子。

王夫之有关气的思想的论述中同样包含有对物质不灭问题的思考。他说:"于太虚之中具有而未成乎形,气自足也,聚散变化,而其本体不为之损益。"(《张子正蒙注·太和篇》)并且在论证过程中,王夫之也使用了观察经验的材料,例如:"车薪之火,一烈已尽,而为焰、为烟、为烬。木者仍归木,水者仍归水,土者仍归土,特希微而人不见尔。一甑之炊,湿热之气,蓬蓬勃勃,必有所归。若盦盖严密,则郁而不散。汞见火则飞,不知何往,而究归于地。有形者且然,况其纲缊不可象者乎!未尝有辛勤岁月之积,一旦悉化为乌有,明矣。故曰往来,曰屈伸,曰聚散,曰幽明,而不曰生灭。生灭者,释氏之陋说也。"(《张子正蒙注·太和篇》)在这里,王夫之特别使用了汞的化学反应这一材料来论证物质不灭的思想。王夫之哲学中的科学内容还体现在他有关变化问题的思考上。如他提出"质日代而形如一"的观点,指出:"人见形之不变而不知其质之已迁,则疑今兹之日月为邃古之日月,今兹之肌肉为初生之肌肉,恶足以语日新之化哉!"(《思问录·外篇》)这是说,人的生命始终处于新陈代谢之中,并且,宇宙天体如日月的生命同样也有变化的过程。在这里,我们既看到王夫之的哲学思考,同时也包含着科学思想。王夫之又进一步将事物或生命的变化划分为五个阶段:"凡生而有者,有为胚胎,有为流荡,有为灌注,有为衰减,有为散灭。"(《周易外传》卷二《无妄》)这里的"胚胎"就是萌芽和开始,"流荡"与"灌注"应指生命的发展和成熟,而"衰减"与"散灭"则应指生命的衰弱和死亡。这些无疑都是符合科学观点的。但我们也应注意,如果从时代发展的视角来看,比徐光启晚约半个世纪的王夫之,当时显然并不处于中国社会思想或思潮的前沿,他是属于旧的时代的,而非属于新的时代的。

二、方以智的科学思想

方以智既是一位哲学家,同时也是一位科学家,我们在这里主要将其作为哲学家对待,并来考察其学术思想中大量的科学内容。如我们所知,方以智的《物理小识》是一部百科全书式的著作,其中涉及物理、天文、地理、医药、生物以及技术等许多知识领域,并且他的其他一些著作如《通雅》、《东西均》等也都涉及对科学问题的探讨。具体来说,可以通过以下几个方面来考察其对于科学问题的关注以及其中科学与哲学之间的关系。

第一,物理学知识与思想。方以智的物理学知识和思想十分丰富,其包括光、声、力、磁等不同领域以及时空、物质形态与运动等基本问题。方以智对于光的研究是非常深入的,例如其专门对光的折射和色散现象作过解释:

> 日中野马飞星燏然者，阳焰之端也，奇者为水影旱浪。实则凡
> 光生焰，焰自属阳。凡光似镜，镜能吸影，光与光吸，常见他处之影
> 于此处。云分衢路，日射回薄。其气平者为阳焰旱浪，其气厚者为
> 山市海市矣。（《物理小识》卷二）

这是用光的折射原理来解释大气和海市蜃楼现象。

> 凡宝石面凸，则光成一条，有数棱则必有一面五色。如峨嵋放
> 光石，六面也；水晶压纸，三面也；烧料三面水晶亦五色；峡日射飞泉
> 成五色；人于回墙间向日喷水，亦成五色；故知虹霓之彩，星月之晕，
> 五色之云，皆同此理。（《物理小识》卷八）

这是解释晶体、虹霓等物体与现象的分光问题。此外，方以智还亲自做
过小孔成像的光学实验。方以智对声音的产生、传播、共鸣以及回音等
问题也做过研究。例如关于回音："若作夹墙，连开数窗，则一声亦有数
声之应。层楼槛内，门窗纸上，大小破隙，则风来作丝竹之音。"（《物理小
识》卷一）这表明方以智对回音现象做过细致的观察。方以智也做过共
振实验："今和琴瑟者，分门内外，外弹仙翁，则内弦亦动。如定三弦子为
梅花调，以小纸每弦贴之，旁吹笛中梅花调一字，此弦之纸亦动。"（《物理
小识》卷一）在力学方面，方以智对起重、轮运等方法做过介绍，其中涉及
杠杆和螺旋原理，他也研究过纺车、水车、风车以及鼓风机等的机械构
造。在磁学方面他认识到不同地区磁偏角的差异，指出中国的磁偏角是
偏东，而西方的磁偏角是偏西。此外，方以智还对不少与物理或力学相
关的工程技术问题做过研究。

第二，天文学和地理学知识与思想。方以智有出色的天文学知识
和思想。如方以智明确主张"地圆"理论而反对"地方"理论。他说：
"天圆地方，言其德也。地体实圆，在天之中"，"地浮水上，天包水外，
谬矣"。（《物理小识》卷一）又如方以智对日食和月食的成因作过正确
的解释：

> 月质以日映为光。合朔日食，月质掩日也。望有月食，地球之

影隔日也。(《物理小识》卷一)

日食的发生是由于月亮遮蔽了太阳;月食的发生是由于地球遮蔽了太阳。在地理学方面方以智也有不少创见。例如方以智指出地球内部实际是一团火气,他称作"地中火气",其能量巨大,地球表面地貌的变迁与地震的发生都与此有关。方以智也注意到不同地区的水脉所含矿物质的不同:"天下之水用之灭火濡槁则同,而性从地变,质与物迁,自别也。蜀江濯锦则鲜;济源烹楮则晶;南阳之潭渐于菊,其人多寿;辽东之涧通于参,其人多发;晋产矾石,泉可愈疽。"(《物理小识》卷一)

第三,医药学和生物学知识与思想。在医学方面方以智探讨过疾病与情绪的关系:"大喜者,心系缓弛,心缓弛则气解散,气解散则心自伤;大怒者,血腾溢,血腾溢则气拱急,气拱急则肝自伤;大忧者,志趣下,志趣下则气闭塞,气闭塞则肺自伤;大恐者,神失处,神失处则气掉动,气掉动则肾自伤;多思者,引系急,则气来聚,气来聚则心脾自伤。"(《物理小识》卷三)这即是说,喜、怒、忧、恐、思等都应当有节制,过则会引发疾病。而在生物学方面方以智甚至论述过植物的嫁接方式,例如"凡腰接木之盈地者近跗一尺,细齿锯之为枯,又以利刀裁枯使光,则不沁水,遂从枯之一旁裁开其皮,微连其膜约一小寸,先使虆下之枝裁去两旁而置口含之使热,连唾插掩。"(《物理小识》卷九)这里讲的是一种腰接的方法,此外方以智还描述过其他一些方法。而从方以智的十分细致的描述中,也可以判断他曾经有过的实践或观察经验。

第四,方以智上述科学知识与思想与其哲学有着密切的关系。在方以智这里,科学被称作"质测",哲学则被称作"通几"。他说:"考测天地之家,象数、律历、音声、医药之说,皆质之通者也,皆物理也。""专言通几,则所以为物之至理也。"(《通雅·文章薪火》)又说:"物有其故,实考究之。大而元会,小而草木蠡蠕,类其性情,征其好恶,推其常变,是曰质测。"而"通观天地,天地一物也。推而至于不可知,转以可知者摄之,以费知隐,重玄一实,是物物神神之深几也。寂感之蕴,深

究其所自来,是曰通几。"(《物理小识》自序)方以智认为"质测"与"通几"两者的关系是:

> 质测即藏通几者也。(《物理小识》自序)
>
> 通几护质测之穷。(《愚者智禅师语录·示侍子中履》)
>
> 或质测,或通几,不相坏也。(《物理小识》总论)

这就是说,具体科学知识中蕴含着哲学所探究的根本原理,而哲学又可以克服和避免具体科学的局限性从而把握事物的本质,因此,二者是相互依存、不可偏废的关系。可以认为,方以智对于具体科学知识的种种考察以及在此基础上所形成的科学思想从根本上说都与这样一种认识有关。[1]

总之可以这样说,在中国古代哲学家中,方以智的科学知识与思想是十分丰富的。此外,考察方以智思想中的科学内容还应包括他所使用的科学方法,这在后面方法部分会专门提及。但我们也要注意,方以智的科学知识与思想总体来说仍是偏向传统的。这并不是说方以智的相关科学中没有新的内容,其也在一定程度上吸收了西学的知识与思想。但就总体倾向而言,方以智更具有传统的特征。方以智约小徐光启 50岁,虽同是当时著名的科学家与思想家,两个人的指向却是不同的。徐光启更指向新的内容以及未来。也因此,此二人的科学思想在一定程度上显示了某种历史的错位感。事实上,就整体而言,在当时思想没有知识来得敏感,哲学家没有科学家来得敏感,不仅是方以智,王夫之也是如此,而这正说明了文化交流中亲身接触与否的差异。

三、对蹈虚空谈学风的批判

到了明代中晚期,作为思想还有一方面的内容十分重要,这就是对于以往蹈虚空谈学风的批判以及对经世致用或实学的诉求,可以说,这

---

[1] 以上分类考察主要参考袁运开、周瀚光主编《中国科学思想史(下)》,详见该书第 121—142 页。

在当时成了一种普遍的思潮。并且作为批判与实学思潮，其较之传统哲学思想更具有时代的特征，而这些思潮的出现或兴起，其实也是对传统哲学加以终结的重要的方面。

这里先看对蹈虚空谈学风的批判。

对蹈虚空谈学风的批判其实可以追溯至宋代，当时永康与永嘉学派都与道学相对立，斥性命之学。而理学经历宋元时期到了明代正德年间已经日益衰败，之后发展起来的心学到万历年间也流于空疏、尽显疲态。于是，针对这种空疏学问的批评到了明代也达到了极盛。还在万历年间，李贽就对传统道学进行了全面批判，由此开讨伐之先声。王廷相是对程朱理学持激烈批判态度的哲学家，他讲理学是：

> 虚讲而臆度，不足以擅其功矣。(《王氏家藏集·石龙书院学辩》)

之后，这种批判蔚然成风。徐光启是从知识的视角进入的，其这样比较几何学和中国以往的穷理之学："几何之学，深有益于致知。""明此，知向所想象之理，多虚浮而不可挪也。"(《徐光启集》卷二《几何原本杂议》)顾炎武在当时也是极力倡导经世致用，反对空虚之学。他对空虚之学批评道："刘石乱华，本于清谈之流祸，人人知之。孰知今日之清谈，有甚于前代者。昔之清谈谈老庄，今之清谈谈孔孟。"(《日知录》卷七《夫子之言性与天道》)又说："以无本之人，而讲空虚之学，吾见其日从事于圣人，而去之弥远也。"(《亭林文集》卷三《与友人论学书》)还有黄宗羲，他从工商业对于社会意义的角度说："世儒不察，以工商为末，妄议抑之。夫工固圣王之所欲来，商又使其愿出于途者，盖皆本也。"(《明夷待访录·财计三》)相比之下，王夫之则从哲学或更为根本的体用角度对空虚之学做了批评，他说："故善言道者，由用以得体，不善言道者，妄立一体而消用以从之。"(《周易外传》卷二《大有》)清代的学者继续了这一批判。如颜元就结合义利问题对汉儒与宋儒加以批评，他说："义中之利，君子所贵也。后儒乃云'正其谊不谋其利'，过矣。宋人喜道之，以文其空疏无用之学。"而为了彻底校正这样一种"空疏无用"的风气,颜元干脆将董仲舒那句对历代儒家学者产生过深刻影响的话"正其谊不谋其利,明其道不计其功"改为"正其谊以谋其利,明其道而计其功"。(《四书正误》卷一)之后,颜元的学生李塨也批评道学说:"高坐而谈性天,捉风捕影,纂章句语录,而于兵农、礼乐、官职、地理、人事沿革诸实事概弃掷为粗迹。惟穷理是文,离事言理,又无质据,且认理自强,遂好武断。"(《恕谷后集》卷二《恽氏族谱》序)可以这样说,与宋代相比,明清之际对蹈虚空谈学风的批判明显更为激烈和广泛,而这事实上也正折射出明代以来蹈虚空谈学风的浓厚,非经深刻批判无以除之。

四、实学思潮的兴起

与此同时,明清之际的学者也极力想创立一种有别于理学和心学的新的风气。尤其是在经世致用思想的提倡方面,从明代后期起思想家对此给予了普遍的关注,而这也正是实学思潮的兴起。

据葛荣晋的研究,中国所谓实学,实际上起始于北宋时期的"实体达用之学",在不同的历史时期、不同的学派和不同的学者那里,实学思想可能有所不同,或偏重于"实体",或偏重于"达用",或二者兼而有之。实学思想从产生、发展到结束大致经历了三个阶段。第一个阶段是从北宋至明中叶,这是实学的产生与早期发展阶段;第二个阶段是从明中叶到清乾嘉时期,这是实学思想发展的鼎盛时期;第三个时期是在清道光咸丰到同治光绪年间,这是古代实学向近代新学的转型时期。实学具体有两层含义:一曰"经世之学",这是实学的基本内涵,也可视作实学的主流与核心;二曰"实测之学",尤其是随着西学东渐,在科学领域开创了重实践、重验证、重实测的时代新风。[1]

不过,我们在这里主要将实学思潮放在明代及明清之际的时代背景中来加以看待,这也大抵就是葛荣晋所说的实学发展的鼎盛时期的状

---

[1] 参见葛荣晋《中国实学思想史》,导论,北京,首都师范大学出版社,1994。

况。在这一时期，有相当多的学者开始关注实学问题。如明初薛瑄明确主张："读圣贤之书，句句字字见有的实用处，方为实学。若徒取以为口耳文词之资，非实学也。"（《读书续录》卷三）东林学派的高攀龙说："居庙堂之上则忧其民，处江湖之远则忧其君，此士大夫实念也。居庙堂之上，无事不为吾君；处江湖之远，随事必为吾民，此士大夫实事也。"（《高子遗书》卷八《答朱平涵》）如果说高攀龙还有更多传统的痕迹的话，那么王廷相、朱之瑜、颜元等人的看法则更具有时代的特点，如王廷相说："学者读书"应"务期以治事为本，而为有用之学"（《浚川公移集》卷三《督学四川条约》）。朱之瑜说："为学当有实功，有实用。"（《朱舜水集》卷一一《答小宅生顺问》）颜元说："实学不明，言虽精，书虽备，于世何功！于道何补！"（《存学编》卷三）而阮元则结合实学批评明代性命之学说："自明季空谈性命，不务实学，而此业（指天文算学）遂微。"（《畴人传·利玛窦传》）从这些话中我们可以看到经世致用观念与思想对那个时代学者的深刻影响。

而同一时期科学家的看法可能对于"实"或"用"的理解还要更切近些。例如吕坤说：

> 天下万事万物，皆要求个实用。（《呻吟语·治道》）

又王征在《远西奇器图说》序中说："学原不问精粗，总期有济于世。"故而：

> 所录者虽属技艺末务，而实有益于民生日用、国家兴作，甚急也。

特别是徐光启，其强调："方今事势，实须真才。真才必须实学。一切用世之事，深宜究心。"（《徐光启集》卷一〇《与胡季仍比部》）徐光启又因此十分赞赏利玛窦等传播西学，他说："其实心、实行、实学，诚信于士大夫也。"（《徐光启集》卷二《泰西水法》序）徐光启的思想将在下面作专门介绍。此外再如清初潘耒在为梅文鼎论著作序时说："古之君子不为无用之学。六艺次乎德行，皆实学足以经世者。"（《梅氏丛书辑要·方程论》

序)我们应当知道这时的不少科学家实际已经接触到了先进的西方知识和器物,因此其所言实学较之思想家更为具体,更有针对性。[①]

实学思潮的兴起意义重大,其与格物思想相互支持、相互辅助,一同成为中国自明清至近代最具活力的观念,为中国传统思想向近代的转型提供了重要的话语线索。如果说格物思想主要侧重于知识领域,那么实学思想则更偏向实业,其在日后直接成为中国近代经济与工业的观念或思想基础。而就实学思潮来说,西学东渐这一背景又尤为重要,事实上,在徐光启之前,实学思想的确多是"思想"的,而在徐光启之后,其才真正从"思想"走向"现实",并且这是与西方先进文明接轨的"现实"。我们由此可以清楚明清以后尤其是日后近代实学与西学东渐之间的密切关系。同时,这无疑也为我们提供了一个存在决定意识的典型案例。

第四节　传统概念体系的终结

科学与哲学的终结必然地也会在概念上反映出来。换言之,伴随着古代科学与哲学的终结,传统的观念与概念系统也逐渐终结了。明清时期科学与哲学所具有或使用的观念与概念主要是继承以往传统资源的,其中特别是宋元时期的观念与思想资源,例如天人、气、理等,但这些资源中的大多数概念与思想已不再像以往历代那样具有自我创新或自我更新的能力,有些已经趋于枯竭。不过,也有颇具活力的概念,这就是格物致知,这一概念在明清时期日趋成熟,具有强烈的感召力,并且也在日后与近代观念相衔接。

一、"天人"

天人关系问题依旧是这一时期的一个基本问题。并且总体而言,明

---

① 当然,这种实学思想到了 18 世纪又会发生更大的变化,如王韬讲:"英国以天文、地理、电学、火学、气学、光学、化学、重学为实学,弗尚诗赋词章。"(《漫游随录》卷二)此乃后话。

清时期在这个问题上的认识愈趋合理。具体来说,明清时期有关天人关系问题的思考实际可归为两个对应的方面,即顺应自然还是改变自然,也可以称作"顺天"还是"胜天"。值得注意的是,这一时期科学活动中对这一问题的思考更加突出,也更加有启发性。

顺应自然或"顺天"的思想原本就有十分成熟的概念,即"因"或"宜",这可以说是非常传统的观念与思想。明清时期对于这样一种观念或思想仍有相当的保留。例如在地理学中,清人孙兰在《柳庭舆地隅说》中的"因地制流"思想,其中讲"因地制流,似乎权在于地,不在于流"(《柳庭舆地隅说》卷上)。还有植物学,如清人陈淏子在《花镜》中讲:"余素性嗜花,家园数亩,除书屋讲堂、月榭茶寮之外,遍地皆花竹药苗。凡植之而荣者,即纪其何以荣;植之而瘁者,必究其何以瘁。宜阴宜阳,喜燥喜湿,当瘠当肥,无一不顺其性情而朝夕体验之。"(《课花大略》)这同样表达了顺应自然的思想。而医学活动中更是大量保存着这种古老的思想,这里不再详细考察。

不过,与此相反,明清时期强调人力、强调人为的思想显然更加突出起来,尤其是"人定胜天"的思想或口号的明确提出。对此,我们在前面农学与生物学思想中已经有过考察,例如丘浚说:"人力之至,亦或可以胜天。"(《大学衍义补》卷一四)马一龙说:"力足以胜天矣。"(《农说》)吕坤说:"人定真足胜天。"(《呻吟语摘》卷上)

在这之中,徐光启的破除风土说与强调人力的思想尤其值得我们关注。中国传统农学十分重视地宜与风土,这实际既有知识的原因,也有迷信的因素。徐光启经过大量的观察和调查,提出了对地宜与风土理论的质疑。在徐光启看来,"若谓土地所宜,一定不易,此则必无之理。"(《农政全书》卷二《农本》)其以果树的园艺栽培为例,"果若尽力树艺,殆无不可宜者。就令不宜,或是天时未合,人力未至耳。""若荔枝龙眼不能逾岭,橘柚橙柑不能过淮,他若兰茉莉之类,亦千百中之一二。"(《农政全书》卷二《农本》)徐光启的观点概括起来就是说,在园艺技术中,因宜原则是可以突破的。这一质疑对于破除由土宜说所造成的迷信无疑有着十分积极的意义。此外徐光启还强调指出：

> 余谓风土不宜，或百中间有一二，其他美种不能彼此相通者，正坐懒慢耳。(《农政全书》卷二五《树艺》)

也就是说，"风土不宜"其实往往只是"懒慢"的借口，所以徐光启强调指出：

> 余故深排风土之论。(《农政全书》卷二五《树艺》)

而与此相关，徐光启又强调人力。徐光启十分赞同丘浚的观点："土性虽有宜不宜，人力亦有至不至，人力之至，或亦可以回天，况地乎！"(《农政全书》卷二五《树艺》)如前所见，强调人力是明清时期科学界的普遍思潮，尤其是"人定胜天"的思想已明确提出。而徐光启强调人力的思想是这一普遍性思潮的一个组成部分，其意义就在于对人的能动作用有了十分自觉的认识，并且这一认识又是建立在坚实的科学实践基础之上的。

应当说，这样一种重视人力思想的提出，既有科学的原因，即表明人在某些知识领域如农学、植物学等领域的控制能力大大增强，同时也应当有哲学思想的因素，也即同时期心学的影响。当然，作为观念与思想，这也是魏晋南北朝以来不断发展的结果。

二、"气"

明清时期"气"的观念已经不再像秦汉与宋元时期那样突出，这里可能既有科学方面的原因，即缺少以天文学为中心的宇宙论的解释；也有哲学方面的原因，即气并不作为心学的重要概念。客观地说，"气"观念在明清时期已经显示出一种"老态"。但作为中国古代科学与哲学共同的概念基础，它仍然有着重要的地位。

"气"概念及其思想在哲学领域中的使用我们非常熟悉。但需要指出的是，心学的兴起对于"气"思想及其概念客观上是排斥的。这种状况一直持续到明代末年，伴随着一批学者对王学的批评以及明末清初唯物主义思潮占据哲学舞台，"气"概念才重新恢复了一些"元气"，如罗钦顺说:"盖通天地,亘古今,无非一气而已。"(《困知记》卷上)王廷相说:"天内外皆气,地中亦气,物虚实皆气,通极上下造化之实体也。"(《慎言·道体篇》)

"气"概念及其思想在这一时期科学活动中使用最突出的部门应是医学。例如李时珍对于药物的辨析就仍然使用了气概念,他在《本草纲目·序例》中专门列有《气味阴阳》篇,在每条药下也专门列有"气味"项。此外如吴有性:"凡人口鼻之气,通乎天气,本气充满,邪不易入,本气适逢亏欠,呼吸之间,外邪因而乘之。"(《瘟疫论·原病》)王清任:"无论外感内伤,要知初病伤人何物。不能伤脏腑,不能伤筋骨,不能伤皮肉,所伤者无非气血。"(《医林改错》上卷《气血合脉说》)"气"概念之所以仍广泛地使用于医学,乃是因为医学仍一如既往地保留着原有的传统,包括原有的概念系统。当然,其他部门也有继续使用"气"概念及其思想的。如方以智也将"气"概念用于解释地学方面的现象,他说:"地中火气,行遇湿凝石,即成地脉。""地震如雷,盖火气激行于土中也。"(《物理小识》卷二)

这其中,一些科学家也从更为哲学的角度来谈论"气"的问题。如宋应星在《论气》篇中讲:"盈天地皆气也","天地间非形即气,非气即形"。(《论气·气声》)"由气而化形,形复返于气,百姓日习而不知也。"(《论气·形气化》)这与宋明时期许多哲学家的看法一样,将"气"看作世界的本原。而"人物受气而生,气而后有声,声复返于气。是故形之化气也,以积渐而归,而声之化气也,在刹那之顷。"(《论气·气声》)这里讲到人亦是由气而形成。与此相关,物质形式之间必然会相互转化但物质本身不灭的思想在这一时期已经成为科学家和哲学家的普遍共识。如宋应星:"炭炉中,四达之水气就焉,而炭烬矣。射日燃火于河滨,而冰形乃释矣。"(《论气·水火》)此外,方以智讲:"水本寒流,过极则凝而不流为层冰矣,解则复常,非二物也。"(《物理小识》卷三)王夫之讲:"于太虚之中具有而未成乎形,气自足也,聚散变化,而其本体不为之损益。"(《张子正蒙注·太和篇》)由此也可以看出科学界与哲学界之间的交流乃至打通。

而与"气"相关的还有"物"或"器"这一概念。从一定意义上,心学家对于"心物"这对对应概念或范畴的重视很可能是"物"概念被广泛使用的一个重要原因。例如王阳明说:"物理不外于吾心;外吾心而求物理,无物理矣。"(《王文成公全书》卷二《传习录中·答顾东桥书》)不过,更多的论述则可能是结合对心学以及其他虚空之学的批评来进行的。如方以智说:"盈天地间皆物也。人受其中以生,生寓于身,身寓于世,所见所用,无非事也。事一物也,圣人制器利用,以安其生,因表理以治其心,器固物也。心一物也,深而言性命,性命一物也。通观天地,天地一物也。"(《物理小识》自序)王夫之说:"盈天地之间皆器矣。器有其表者,有其里者。成表里之各用,以合用而底于成。"(《周易外传》卷五《系辞上传》)

三、"理"与"数"

与气和物相关,"理"与"数"这样一些涉及规律或法则问题的概念在明清时期也依然存在,它们仍旧是科学与哲学所共同使用的重要概念和范畴,这当然也是对以往概念与思想的承继。

首先,"理"仍是明清时期哲学与科学活动中所使用的一个基本概念,只是或一般,或具体。

哲学中对于"理"作为规律意义的理解为我们所熟知。例如王夫之说:"理本非一成可执之物,不可得而见。气之条绪节文,乃理之可见者也。"(《读四书大全说》卷一〇)颜元说:"理者,木中文理也,指条理言。"(《四书正误》卷六)还有戴震说:"理者,察之而几微必区以别之名也,是故谓之分理。在物之质,曰肌理、曰腠理、曰文理。得其分则有条而不紊,谓之条理。"(《孟子字义疏证·理》)以上这些"理"的概念都是用来指规律。

不特哲学,这一时期的科学中也多仍然使用"理"概念来表示规律,并且其更与具体知识结合起来,这可以说是宋元知识传统的延续。明清医学一如宋元医学,"理"依然是十分重要的概念,如李时珍:"虽曰医家药品,其考释性理,实吾儒格物之学。"(《本草纲目·凡例》)又如张景岳以下这一大段论述：

> 万事不能外乎理，而医之于理为尤切。散之则理为万象，会之
> 则理归一心。夫医者，一心也；病者，万象也。举万病之多，则医道
> 诚难。然而万病之病，不过各得一病耳。譬之北极者，医之一心也；
> 万星者，病之万象也。欲以北极而对万星，则不胜其对；以北极而对
> 一星，则自有一线之直，彼此相照，何得有差？故医之临证，必期以
> 我之一心，洞病者之一本。以我之一，对彼之一，既得一真，万疑俱
> 释，岂不甚易。一也者，理而已矣。苟吾心之理明，则阴者自阴，阳
> 者自阳，焉能相混。……故予于此录，首言明理，以统阴阳诸论，详
> 中求备。（《景岳全书·明理》）

在这里，"理"这一概念反复地出现。并且，"万事不能外乎理，而医
之于理为尤切"、"一也者，理而已矣"、"首言明理"都将"理"的重要性阐
述得十分透彻。"理"也被广泛使用于其他知识领域，包括天文学、地理
学、数学以及生物学。如明代潘季驯所提出的"束水攻沙"理论：

> 水分则势缓，势缓则沙停，沙停则河饱。……水合则势猛，势猛
> 则沙刷，沙刷则河深。……筑堤束水，以水攻沙，水不奔溢于两旁，
> 则必直刷乎河底，一定之理，必然之势，此合之所以愈于分也。（《河
> 防一览》卷二《河议辩惑》）

这里潘季驯明确提出攻沙之"理"，并且其中包含了出色的辩证思考。值
得我们注意的是潘季驯还讲了"必然之势"，显然，势与理也有一定关系，
而"势"在哲学如王夫之的思想中也是非常重要的概念，这为我们所熟
知。又如陈淏子在《花镜》中也指出："凡木之必须接换，实有至理存焉。
花小者可大，瓣单者可重，花红者可紫，实小者可巨，酸苦者可甜，臭恶者
可馥，是人力可以回天，惟在接换得其传耳。"

即使在中西学接触以后，"理"这一概念也在很长一段时间内依然存
在。如徐光启在评价西方天文学和数学时也说："臣等昔年曾遇西洋利
玛窦，与之讲论天地原始，七政运行，并及其形体之大小远近与夫度数之

顺逆迟疾,一一从其所以然处,指示确然不易之理,较我中国往籍,多所未闻。"(《徐光启集》卷七《修改历法请访用汤若望罗雅谷疏》)"更有一种格物穷理之学,凡世间世外,万事万物之理,叩之无不河悬响答,丝分理解。退而思之,穷年累月,愈见其说之必然而不可易也。格物穷理之中,又复旁出一种象数之学。象数之学,大者为历法,为律吕;至其他有形有质之物,有度有数之物,无不赖以为用,用之无不尽巧极妙者。"(《徐光启集》卷二《泰西水法》序)徐光启这里所说的"一一从其所以然处,指示确然不易之理"、"更有一种格物穷理之学,凡世间世外,万事万物之理,叩之无不河悬响答,丝分理解"也都是指具有必然性的规律,并且徐光启的这一考察已具有中西比较的视野。之后,王锡阐在天文历法研究中也仍旧涉及"理"的概念:"古人立一法,必有一理,详于法而不著其理。理具法中,好学深思者自能力索而得之也。"(《松陵文录》卷一《历策》)到了清代,焦循也依然将"理"这一概念用于数学研究,其讲:"名起于立法之后,理存于立法之先。理者何?加减乘除之错综变化也。"(《加减乘除释》自序)"除法不离于乘,而乘法不外于加。故明乎加减之理,即明乎乘除之理。"(《加减乘除释》卷二)我们知道,这一时期的天文学和数学已经深受西学的影响。

"理"也作"则"。在哲学中不少思想家经常会用到这样一个概念,如王夫之:"万物皆有固然之用,万事皆有当然之则,所谓理也。"(《四书训义》卷八)戴震:"有物必有则,以其则正其物,如是而已矣。"(《孟子字义疏证·理》)同样,这一概念也为一些科学家和科学研究所使用。例如熊明遇著《格致草》一书,在于对各种自然现象背后的规律作科学研究,而其有关认识明显深受儒家哲学特别是理学的影响。他说:"儒者志《大学》,则言必首格物致知矣,是诚正治平之关蕳也。象者皆物,物莫大于天地,有物必有则。"这里所谓"则"就是指规律或法则。方以智也说:"物之则,即天之则,即心之则也。"(《物理小识》卷二)在这里,方以智深刻地指出,小到事物之理,大到自然之则,还有人的认识规律,这三者完全是统一的。

在中国古代科学与哲学思想中还有一个概念与"理"十分切近,这就是"数"。在科学活动中它主要使用于天文学与数学研究,并且它也大致与天文学与数学同"甘苦"、共"荣辱"。明清时期也是如此,学者对此多有论述。例如朱载堉说:

> 天运无端,惟数可以测其机;天道至玄,因数可以见其妙。理由数显,数自理出,理数可以相倚而不可相违,古之道也。(《进历书奏疏》)

又说:

> 夫有理而后有象,有象而后有数。理由象显,数自理出,理数可相倚而不可相违。凡天地造化,莫能逃其数。(《律吕融通》卷四)

我们在这里可以清楚地看到,朱载堉是在相同的意义上使用"理"与"数"这两个概念的。徐光启也讨论了数与理的关系:

> 有理,有义,有法,有数。理不明不能立法,义不辨不能著数。明理辨义,推究颇难;法立数著,遵循甚易。(《测候月蚀奉旨回奏疏》)

他如李之藻说:

> 耳目所接已然之迹,非数莫纪。闻见所不及,六合之外,千万世而前而后,必然之验,非数莫推。已然必然,总归自然。(《同文算指前编》序)

这十分明确地将数作为一种法则。可见,无论是朱载堉,还是徐光启、李之藻,都强调了"数"的至上性质以及其对于呈现和把握自然规律的意义,在这里,我们依然能感受到宋元数学的余温。之后,王锡阐与梅文鼎由于深通数学和天文学,因此对"理"与"数"的关系也多有深入的论述,如王锡阐在其《测日小记》的序中说:

> 天学一家,有理而后有数,有数而后有法。然惟创法之人,必通

乎数之变,而穷乎理之奥,至于法成数具,而理蕴于中。(《晓庵遗书·杂著》)

天地始终之故,七政运行之本,非上智莫穷其理。然亦只能言其大要而已。欲求精密,则必以数推之。(《松陵文录》卷一《历说一》)

梅文鼎说:

历也者,数也。数外无理,理外无数。数也者,理之分限节次也。(《历算全书》卷六《历学答问》)

夫治理者,以理为归;治数者,以数为断,数与理协,中西非殊。(《历算全书》卷三四《笔算》)

再后,焦循也阐述了同样的思想,如:"学者由数以知形,由形以用数,悉诸加减乘除之理,自可识方圆幂积之妙。"(《加减乘除释》卷三)

以上考察表明,明清以后,甚至在中西学接触以后,"理"、"数"这样一些概念在很长一段时间内依旧具有生命力。而我们尤其应当注意,对于中西知识的衔接或对于古代与近代知识的交接而言,这样一些概念很可能起到了重要的作用。有相当一部分学者正是以这些传统概念为根基,在不同的知识传统中或在更大的空间范围内来探索或求证规律的普遍性。

四、思想领域对于格物致知的理解

经宋元时期的发展,格物致知概念到了明清时期已经十分成熟,并且也成为这一时期涉及科学与哲学两大领域的最为重要的概念。

首先来看思想领域。应当看到,明清时期哲学界或思想家对于宋人所提出的"格物"这一问题的理解并不是一样的,其主要是沿两个方向加以发展。

其中之一是以王阳明为代表的心学方向的发展。王阳明在格物的认识上继承了陆九渊、陈献章的思想。有关王阳明对格物的认识与理解，最生动的莫过于他格竹子格出病来的故事。据《传习录下》记载："众人只说格物要依晦翁，何曾把他的说去用？我着实曾用来。初年与钱友同论做圣贤要格天下之物，如今安得这等大的力量，因指亭前竹子，令去格看。钱子早夜去穷格竹子的道理，竭其心思。至于三日，便致劳神成疾。当初说他这是精力不足，某因自去穷格，早夜不得其理。至七日，亦以劳思致疾。遂相与叹：圣贤是做不得的，无他大力量去格物了。及在夷中三年，颇见得此意思，乃知天下之物本无可格者，其格物之功，只在身心上做。"王阳明格竹子格出病来的故事表面上是针对理学思想家的，但其实恰恰是王阳明以及当时他这一学派的学者对科学知识不感兴趣的真实写照。事实上，这也的确是相当多热衷于心性道德与齐家治国问题的儒家学者所普遍具有的"通病"，只是它在心学泛滥的环境中尤甚。这样一种态度与科学知识自然无涉。

不过，明清时期对于格物致知问题还有另一路思想家的理解，他们就是罗钦顺、王廷相、吴廷翰、方以智、王夫之等。正是这一路思想家的思想与科学知识保持着不同程度的联系，其中一些非常紧密，并且其也在中国后来的科学与文化发展中具有某种启蒙的意义。如罗钦顺明确指出："格物之义，当为万物无疑。"并指出："人之有心，固然亦是一物，然专以格物为格此心，则不可。"（《困知记》附录《答允恕弟》）王廷相则直接指出格物之"物"就是大千世间的物理万事。他说：

> 格物，《大学》之首事，非通于性命之故，达于天人之化者，不可以易而窥测也。诸士积学待叩久矣，试以物理疑而未释者议之，可乎？天之运，何以机之？地之浮，何以载之？月之光，何以盈缺？山之石，何以欹侧？经星在天，何以不移？海纳百川，何以不溢？吹律何以回暖？悬炭何以测候？夫遂何以得火？方诸何以得水？龟何以知来？猩何以知往？蜥蜴何以为霓？虹霓何以饮涧？何鼠化为驾，而驾复为鼠？何蜣蜋化蝉，而蝉不复为蜣蜋？何木焚之而不灰？何草无风而自摇？何金之有辟寒？何水之有温泉？何蜉蝣朝生而

暮死？何休留夜明而昼昏？蠲忿忘忧，其感应也何故？引针拾芥，其情性也何居？是皆耳目所及，非骋思于六合之外者，不可习矣而不察也。（《王氏家藏集》卷三〇《策问五》）

王廷相在这里列举了耳目所及的种种格物内容，我们由此也可以看到其哲学思考背后的科学依据。与王廷相一样，吴廷翰的论述也反复强调了格物之"物"的重要性和首要性，他说："致知在格物，格物只是至物为当。盖此物字虽只是理，然说理，学便虚，便无许多条件，所以只说物为有着落，便实，便有许多条件。分明使致知者一一都于物上见得理，才方是实。盖知已是心，致知只求于心，则是虚见虚闻，故必验之于物而得之于心，乃为真知。"（《吉斋漫录》卷下）又说："格物只是至物，盖吾之知若不至物，则是空知，教人知个甚？正是有一个知，须有个物。'致知在格物'者，以见致知即是至物，至物乃为致知，吾儒之学之实如此，言知只在物，则不可求知于物之外也。"吴廷翰在这里强调了"格物，只是至物为当"。所谓"理"乃是"物"之"理"，所谓"知"乃是"物"之"知"，一切脱离物的理都是虚理，一切脱离物的知都是空知。

这之中，方以智的思想尤其值得注意。由于方以智既是思想家，也是科学家，因此其不仅必然会重视"格物"的意义，并且对理学与心学的批评也就格外有力。方以智说：

今日文教明备，而穷理见性之家反不能详一物者。言及古者备物致用，物物而宜之之理，则又笑以为迂阔无益，是可笑耳。卑者自便，高者自尊，或舍物以言理，或托空以愚物。学术日裂，物习日变，弁髦礼乐，灭弃图书，其有不坏其心者，但暗与道合而已，偶得物理之一端，则委之于术数者流。安得圣人复起，非体天地之撰，类万物之情，乌得知其故哉！（《物理小识》总论）

方以智在这里明确指出，理学家所谓格物致知其实是"舍物以言理"，而方以智强调："舍物则理亦无所得矣，又何格哉！"（《物理小识》总论）方以智说这番话显然是有科学知识的深厚底气的。王夫之也因此称赞方以智说:"密翁(方以智)与其公子为质测之学,诚学思兼致之实功。盖格物者,即物以穷理,惟质测为得之。"王夫之同时指出:"若邵康节、蔡西山则立一理以穷物,非格物也。"(《搔首问》)这也是王夫之从知识的角度来思考和解释"格物"与"穷理"问题的最经典的论述,它不仅肯定了方以智格物穷理的正确方向,表达了对方以智的支持,也对理学在格物穷理问题上的错误认识给予了批评。

但总体而言,这一时期思想界对于"格物致知"的理解已经并不居于引领地位。从一定意义上也可以这样认为,即思想领域对"格物致知"具有"启蒙"意义的提倡这一任务已经基本实现或完成,它已经开始逐渐退出观念的中心位置。

五、知识领域对于格物致知的理解

与此同时我们看到的是,在明清两代,"格物致知"、"格物穷理"这样一种观念在知识领域获得了更大的重视,作为方法,其也得到更多的使用。

这其中,医学仍是使用"格物"、"格致"、"穷理"等语词最多的知识部门之一。如李时珍就说:

> 虽曰医家药品,其考释性理,实吾儒格物之学,可裨《尔雅》、《诗疏》之缺。(《本草纲目·凡例》)

王世贞在为李时珍的《本草纲目》作序时也说:

> 兹岂仅以医书觏哉? 实性理之精微,格物之通典,帝王之秘箓,臣民之重宝也。(《本草纲目》序)

此外,明吴有性也视其医学活动为格物穷理,他说:

> 余虽固陋,静心穷理,格其所感之气、所入之门、所受之处及其传变之体。(《瘟疫论》自序)

另清人张炯在为《神农本草经》作序时也认为医术乃是格物致知的儒家

之书,他说:"孔子曰:'多识于鸟兽草木之名。'又曰:'致知在格物。'则是书也,非徒医家之书,而实儒家之书也。"(《神农本草经》序)还有刘芳在为杨岫的《豳风广义》作序时亦将医书视作格物穷理之学,他称:"先生格致之精,洞达医理。"(《豳风广义》叙)明清两代的医书也多有用"格物"或"格致"来命名者,如明代万全的《痘疹格致要论》、汪普贤的《医理直格》,清代顾靖远的《格言汇纂》、胡大淏的《易医格物编》、翟绍衣的《医门格物论》、高应麟的《格致医案》等。

如同宋元时期一样,生物学也是"格物"、"格致"观念和方法得以落实的一个最重要的知识门类。如清蒋超曾《水蜜桃谱》跋曰:

> 丙子秋日,读文洲褚君《水蜜桃谱》,旨哉!体物之精,此其一斑矣。粤自《草木》著稊舍之状,《虞衡》成范氏之编,《种树》传自橐驼,《杜阳》作于苏鹗,载披往册,具数《群芳》。文学以瑰博之才,究心物理;光禄以典坟之眼,搴胜林泉。

清金文锦在《促织经》序中亦自谦地说道:

> 余值小圃凉生,酒酣夜坐,风飘桐叶,露湿桂花,蛩声四壁,凄凄切切,因检旧编挑灯删定,非敢自附于古之格物君子。

又据《中国科学技术史·科学思想卷》一书研究,受孔子"多识于鸟兽草木之名"(《论语·阳货》)思想的影响,明清时期的人们也多以"识"表示格物之学,如明阎调羹《校刻异鱼图赞》叙曰:"夫孔训多识,传释格物,博闻强记,谓之君子,一物不知,学者耻之。"这一时期出现了许多以"识"命名的生物学著作,如明胡文焕的《胡氏诗识》、林兆珂的《毛诗多识编》,清姚炳的《毛诗识名解》、徐鼎的《毛诗名物图说》、石韫玉的《多识录》、何震的《多识考》等等。如上一章考察所见,事实上这在宋元时期就已经开始形成传统。

此外还有博物学。明人曹昭在《格古要论》序中述说自己:

> 余自幼性本酷嗜古,侍于先子之侧,凡见一物,必遍阅图谱,究

其来历，格其优劣，别其是非而后已，迨老至，尤弗怠，特患其不精耳。

日后《格古要论》的编校者舒敏也在《格古要论》序中称赞曹昭是"凡世之一事一物莫不究其理，明其原，而是非真伪，不能逃其鉴"。并称自己的增益是"予窃观而爱之，颇为增校，订其次第，叙其篇端，亦可谓格物致知之一助也"。又清人周心如在《重刻博物志序》中亦说："人则物之灵者也，故不惟不物于物，而且是就见闻所及之物并穷其见闻所不及之物，是所谓格致之学也。"

除以上所述外，明清两代还有更多以"格物"或"格致"为书名者。如曹昌言的《格物类纂》、陈元龙的《格致镜原》、屠仁守的《格致谱》。这也体现在东西方文化交流过程之中，如熊明遇的《格致草》以及西洋人高一志的《空际格致》。直至清末，不少综合类自然科学书籍的译名仍用"格物"或"格致"概念，如英国艾约瑟的《格致总学启蒙》、美国林乐知的《格致启蒙》、美国丁韪良的《格物入门》，以及英国傅兰雅的《格致汇编》《西学格致大全》，益增书会编辑的《格致指南》等等。当然，上述现象已经不应仅仅从延续意义上来理解，而更应从中西文化交流之后的提升意义上来理解。①

由于"致知"和"穷理"的提倡，与宋元时期一样，这一时期的人们也保持有一种疑问与批判的精神。特别是明人，不像历代那样有更多的泥古品格，这在一定程度上可能也与心学有关，由此我们也可以看到心学的某些正面意义。在科学活动中，疑问与批判精神通过徐光启、方以智等很多人的相关思想体现出来。如徐光启说："若谓土地所宜，一定不易，此则必无之理。"（《农政全书》卷二《农本》）这是对传统的"风土说"提出怀疑。又如方以智说："物理无可疑者，吾疑之，而必欲深求其故也。"（钱澄之《通雅》序引方以智语）还说："善疑者，不疑人之所疑，而疑人之

---

① 以上论述所用材料参考了卢嘉锡总主编、席泽宗分卷主编《中国科学技术史·科学思想卷》一书中的搜集。

所不疑。"(《东西均·疑何疑》)这更包含了一种对事物追根究底的科学批判精神。总之,这样一种疑问或批判精神在明清两代的科学活动及哲学活动中具有一定的普遍性。

因此,我们应充分认识"格物致知"学说对宋元至明清时期科学活动的积极意义,没有这一学说作为基础,很多重要科学成果是不可能出现的。不仅如此,我们还应看到近代西方科学之所以能在中国迅速传播,"格物致知"学说及其实践也起着桥梁或摆渡的重要作用。同时,西方科学知识的传播也为"格物致知"学说注入了新的生命,而这也再次证明了科学或知识对于观念的力量。

第五节　传统方法样式的终结

明清时期的科学方法在很大程度上仍沿袭了宋元时期的传统,这既包括具有实证意义的实验和实考,也包括考据考证的学风。应当说,实验与实考的方法与近代西方的实证方法在一定程度上是可以对接的,考据与考证的学风同样也具有一定的科学精神。不过,总体而言,建立在古代科学活动之上的方法毕竟与近代知识的要求存在着巨大的差距,当中西方法开始接触时这一差距便显现了出来。尤其是乾嘉学派那里发挥到极致的考据之风同时也表现出脱离实际的特征,这在很大程度上又会与以关注现实为特征的科学精神发生根本性的冲突。但基于论述结构的需要,乾嘉学方面的内容将在第八节中再作考察。

一、实考

由上一章所见,实考之风在宋元时期就已经得到比较充分的培育。无论是作为科学家的沈括,还是作为思想家的朱熹,都有明确的实考意识。明清时期的不少科学家显然继承了这一传统,并发扬光大。如李时珍在编写《本草纲目》时,为了取得准确无误的可信资料,经常长途跋涉、翻山越岭去深入考察,足迹所到之处除自己家乡湖北外,还有河北、河南、山东、山西、江西、安徽、福建、浙江、江苏、湖南、广东、广西等十余个省份，并且经常向农民、渔民、猎人、樵夫、药农、果农、老圃甚至工匠请教。徐光启为著《农政全书》所调查的地区也涉及十多个省份，而且在调查过程中，徐光启还非常重视数据的统计，这里显然已经包含了某种近代科学的方法。徐霞客更是从 20 岁游太湖开始，至 54 岁由云南抱病回家，前后 30 余年间游历了当时 15 个省份中的 14 个，相当于今 19 个省区与直辖市。实际考察内容有山川、地貌、地质、水文、气候、矿产、动植物、城邑、交通运输、经济分布、民情风俗等等。仅 50 岁以后即最后一次在西南地区的考察就达四年之久，终因长期劳累病倒于云南丽江。同样，上述考察方法其实也是与考证和实证的方法结合在一起的。我们应当看到，这样一种方法在思维上为后来中国接触与衔接西方科学奠定了一定的基础。

二、实验

如果说在中国古代社会的前期，实验还具有某种偶然性、个别性或自发性，那么从魏晋南北朝时期开始，这样的实验就已经具有某种自觉和必然的性质。明清时期也是如此。例如传说中曼陀罗花酿酒食用后会使人发笑和手舞足蹈，李时珍起先不相信，于是亲自实验，其记录到："予尝试之，饮须半酣，更令一人或笑或舞引之，乃验也。"（《本草纲目》卷一七《曼陀罗花》）经过实验，李时珍肯定了曼陀罗的麻醉作用，至今它仍是中药麻醉的重要药物。朱载堉为验证十二平均律也做过大量实验，这包括管品校正实验、和声实验、累黍实验、度量实验等，并详细地作了记录。例如关于一组律管的管径是否相同，传统的说法是"长短虽异，围径皆同"，但历来对此有争论。朱载堉为了解决这一问题亲自做了实验，最后得出结论："夫律管修短既各不同，则其空围亦当有异。"（《律学新说》卷一）宋应星在农学、生物学、冶炼、化工、机械制作等方面都有过相应的实验，并且其非常注重相关数据的统计。宋应星还曾批评不做实验而胡乱度测的风气："火药、火器，今时妄想进身博官者，人人张目而道，著书以献,未必尽由试验。"(《天工开物·佳兵》)还有方以智,其经常亲自动手设计实验。例如我们在前面看到的共振实验、回音实验、小孔成像实验,还有其对分光现象的解释中也包含了相应的实验。此外,在《明宪宗实录》《明世宗实录》《明崇祯长编》等文献中也都有火器实验的记载。以《明世宗实录》为例,如嘉靖二十五年七月二十五日,总督宣大侍郎翁万达言:"臣尝仿古火器之制,造成三出连珠、百出先锋、铁棒雷飞、母子火兽、布地雷等炮,屡经试验,比之佛朗机、神机枪等器轻便利用。"不过,由于明代的数学与总体制作工艺较之宋代要更偏于实用,因此其火器制作也会相应粗疏。这便又涉及下一个讨论题目,即精细思维问题。

三、实测与精细思维问题

明代思想界的问学方式呈现出明显的空疏风气,同时天文学与数学又呈衰落状态,这无疑会对思维与方法产生重要影响。我们知道,中国古代的实测方法主要是在天文学的领域中发展起来的,明代由于天文学的衰落,相应的实测方法也因此衰落。而这又会进一步影响到思维的精细性,因为思维的精细性是与实测密切相关的。由于天文学的疲弱,因此与前代相比,明代科学活动中最主要的实测体现在音律学中,朱载堉通过精密计算以及大量实验与实测创立了新的律制——十二平均律,不过这一工作并不具有普遍性。当然,哲学的问学观念或方式也会产生一定的影响。

但明清时期有关实测这一方法问题的确还有更特殊的视角与意义。因为这一时期已经开始接触到西方科学例如天文学中的实测方法,并且通过比较已经显示出中国传统实测方法的不足,而这也正是比较的意义与力量。这样一个问题首先由徐光启发现并提出,这就是"求精"。关于这一问题下面将作专门考察。自此以后,中国传统实测方法实际已经与西方传入的方法逐步汇流并靠拢西方的方法,实测意识也愈加得到重视,如阮元《畴人传·凡例》说:"是编于仪器制度,搜录特详,欲使学者知

算造根本,当凭实测;实测所资,首重仪表。不务乎此,而附合于律于易,皆无当也。"阮元也十分欣赏西方精密的测量工具,他说:

> 西人熟于几何,故所制仪象极为精审。盖仪象精审,则测量真确,测量真确,则推步密合。西法之有验于天,实仪象有以先之也。(《畴人传·南怀仁传》)

总的来说,这一时期思维上精确问题的提出以及对严谨学风的提倡既在于拯救时弊,同时也有借他山之石攻玉的积极愿望。事实上,这不仅是方法的,也是观念的。应当看到,这样一种观念到了近代以后对中国思想界和知识界产生了极其深刻的影响。

第六节　中西科学的接触与以明末徐光启为代表的先进思想

如果说,古代哲学、科学及其概念与方法的终结是前一个完整阶段的结束,那么,从 16 世纪下半叶开始的传教士来华并且逐步将西方科学技术介绍给中国,则意味着一个全新的时代的开始。尽管这两个阶段或时代的边际部分是有所交叉的,但其各自的特征仍十分明显。本节以下将完整地对新的阶段加以考察。而本节首先要来考察明代后期中西科学的接触,包括利玛窦来华与西方科学的引入以及以徐光启为代表的先进思想。

一、利玛窦来华与西方科学的引入

讲徐光启,首先就要讲利玛窦。因为正是徐光启与利玛窦的接触,导致了中国科学活动开始发生深刻的变化。也可以这样说,这里是近代西方与传统中国的接触点,也是近代中国的最初起点。

16 世纪末,罗马教皇开始派遣传教士(主要是耶稣会士)到中国传教。最初来华的传教士有利玛窦、艾儒略、汤若望、南怀仁。其中利玛窦是耶稣会在华传教的开创者,其广泛结交社会上层,与徐光启、李之藻等中国士大夫来往甚密。1601 年利玛窦获准朝见万历皇帝,并被允许留居京城。经多年在华传教活动,利玛窦悟到了通过学术来实现传教的重要方式,这就是广泛介绍西方科学知识,包括天文学、数学、物理学、地理学以及各种实用技术。这是一个重要的转向,这一转向不仅对利玛窦的传教产生了重大影响,而且更对古老中国文明的觉醒产生了重大影响。客观地说,我们今天应当庆幸并感谢利玛窦的这一转向。它对于利玛窦来说只是明智的,而对于中国来说却几乎是唯一的。

在天文学知识方面,利玛窦首先向中国介绍了有关日月蚀的原理、七曜与地球体积的比较、西方所测知的恒星以及天文仪器的制造等。在对中国情况有了深入了解之后,利玛窦向罗马教会献策,请派天文学者来中国参与历法改革。这种介绍和参与逐渐产生效果。崇祯二年,因徐光启用西法预测日蚀较用中法预测准确而被委以主持修历的重任。清初,汤若望献给顺治帝的新历法预测日蚀同样比旧法精确,得遂即颁行,称时宪历。利玛窦还向中国介绍了世界地图。从澳门到肇庆后,利玛窦根据当时绘有五大洲的西文世界地图制作了一幅用汉文注释的世界地图,该图由岭南西按察司副使王泮刊印,用于赠送要人。以后几经修改,其中 1602 年刊行的《坤舆万国全图》为迎合中国人心理,特将南北美洲绘于亚洲东面,从而将中国位置置于世界地图的中部。利玛窦还将西方经纬制图法、有关五大洲和五带的知识以及地球说介绍给中国,在当时引起极大震动。在数学方面,利玛窦首先向中国推介了《几何原本》,由利玛窦口述,徐光启等人笔译。该书底本用的是利氏之师德国数学家克拉维斯的注解本,全书共 15 卷,译出前 6 卷后因利玛窦认为已达目的而中止。这也是传教士来中国翻译的第一部科学著作。之后,利玛窦又与李之藻合译了介绍西方笔算的著作《同文算指》。以上两书对以后中国数学的发展都产生了重要影响。①

---

① 以上叙述参考了杜石然等编著《中国科学技术史稿》(下册)相关内容。

二、徐光启的生平简介

正是在上述背景中,徐光启的地位与意义突现了出来。

我们知道,在西方科学与中国科学最初的接触过程中,在向中国最早传播西学的过程中,在中国近代科学最先萌芽的过程中,徐光启扮演了最为重要的角色。也因此,这里有必要对徐光启的思想做专门考察。

徐光启(1562—1633),字子先,号玄扈先生,上海徐家汇人。他是我国古代杰出的科学家和思想家。如以科学为中心,徐光启一生的工作可以分为两大部分,其一是与传统知识相关的对农学与农政作总结的《农政全书》,其二是与传教士接触过程中所接受的西方科学,包括著作的翻译以及一些对日后中国产生深刻影响的重要思想的提出。

徐光启毕其一生著述了《农政全书》,它堪称我国古代农业科学之集大成的著作。《农政全书》共 60 卷,50 余万字,分农本、田制、农事、水利、农器、树艺、蚕桑、蚕桑广类、种植、牧养、制造和荒政等十二项。为著《农政全书》,徐光启调查了北京、天津、河北、山西、山东、上海、浙江、江西、福建、广东、广西等十余省份。且每到一个省份,所调查的地方又不止一处。在调查过程中,徐光启还经常深入民间认真请教,对历史记载可疑之处"逐一验之"。《农政全书》中转录了许多前代与同代的农业文献,这部分内容实际是已有或现有的农业生产经验的汇编。全书中徐光启自己撰写的约 6 万余字,虽然只占整个篇幅的八分之一,但都是经过亲身观察和试验后所总结的材料,因此科学性很强。

但徐光启对于中国科学以及思想最重要的贡献,还在于其与西方传教士和科学的接触以及由这一接触而带来的震动和变化。徐光启 38 岁在南京结识了耶稣会传教士利玛窦,42 岁在南京参加了天主教。在与西方传教士的接触过程中,徐光启深深感到西方科学的优越性,想"务使其理其法,足以人人通晓而后已"(《畴人传·徐光启传》)。同时,也通过推广西方实学来改造国家,增强国力。由是,徐光启与利玛窦一起研究天文、历法、数学、地学等学问,并与利玛窦、熊三拔一起翻译了多种西方科学著作,包括《几何原本》、《测量法义》、《泰西水法》等。在翻译过程中,徐光启开始对西方天文学抱有浓厚兴趣。尤其是当徐光启在掌握了欧洲天文学知识后,每次预报都较他人更为准确,故威信极高。也因此,崇祯二年(1629),徐光启被任命主持改历工作,这也是整个明代唯一的一次改历。在改历中,徐光启以西法为基础,力排保守势力的干扰,于崇祯六年编成《崇祯历书》,共130余卷。《崇祯历书》已经开始接受西方近代天文学与数学的知识,从而突破了我国传统天文历法的范畴。总之,由于徐光启最早大量翻译和阐述了西方的天文学、数学等知识,因此其也成为我国介绍西方科学的先驱。

三、徐光启对西学的认知

徐光启在学习西方天文学与数学并将其运用于制历的过程中,深切地感到西方天文学与数学对于中国传统天文学与数学的优越性。徐光启对西方天文学有高度的评价,他说:

> 臣等昔年曾遇西洋利玛窦,与之讲论天地原始,七政运行,并及其形体之大小远近,与夫度数之顺逆迟疾,一一从其所以然处,指示确然不易之理,较我中国往籍,多所未闻。(《徐光启集》卷七《修改历法请访用汤若望罗雅谷疏》)

而借用西方天文学与历法知识来帮助中国制定历法,必然会导致:

> 历理大明,历法至当,自今伊始,敻越前古,亦綦快已。(《徐光启集》卷二《简平仪说》序)

在翻译过程中,徐光启对数学的重要性有了深刻的认识,其在与利玛窦合译的《几何原本》的序中指出,数学是一门最为基本的学科,其能够为天文、历法、水利、测量、绘图、声乐、机械、军事以及财会统计等诸多知识所用。徐光启又论及西方物理学与数学:

> 更有一种格物穷理之学,凡世间世外、万事万物之理,叩之无不

河悬响答、丝分理解，退而思之，穷年累月，愈见其说之必然而不可易也。格物穷理之中，又复旁出一种象数之学。象数之学，大者为历法，为律吕，至其他有形有质之物、有度有数之事，无不赖以为用，用之无不尽巧极妙者。(《徐光启集》卷二《泰西水法》序)

客观地说，徐光启上述对于西方天文学与数学的评论可能确有高估甚至夸大之处，难免有些偏颇，这也为现在一些学者所指出。但徐光启所触及的问题的确是客观存在的，也是不能回避的，并且这决不会影响其中所包含的引进西方知识和沟通中西文化设想的巨大意义。我们更不应在四百年之后来扮演一种貌似"客观"或"公允"的立场来对徐光启思想中可能存在的偏颇加以指责。

四、"责实"与"求精"思想

与科学活动相关，特别是与对西学的认知相关，徐光启又提出了"责实"、"求精"的思想和中西"会通"的思想，这两种思想对以后中国科学以及思想文化都产生了重大影响。以下我们就着重考察徐光启的这两种思想。

如前所说，到了明代，对蹈虚空谈的不满以及实学思潮相继萌生。这其中，徐光启的思想就非常典型。针对当时的社会与思想现状，徐光启提出了"责实"、"求精"这样两种重要的思想。他在《拟上安边御虏疏》中说：

于数者之中，更有两言焉。曰求精，曰责实。……苟求其精，则远略巧心之士相于讲求，经岁而未尽；苟责其实，则忠公忧国之臣所为太息流涕者，十倍于贾谊而未已也。(《徐光启集》卷一)

徐光启指出中国应将这样两个方面作为当务之急的问题加以解决。需要指出的是，这两种思想最初是基于安边或军事目的提出的，不过我们看到，它其实是徐光启一生最为核心的两种思想。而考察也表明，明清之际的科学及其随后的哲学思考或整个学术活动的确都与徐光启所说的这样两个问题有关。

具体来说，"责实"就是强调实学，徐光启指出：

> 方今事势，实须真才。真才必须实学。一切用世之事，深宜究
> 心。(《徐光启集》卷一〇《与胡季仍比部》)

而"责实"之"实"又有两层含义，分别为实用和实证，前者主要是观念的，而后者则是思维与方法的。关于实用，徐光启指出：

> 方今造就人才，务求实用。(《徐光启集》卷九《敬陈讲筵事宜以
> 裨圣学政事疏》)

这尤其突出地体现在其对数学的重视上，如徐光启讲："象数之学，大者为历法，为律吕，至其他有形有质之物，有度有数之事，无不赖以为用。"(《徐光启集》卷二《泰西水法》序)他又评价《几何原本》的意义就是能"率天下之人而归于实用"(《徐光启集》卷二《几何原本杂议》)。实用的目的当然在民生与国富。所以陈子龙在评价徐光启时说："其(指徐光启)平生所学，博究天人，而皆主于实用。至于农事，尤所用心。盖以为生民率育之源、国家富强之本。"(《农政全书·凡例》)而实证也即是实验或实考。如前所述，徐光启为著《农政全书》调查了十余个省份。徐光启还非常重视数据的统计，这里显然已经包含了某种近代科学的方法。总之，徐光启对实用观念的论述和对实证方法的应用使得其"责实"思想具体化了。需要看到的是，徐光启之所以如此强调"实"，这应当是对中西文化、科学以及思维加以比较后做深刻反思的结果。这无疑也是徐光启有关"实"的思考的更重大与更深刻意义所在。

除"责实"外，徐光启还强调"求精"。在一定意义上，"求精"也可以看作是"责实"认识的进一步深化。这一问题的提出固然有中国学问的自身背景，但它更应当是徐光启在接触了西方数学和天文学以后的深切体会。这其中，徐光启因受西方几何学的影响尤其强调数学对于"求精"思维的意义。徐光启说：

> 人具上资而意理疏莽,即上资无用;人具中材而心思缜密,即中材有用。能通几何之学,缜密甚矣!(《徐光启集》卷二《几何原本杂议》)

徐光启又称赞《几何原本》说:

> 下学工夫,有理有事,此书为益,能令学理者祛其浮气,练其精心,学事者资其定法,发其巧思。(《徐光启集》卷二《几何原本杂议》)

在以上两段论述中,徐光启向我们传达了这样几层意思:第一,几何学的重要性;第二,几何学或数学对于思维缜密的训练具有重要意义;第三,数学训练有助于祛除理学带来的臆想浮躁之气。在这里,徐光启为我们开启了一种全新的数学观,也是当时从数学的角度对哲学特别是理学所作的最为深入的思考和检讨。事实上,这样一种看法在后来是具有某种普遍性的,有不少学者都对此做过论证。并且我们看到,这样一种观念到近代以后更日益对思想界产生深刻的影响。

上述"责实"、"求精"的思想又主要反映在十个知识门类上,徐光启称作"度数旁通十事",即(1)天文历法;(2)水利工程;(3)音律;(4)兵器兵法及军事工程;(5)会计理财;(6)各种建筑工程;(7)机械制造;(8)舆地测量;(9)医药;(10)制造钟漏等计时器。这些知识几乎都能切实体现"责实"、"求精"这两种思想,它无疑是徐光启对中西文化、科学以及思维加以比较后所作的深刻反思的结果。而综观明清之际的科学及其随后的哲学思考或整个学术活动,的确都与徐光启所说的这样两个问题有关。如果再比较前面第五节中传统方法的内容,我们更可以了解徐光启"责实"、"求精"思想的意义。

五、"会通"思想

此外,徐光启又提出了中西科学"会通"的思想。这一思想最早见于徐光启的《历书总目表》(《徐光启集》卷八),其中说道:

欲求超胜,必须会通。

事实上,"会通"这一思想的提出与改历有关。在改历过程中,徐光启注意到西法较之中法要更为准确,故主张"必须参西法而用之,以彼条款,就我名义,从历法之大本大原,阐发明晰,而后可以言改耳"(《徐光启集》卷七《修改历法请用访汤若望罗雅谷疏》)。即通过引进、参照、结合西方的历法系统来制定新法。而在"会通"过程中,徐光启又十分重视翻译。他说:

> 会通之前,先须翻译。盖《大统》书籍绝少,而西法至为详备,且又近数十年间所定,其青于蓝寒于水者十倍前人。又皆随地异测,随时异用,故可为目前必验之法,又可为二百年不易之法,又可为二三百年后测审差数因而更改之法,又可令后之人循习晓畅,因而求进,当复更胜于今也。翻译既有端绪,然后令甄明《大统》、深知法意者,参详考定,镕彼方之材质,入《大统》之型模。(《徐光启集》卷八《历书总目表》)

由此可见"会通"思想提出的初衷与制订历法有关,有取长补短的意思。以后梅文鼎对此有十分确切的表述,他说:"乃兼用其长以补旧法之未备","于中法之未备者,又有以补其缺。"(《历算全书·历学疑问·论中西二法之同》)

当然,"会通"说的意义绝不仅仅止于天文历法的范围,也并不止于科学知识的范围。"会通"说的提出除了知识层面无疑有着更为深层的文化意义,它在当时甚至直到今天都涉及文化的认同与忧患一类问题,也就是说,在"会通"问题的背后有深刻的哲学问题,因此,"会通"思想提出后在当时学术界引起强烈反响。而由近代开始的哲学思考就是企图回答和解决这一问题。我们在19世纪末和20世纪初中西哲学及其文化的争论中始终可以看到它的"身影",看到这一思想或问题在整个中国面向近代化或现代化过程中的延续意义。并且,由于徐光启当初讲"欲求超胜,必须会通"。这里就不仅有"会通"的思想,而且还有"超胜"的思想。对于"超胜"问题,徐光启本人其实并没有展开。但这一思想或问题的提出,的确给当时和后来的知识界与思想界留出了无限想象的空间。

六、对徐光启的评价

关于徐光启在中西科学接触与交流中的作用与地位,《中国科学思想史》一书中有一段较全面的论述:"徐光启在晚明西学传播时期,有过多方面的贡献:他与李之藻等人掀起了传播、学习、研究西学的思潮,在澎湃起伏的潮流中,他是浪尖上的第一弄潮儿;他带头与西方传教士合作翻译西方科技著作,尤其是《几何原本》一书,为当时翻译西方著作,提供了一个范例;他从事会通中西科技工作,基本完成《崇祯历书》的编撰;他培养了一批精通西学的专家,为清初西学继续发展提供人才;他和他的学生及受其影响者,多方面引进西学,提高了中国科学技术在天文、历法、数学等方面的水平;较之同时代的学者,他更重视科学思想,或通过会通深化原有思想,或借鉴西方作新的开拓。"①以上这段论述可以说对徐光启在中西科学接触与交流中的作用与地位作了很完整的评价。

当然,在一定意义上,我们也可以说徐光启是一个两个时代即古代与近代交集式的人物,它对所交集的两个时代都做出了巨大的贡献,而这样一个特征也决定了徐光启在中国科学史、思想史中的独特地位。

七、其他学者对西学的介绍与认知

除了徐光启,晚明时期另外还有一些学者值得注意,其中包括李之藻、王征、熊明遇。

李之藻小徐光启三岁,与徐光启交往甚笃。李之藻最初亦与利玛窦交友,并从耶稣会士学习天文、历算以及逻辑、宗教。与利玛窦合译《同文算指》,另译有《坤舆万国全图》、《天学初函》等。与徐光启一样,李之藻深信西学,并主张会通中西之学。如李之藻讲天文历法时说:"昔从京

---

① 袁运开、周瀚光主编:《中国科学思想史(下)》,第205、206页。

师,识利先生,欧逻巴人也,示我平仪。……旋奉使闽之命,往返万里,测验无爽。不揣为之图说,间亦出其鄙谫。会通一二,以尊中历,而他如分次,度以西法,本自超简,不妨异同。"(《浑盖通宪图说》自序)受西学影响,李之藻又十分重视数学,并且如徐光启一样,其也认为数学能消解虚骄之气,他说:"惟是巧心潜发则悟出人先,功力研熟则习亦生巧。其道使人心归实,虚憍之气潜消。"(《同文算指》序)李之藻还向朝廷全面指出西学的合理之处:

> 今诸陪臣真修实学,所传书籍,又非回回历等书可比。其书非特历术,又有水法之书,机巧绝伦,用之灌田济运,可得大益。又有算法之书,不用算珠,举笔便成。又有测望之书,能测山岳江河远近高深及七政之大小高下。有仪象之书,能极论天地之体与其变化之理。有日轨之书,能立表于地,刻定二十四气之影线;能立表干墙面,随其三百六十向,皆能兼定节气,种种制造不同,皆与天合。有《万国图志》之书,能载各国风俗山川险夷远近。有医理之书,能论人身形体血脉之故与其医治之方。有乐器之书,凡各钟琴笙管,皆别有一种机巧。有格物穷理之书,备论物理事理,用以开导初学。有几何原本之书,专究方圆平直,以为制作工器本领。以上诸书,多非吾中国书传所有,想在彼国亦有圣作明述,别自成家。总皆有资实学,有裨世用。(《请译西洋历法等书疏》)

这段话中所涉内容包括机械、天文、历法、地理、医学、音律、数学、物理,对西学可谓服膺之至,赞誉有加。《中国科学思想史》认为:李之藻在介绍、研究西学以及会通中西学方面做了许多工作。其成就与影响虽不及徐光启,但亦相差无多,远过于王征、熊明遇、方以智等学者。可以说,李之藻与徐光启是晚明引进西学、会通中西的双子星座。①

另外王征自中举人之后便耽于机械制作。40 岁以后开始接触西学,

---

① 参见袁运开、周瀚光主编《中国科学思想史(下)》,第 215、216 页。

随之先后请教于庞迪我、龙华民、汤若望、邓玉函,并与邓玉函合译《远西奇器图说》一书。对于西学,王征持十分开明的态度。如因传播西学,王征曾受友人责难,对此王征回答道:"学原不问精粗,总期有济于世;人亦不问中西,总期不违于天。"(《远西奇器图说》序)熊明遇亦于34岁入京从传教士学习西学,著有《格致草》,其中对西学有所介绍。但总体而言,熊明遇不像徐光启与李之藻,对西学持全盘采信的态度,而是有所审视和比较。

总之,与徐光启一样,上述学者在晚明时期对于西学的介绍中都扮演了重要的角色。今天,不仅中国科学史研究应当珍重这些学者的历史意义,而且中国思想史或哲学史研究同样应当重视这种意义。

第七节　中西学的碰撞与清初知识界、思想界的反应

利玛窦来华并向中国传播西学只是近代西方科学以及文化传入中国的开始,徐光启、李之藻翻译西方著作同样也只是中西学接触的开始,徐光启在此基础上提出"责实"、"求精"以及"会通"等思想也只是观念剧烈变化的开始。在此之后,经由传教士的努力,西方科学知识便源源不断地输入中国。同时,也由于西方科学的输入逐渐开始冲击中国文化核心层面的观念,因此又必然地引起了中西学乃至中西文化之间的碰撞和冲突,并引起观念上的应激反应。

一、西学东渐

利玛窦以后,前来中国的传教士向中国介绍西学几乎成为一种风尚。例如在天文学方面,1606年来华的意大利传教士熊三拔著有《简平仪》和《表度说》,依据天文学原理对简平仪的用法和立表测日影定时间的方法加以说明。1610年来华的葡萄牙传教士阳玛诺著有《天问略》,以问答形式解说天象原理。1744年来华的法国传教士蒋友仁在他的《坤舆全图说》中介绍了哥白尼的日心说,并论述了地球运动的原理。在地理

学方面，继利玛窦的《坤舆万国全图》之后，先后有庞迪我的《海外舆图说》、艾儒略的《万国全图》与《职方外纪》、南怀仁的《坤舆全图》、蒋友仁的《坤舆全图》。其中南怀仁的地图已增绘了澳大利亚。在数学方面，1646 年来华的波兰传教士穆尼阁在南京传教期间将西方近代数学中的重要内容对数介绍给了中国，穆尼阁去世以后，从其学习的薛凤祚将所接受的知识整理成《历学会通》，其中数学部分包括有《比例对数表》等。除此之外，当时还传入了耐普尔的算筹和伽利略的比例规等计算工具。在力学方面，由邓玉函口授、王征笔译的《远西奇器图说》讲到了重心、比重、杠杆、轮轴、斜面等原理，以及应用这些原理的各种器械。此外，熊三拔和徐光启合译了《泰西水法》，书中主要介绍了取水、蓄水等方法和器具。光学知识的传入从汤若望的《远镜说》开始，书中介绍了望远镜的用法、制法以及原理。在西方火器技术的介绍方面，较早地有《火攻奇器图说》，但来历不明。记载明确的有汤若望口授、焦勖笔录的《火攻揭要》，内容包括各式火炮的铸造和使用方法，后又有南怀仁编译的《神武图说》，叙述了铳炮的原理并有附图。另汤若望和南怀仁也都奉命设计铸造过铳炮。

此外，这一时期中国学者也广泛参与了对西方科学的介绍，这尤其体现在天文学和数学两个领域，作为代表的就是《崇祯历书》和《数理精蕴》的编纂。《崇祯历书》是一部比较系统地介绍西方天文学知识的著作，由徐光启、李天经先后领衔，参加编译的耶稣会士有龙华民、邓玉函、罗雅谷、汤若望等。该书的"法原"部分着重探讨了天文学理论，尤其是该书采用了哥白尼、伽利略、刻卜勒等人较好的天文数据和计算方法，这对于中国天文学的发展具有重要意义。不过由于该书所采用的是第谷的宇宙体系，较为保守，因此也存在着重大欠缺。《数理精蕴》是一部介绍西方数学知识的百科全书类型的著作，它是以耶稣会士张诚、白晋等人的译稿为基础，由梅毂成等汇编而成。这部著作的主要内容是介绍自17 世纪初年以来传入的包括几何学、三角学、代数在内的西方数学知识。该书出版后得到广泛的流传，成为中国人学习和研究西方数学知识的重要书籍,对于后来中国近代数学的发展起到了积极的推动作用。除此之外,清初时期在中国全图的测绘方面也取得了重大成就。该测绘由康熙帝亲自领导,中外学者共同参与。测绘从康熙四十七年(1708)正式开始,由法国传教士白晋等率领。至康熙五十七年(1718),绘就了具有相当水平的《皇舆全图》。当时欧洲各国的大地测量或未开始,或未完成,而我国在 18 世纪初即已完成了全国性的三角测量,这在当时是走在世界各国前列的。①

西学东渐对于中国科学的影响是深刻且深远的,因为它促使中国传统科学及哲学不得不做深刻反思,并且也引领中国科学踏入近代的门槛。

二、中西学的碰撞及政治风波

但西学的引入势必导致中西学的碰撞以及观念上的冲突。

前已有述,万历以后,西法开始随传教士进入,之后逐渐为徐光启、李之藻等人所掌握。崇祯二年五月日食,用其他方法都不验,唯徐光启所据西历不误。于是礼部令徐光启主持改历,由此也产生中国历法与西洋历法的激烈冲突,中西历法曾数度交锋均以西历胜出。此后经反复争论,终于在明亡前不久形成了中西合一的《崇祯历书》,但仍因受多方阻挠直至明亡还是未能实行。

清代初年,任用传教士汤若望、南怀仁等人制定新历法。汤若望对《崇祯历书》略加修改而成为《时宪历》,于顺治二年(1645)颁行,但之后经历了废兴风波,一班旧臣激烈反对制定新历法。顺治十四年(1657),前回回科秋官正吴明炫上疏,告汤若望治历有误。经测验,汤若望不误

---

① 以上叙述综合参考了杜石然等编著《中国科学技术史稿》(下册)相关内容,第 198—201、207—216 页。当然,实际介绍与传播的知识远较此具体,如据卢嘉锡总主编、席泽宗分卷主编的《中国科学技术史·科学思想卷》,在明代末年的西学传播中,西方历史上先后出现的几种主要宇宙模式也已被介绍了进来,其中包括亚里士多德模式、托勒密模式、第谷模型、哥白尼宇宙模型等,见该书第 476—479 页。其实在当时,对于中国人来说,眼界打开的重要性要远远大于理论正确的重要性。

而吴明炫误,吴明炫险以"诈不以实"处死。顺治十七年(1660),安徽歙县人杨光先入京,状告汤若望,说《时宪历》封面所印"依西洋新法"五字是"窃正朔之权以予西洋"。杨光先还在其《辟邪论》中说:"天下之人知爱其器具之精工,而忽其私越之干禁,是爱虎豹之纹皮而豢之卧榻之内,忘其能噬人矣。"(《不得已》卷上)时汤若望为顺治所宠,礼部不予接受,但以"奏准"替代"依西洋新法"。康熙三年(1664),杨光先再次入京,上《请诛邪教状》,告汤若望等以邪说惑人并图谋反清,状书称天主教"二十年来收徒百万,散在天下",又"布党立天主堂于京省要害之地",引起清廷不安。其时,天主教确实势力日张,且在朝供职的耶稣会士又与以顾命大臣鳌拜为首的中国官员矛盾日深。康熙四年(1665)四月,在鳌拜的主持下,杨光先的上疏得到礼部准状。结果判处汤若望凌迟,南怀仁被流放,钦天监中与传教士合作的中国学者如李祖白等亦被处决。史称"康熙历狱"。后因恰逢北京地震,余震不断,被认为是上天之怒,汤若望遂被开释。

"康熙历狱"后,杨光先被任命为钦天监监副,后又提升为钦天监监正。但杨光先自知不能胜任,遂推举吴明炫之弟吴明烜(一作煊)为钦天监监副,负责立法推算,并以回回历取代西洋历法。康熙六年(1667),康熙亲政。康熙七年(1668),鳌拜倒台,清朝朝廷发现杨光先确实无法胜任历法推算,复启用南怀仁,南怀仁遂提出要以实证证明西洋历法的准确度。十一月,康熙谕杨光先、吴明烜以及南怀仁等人:"授时乃国家要政,尔等勿挟宿仇,以己为是,以彼为非。"(《清史稿》卷四五《志》二〇)[1]康熙又要求双方当众推算和验测。结果,南怀仁推算与实测分毫不差,而杨光先误差很大。之后,中西历法又两度比试而中历每每告负。康熙又下旨命"将吴明烜所算七政及民历,着南怀仁验看,差错之处写出,俟报部之日,尔等议奏"。南怀仁经认真计算,将错误之处一一列出,写成

---

① 此条材料在《清通鉴》四中作:"天文最为精微,历法关系国家要务,尔等勿怀夙仇,各执己见,以己为是,以彼为非。"

奏折呈上。康熙读奏折后，又命南怀仁与吴明烜再次公开测试日影，结果又是南怀仁"逐款皆符"，而吴明烜"逐款皆错"。杨光先、吴明烜屡次失误后仍坚称西士"不知合理数之精微"，而南怀仁也上疏称杨光先为鳌拜党羽。结果杨光先被革职遣返，吴明烜后被革职留用。康熙八年（1669），复行《时宪历》。此后又由传教士南怀仁负责钦天监事务。至此，中国传统天文学的历程终于被点上句号。

　　事实上，上述冲突在很大程度上也意味着近代科学知识对传统保守观念的胜利。对以上这样一场历法冲突，《中国科学思想史》的作者这样归结道："汤若望、杨光先两案是历法风波，更是政治斗争。就心理意识而言，是一场内容深广的思想争论，所争论的问题大致如下：西洋人因何来华，该不该让其进入中国，天主教的性质如何，西洋科技水平怎样，如何对待西洋科技，引进西方科技与保持传统文化的关系等。"①通过上述考察，我们可以得知，中西学之间的冲突，广而言之，中西文化之间的冲突最早始于明末和清初，而最早感受这一冲突和碰撞的是天文历法领域。但恰恰是由于这样的冲突是发生在了天文历法领域，它才会在观念与意识上引起巨大的震动。因为天文历法领域自古以来就位于中国知识系统的核心区域，它是世俗政治的基础，也是神圣观念的基础，因此，更是一切最高权力和权威的基础。但是在崇祯至康熙年间，这样一个历经两千年的坚固基础几乎在短瞬间便崩溃了，而导致其崩溃的就是来自西方的天文知识系统。今天我们不难想象它当时对于中国知识界、思想界以及统治者的触动和打击，它不啻是一场巨大的"地震"。面对这样一个"突如其来"的事件，人们做出任何一种反应都是可以想象得到的。

　　这里需要补充说明的是，作为最高统治者对于西方科技的态度。应当看到，统治者最初对西方科学的关注与接受是与制历密切相关的。无论是明崇祯，还是清顺治、康熙都是如此。正是在制历过程中，这些统治者注意到西法较之中法要更为精确。由于历法在中国政治中所处的基

———————————

① 袁运开、周瀚光主编：《中国科学思想史（下）》，第264页。

础与核心地位，这自然会引起这些统治者的重视。如顺治说："是以帝王膺承历数，协和万邦。所事者，皆敬天勤民之事，而其要莫先于治历。"（《天主堂碑记》）而以此为基础，对西方科技及价值的认识会进一步扩张，如康熙就是如此，《中国科学思想史》作者指出："康熙八年（1669）的实地测验，表明《西洋新历》优于《大统历》《回回历》，使康熙认识到西方的天文、历法、数学的水平较中国为高；平定三藩之乱，南怀仁所造大炮的作用，又使他认识西方的力学及兵器制造术胜过中国；测量地形、绘制地图，也使他认识到西方的测量绘图技术优于中国。他认为在科学技术上应以先进代替落后。于是，他重视学习和研究西方科学技术，培养这方面的人才。"①从这里我们可以看到在西方科学的冲击下，在中西知识系统的对比与较量中，中国传统统治者所表现出的积极姿态。当然，我们又要看到另一面，事实上，清统治者对于杨光先等所感知的问题也是抱有警惕的。故后来当天主教控制教民与清统治者争民时，便终于导致禁教的发生。在这里，我们也看到了中西文化交往过程的复杂性和统治者心态的矛盾性。

三、知识界与思想界的反响

西学引进以后，除少数学者如徐光启、李之藻积极鼓吹与推广外，绝大多数士人更可能是将信将疑，持一种观望的态度。应当说，面对一种突如其来的新事物、新面孔，面对历经数千年的传统正遭受新的外来知识的巨大冲击和严峻挑战，这样一种观望的态度是完全可以理解的。根据《中国科学技术史稿》，明末清初的士大夫对于西学或西方文化的进入大致有三种态度。其一是以徐光启、李之藻为代表，主张全盘接受；其二是一概否定，极力反对，这包括明末的冷守中、魏文魁以及上面提到的清初的杨光先等；第三种则是主张批判地吸收外来文化，取其精华，弃其糟

---

① 袁运开、周瀚光主编：《中国科学思想史（下）》，第307页。

粗，就时间而言，主要是在清初，这大致可以王锡阐和梅文鼎为代表。①
前两种态度前面均已涉及，此处主要考察这第三种态度的状况。

　　一般而言，清初先进的特别是一流的学者已经认识到西方天文学与
数学的先进性，越来越多的学者开始注意西方知识的积极与合理之处，
并不同程度地在自己的知识活动及思想中引进西方知识。但是，在进入
到文化比较的层面时，当时的人们对于西方科学知识以及"会通"的理解
或解释是多样的，甚至是有分歧的。如熊明遇说："语曰：'百闻不如一
见。'西域欧逻巴国人，四泛大海，周遭地轮，上窥玄象，下采风谣，汇合成
书，确然理解。"（《表度说序》）熊明遇的以上心态或观点应当说是比较开
放的。不过更多的学者很可能是采取这样一种态度，即既主张会通中
西，但同时强调中华文明的优越性。如薛凤祚讲："中土文明礼乐之乡，
何讵遂逊外洋？然非可强词饰说也。要必先自立于无过地，而后吾道始
尊。此会通之不可缓也。"（《历学会通》序）又方以智在面对当时的西方
科学时，也并未像徐光启一样抱有特别的热情，而是更为"冷静"地指出：
"万历年间，远西学人详于质测而拙于言通几。然智士推之，彼之质测，
犹未备也。"（《物理小识》自序）并且主张："收千世之慧，而折中会决。"
（《物理小识编录缘起》）王锡阐则表现出更为"客观"的态度，其既讲："吾
谓西历善矣，然以为测候精详，可也；以为深知法意，未可也。循其理而
求通，可也；安其误而不辨，不可也。"又讲："余故兼采中西，去其疵类，参
以己意，著历法六篇。"（《晓庵新法》自序）梅文鼎以下这段批评性意见也
同样代表了一种更为"中肯"的看法："无暇深考乎中算之源流，辄以世传
浅术，谓古《九章》尽此，于是薄古法为不足观"，或"株守旧闻，遽斥西人
为异学"。（《绩学堂文钞》卷二《中西算学通》自序）从以上论述中我们不
难看出，这些学者都强调不同的知识传统都有其值得肯定和继承之处，
这应当说是合理的，虽然其中也难免有不实或自负之处。

　　在此过程中，出于为中学的维护与辩护，又逐渐形成一种"西学中

————————

① 参见杜石然等编著《中国科学技术史稿》（下册），第 205、206 页。

源"说,并在清初盛极一时,应当说,这种心态的出现同样不难理解。当时有不少学者都认为西方科学源于中国,包括方以智、王锡阐、梅文鼎等,熊明遇、方以智还提出"天子失官,学在四夷"的看法。如方以智就认为西方地球中心说起源于中国古代的浑天理论,他说:

> 天圆地方,言其德也。地体实圆,在天之中,喻如胖豆。胖豆者,以豆入胖,吹气鼓之,则豆正居其中央。或谓此远西之说。愚者曰:黄帝问歧伯,地为下乎? 歧伯曰:地,人之下,天之中也。帝曰:凭乎? 曰:大气举之。邵子、朱子皆明地形浮空,兀然不坠,以世无平子、冲之、一行、康节诸公耳。孔子曰:天子失官,学在四夷,犹信。(《物理小识》卷一)

之后,王锡阐与梅文鼎同样表达了类似的看法,如王锡阐曾说:

> 今者西历所矜胜者不过数端,畴人子弟眩于创闻,学士大夫喜其瑰异,互相夸耀,以为古所未有。孰知此数端者悉具旧法之中,而非彼所独得乎!(《松陵文录》卷一《历策》或《畴人传·王锡阐传》)

梅文鼎也说:

> 是故西洋分画星图,亦即古盖天之遗法也。(《历学疑问补》卷一《论浑盖之气与周髀同异》)

又说:

> 算术本自中土传及远西,而彼中学者专心致志,群萃州处而为之。(《绩学堂文钞》卷二《测算刀圭》序)

王锡阐甚至还下结论说:

> 西人窃取其意,岂能越其范围?(《松陵文录》卷一《历策》或《畴人传·王锡阐传》)

在这里我们又可以看到很浓厚的中华情结。特别是由于王锡阐、梅文鼎二人的学术地位,他们的观点在当时具有很重要的影响。

　　关于当年一些学者对西学的批评以及盛极一时的"西学中源"说,今天已有学者提出不同看法。例如樊洪业就针对方以智对西学的批评指出:"即便是把'质测'理解为'科学',也难于因此而提高对方以智的评价。明末的西学传播,的确掺杂着许多中世纪的宗教迷信,再加上正处在近代科学的形成期,知识更新的速度较快,所以'未备'是必然的。不过'智士'是指谁呢? 如果是指他本人,我们并没有看到他怎样站在科学的新高度上指出西学的'未备'。"①显然,这其中包含有对方以智的尖锐质疑与批评。又如江晓原指出,"西学中源"说有着明显的政治背景,康熙就是"西学中源"说的提倡者。此外,江晓原又指出:"西学中源"说之所以在中国士大夫中间受到广泛欢迎,流传垂三百年之久,其中还有一个原因,就是当年此说的提倡者曾希望以此来提高民族自尊心,增强民族自信心。千百年来习惯于以"天朝上国"自居,醉心于"声教远被"、"万国来朝",现在忽然在许多事情上技不如人了,未免深感难堪。如阮元就说:"使必曰西学非中土所能及,则我大清亿万年颁朔之法,必当问之于欧逻巴乎? 此必不然也! 精算之士当知所自立矣!"(《畴人传·汤若望传》)江晓原认为,技不如人的现实是无情的。"西学中源"说虽可使一些士大夫陶醉于一时,但随着时代演进,幻觉终将破碎。② 樊洪业与江晓原的上述分析是值得我们重视的。客观地说,如上所见方以智关于西学"拙于言通几"的判断显然并不正确,并且关于"彼之质测,犹未备也"的结论看似冷静,亦不能排除识见的局促。

　　当然,知识或文化的交流问题十分复杂,这其中既可能有主观感情,也不能排除有客观事实。而以上考察也表明,在进入文化特别是观念和制度层面以后,相关讨论要比纯粹知识层面复杂得多,这种现象自古已然,至今犹然。但有一点也是可以大致确定的,即西方与中国基本上是属于两个相对独立的知识系统,对这一点,至少今人大抵是不会多疑的。

① 樊洪业:《耶稣会士与中国科学》,第141页,北京,中国人民大学出版社,1992。
② 参见卢嘉锡总主编、席泽宗分卷主编《中国科学技术史·科学思想卷》,第489—495页。

因此,今天我们对"西学中源"说会保持更清醒和理性的认识。另外,由于明清时代的特殊性,我们在考察和评价科学家或哲学家的思想时,已经不能再以既有的传统作为标准,究竟是否站在时代的前沿,在时代遽变中是否具有一种开放的心态和敏锐的眼光,这些都是评判与考量学者地位的重要因素。

第八节　中国古代学术的余音与近代科学的发端

最后我们来看中国古代学术的余音与近代科学的发端。这里所谓古代学术的余音即是指乾嘉学,这实际是旧的时代的尾声;而所谓近代科学的发端,主要就是指以王锡阐、梅文鼎、李善兰等为代表的结合了中西方法的新的科学研究。总之,这是一个新旧交替的时代,也是一个新旧交接的时代。

一、中国古代学术的余音

我们以乾嘉学来作为中国古代学术的余音。所谓乾嘉学也即指乾嘉时期以考据为核心或特征的朴学。其远承汉学,近接宋元以来格物、多识的学问观念与传统。

通过前面的考察,我们知道考据或考证的方法在汉代与宋代都不乏传统。作为认识,这一传统也在明代的思想中得以保存和呈现,例如王廷相就说:"学者于道,贵精心以察之,验诸天人,参诸事会,务得其实而行之,所谓自得也已。使不运吾之权度,逐逐焉惟前言之是信,几于拾果核而哜之者也,能知味也乎哉?"(《慎言·见闻篇》)王廷相这里所说的"验诸天人,参诸事会"即指验证,而验证就是"自得也已"而非"逐逐焉惟前言之是信"。又明清之际的方以智关于考证也多有精辟的论述,如他说:"草木鸟兽之名,最难考究",故"须足迹遍天下,通晓方言,方能核之"。(《通雅·凡例》)方以智认为,无论是对于前人的理论还是对于自己的观点,都必须要用事实来进行证明,用他的话说就是"取资证据"(《通雅·读书类略提语》)或"存证以推其理"(《物理小识》总论)。而由于受到中西"会通"的影响,方以智的认识应当已经比较接近西方近代实证科学的方法。①

就传统学术本身而言,清代最为值得关注的莫过于乾嘉学派,也即朴学。乾嘉学派或朴学产生的最初原因是针对理学特别是心学的空疏学风。明末清初,一些思想家如黄宗羲、顾炎武等由于不满意理学特别是心学的空疏,在思想上开始标举经世致用的主张,在读书研究上则提倡考证求实的学风,这渐渐地形成一门新的学问,即朴学。但朴学的兴盛也与清初的文化专制有关。清代初年,由于稳定的需要,统治者屡兴文字狱。同时,统治者有意将学者向纯粹学问方向引导。乾隆与嘉庆年间,清廷设四库鸿胪馆,广罗天下学者从事文献古籍的训诂注释、校勘整理,由此终于形成了一个以考据或考证方法为特点的学派:乾嘉学派,朴学也因而兴盛起来。因此,乾嘉学可以说又是文化专制主义的产物。对此,我们应当保持清醒的认识。

一般认为乾嘉学派有"吴派"和"皖派"之分,吴派的代表人物是惠栋,皖派的代表人物是戴震。这两派虽风格有所不同,但研究的内容基本相同,主要是经学、史学、文字、金石、天文、历算,研究的方法也基本相同,包括校勘、注疏、辑佚、辨伪等等。而从科学的角度来看乾嘉学派,主要是其中所体现的认真严谨、实事求是的精神。毫无疑问,朴学特别是乾嘉学派的出现,对于匡正空谈性理的学风有很大的益处,其所体现的严谨学风和某些方法与近代科学及精神也颇多暗合之处。

就内容而言,乾嘉学也包括了不少科学著作,包括戴震、焦循、阮元等在这方面都做出过重要贡献,这实际也是宋元以来相关传统的延续。如据洪榜《戴先生行状》:

> 凡天文、历算、推步之法,测望之方,宫室衣服之制,鸟兽、虫鱼、草木之名状,音和、声限古今之殊,山川、疆域、州镇、郡县相沿改革

---

① 参见周瀚光《中国古代科学方法研究》,第76—78页。

之由,少广旁要之率,钟实、管律之术,靡不悉心讨索。(《戴震文集》
附录)

戴震撰写了大量的科技著作,其中天文历法类著作有:《原象》、《续天文
略》、《迎日推策记》、《九道八行说》、《周礼太史正岁年解》、《周髀北极璿
玑四游解》、《记夏小正星象》、《历问》、《古历考》等;数学类著作有:《句股
割圜记》、《策算》等;地学类著作有:《水地记》、《直隶河渠书》、《汾州府
志》等。焦循是清代中期与汪莱、李锐齐名的数学家,其数学著作有:《加
减乘除释》、《天元一释》、《释弧》、《释轮》、《释椭》、《开方通释》等。此外,
焦循还有《禹贡郑注释》、《毛诗地理释》、《毛诗鸟兽草木虫鱼释》、《李翁
医记》等科学类著作。阮元被认为是乾嘉学派的集大成者,尤其是他编
写了一部历代天文学家和数学家的传记——《畴人传》,该书共四十六
卷,收入了自黄帝至清代中期的 243 位天文学家和数学家,同时还附有
西方天文学家和数学家 37 人,共计 280 人,相关资料前面也多有引用。[1]

但我们必须要看到朴学或乾嘉学风的弱点。乾嘉学派实际是将学
问或知识限定在了一个十分有限的范围内,它完全脱离现实并且漠视对
现实自然及其规律的探究,它更加注重的是经学而非自然科学。同时,
它的方法也非常单一,也即是考证,这样一种方法在发展中逐渐流于学
风的烦琐,最终彻底陷入泥古、复古的倾向,而这些又是与科学的精神完
全背道而驰的。凡此种种,都注定乾嘉学派与近代科学的本质区别。由
此可知,乾嘉学风本质上并不是一种新的学风,它是古代学问的延续,是
古代学问的余音和最后回响,也可以说是传统思维与方法的回光返照。

二、中国近代科学的发端

但与此同时,中国近代科学也确乎开始发端了。中国近代科学的发
端最早无疑应追溯至晚明的徐光启、李之藻、王征等人,这在前面已经有

---

[1] 关于乾嘉学派中的科学内容可进一步参考乐爱国《儒家文化与中国古代科技》,第 244—247
页。

了较为充分的考察，但这一时期主要是以翻译为主。明清之际及清初，也有些学者开始吸收西学知识或思想，这包括游艺、方以智等。如方以智，其总体上是传统思想的延续，同时也在天文学等知识方面吸收了西学的一些内容，例如其在《历类》中就介绍了西方的星体大小与各星体距地之说。不过总体而言，这一时期既未有像明末那样专注于翻译西学的兴趣，也未有后来像清前中期在天文数学领域扎实的会通性研究。

就近代意义的科学研究而言，清代前期直至中后期间一些科学家的活动尤其值得我们注意。

清代前期最值得注意的两位学者是王锡阐和梅文鼎，因为从一定意义讲，二人开始了崭新的天文学与数学研究工作。王锡阐（1628—1682），字寅旭，号晓庵，江苏吴江人。梅文鼎（1633—1721），字定九，号勿庵，安徽宣城人。王、梅二人的最大特点就是不以一方之学为圭臬，而是兼收中西、去芜存菁。如王锡阐说：

> 吾谓西历善矣，然以为测候精详，可也；以为深知法意，未可也。循其理而求通，可也；安其误而不辨，不可也。

故应：

> 兼采中西，去其疵类，参以己意。（《晓庵新法原》序）

又如梅文鼎说：

> 数者所以合理也，历者所以顺天也。法有可采，何论东西，理所当明，何分新旧。

故其主张去除成见，

> 务集众长以观其会通，毋拘名相而取其精粹。（《历算全书》卷六○《堑堵测量二》）

王、梅二人在各自的研究领域都取得了很大的成就。王锡阐精于中西天文历算，尤以天文为娴熟。王锡阐在当时对中西历法都作了透彻的研究，深知各自利弊，在此基础上，撰《晓庵新法》6卷，比起当时的中西方法都有进步。梅文鼎的工作涉及天文学与数学两个方面,但其主要成就是在数学领域,仅据《梅氏丛书辑要》所收的数学著作就有 13 种 40 卷,内容涉及初等数学各个分支,亦多有创见。杜石然等编著的《中国科学技术史稿》(下册)中这样评价王锡阐和梅文鼎的工作:"总之,王锡阐和梅文鼎的工作,使明代以来传统数学和天文学重获生机,使新移植过来的西方数学和天文学在中国这块土地上长成了根干,结出了一些新果。他们对古今中外的有关知识采取了批判继承的正确态度,这种严谨的治学精神以及理论与实践相联系的工作方法,是他们在科学上取得成就的重要原因。"[1]

王、梅二人之后,天文学特别是数学仍继续发展,涌现出一批数学家,如焦循、汪莱、李锐、李善兰等。其中尤以李善兰的成就最为卓著。李善兰(1811—1882),字壬叔,号秋纫,浙江海宁人。其翻译了《几何原本》(后 9 卷)、《重学》(介绍静力学、动力学与流体力学)、《植物学》、《代数学》等一批世界名著。李善兰尤擅长数学,主要成就涉及尖锥术、垛积术、根数术,更重要的是其确立了一大批数学符号与概念,从而直接铺就了中国数学连通西方数学的道路。当然,李善兰在时间上已经是属于典型的中国古代与近代之交的人物。又李善兰也阐述了自己的数学观,特别是从文化比较和冲突的角度来论证数学及其精细思维对于强国强族的重要性,他说:

> 呜呼! 今欧罗巴各国日益强盛,为中国边患,推原其故,制器精也;推原制器之精,算学明也。

由此希望:

> 异日(中国)人人习算,制器日精,以威海外各国,令震慑,奉朝贡。(《重学》序)

应当说,与明代相比,明末清初以及清代在传统数学的研究上的确

---

① 杜石然等编著:《中国科学技术史稿》(下册),第 219 页。

有所"复兴",涌现了一批具有相当造诣的学者,包括王锡阐、梅文鼎、李善兰等。不过也应看到,直到近代以前,西学东渐之风主要是对天文学和数学这两个学科影响较大,而其他学科所取得的进展却十分有限,并且即便是数学这样一个成果显著的领域其实也已远远落后于西方。[①] 但尽管如此,我们的确已经看到近代科学的萌芽。

三、结语

这一简短结语既是本章的,也是全书的。

在经历了数千年的延续之后,至明清时期,中国古代文明终于衰落并结束了。我们看到,中国古代科学与哲学的帷幕已经徐徐落下。就科学知识而言,除极少数学科如医学仍一息尚存外,绝大多数都趋向寂静,曾经有过的辉煌以及喧嚣,现在一并归于大地。但同时,我们也看到,科学及与此相关的哲学思想仍在潜行,格物、致知、实学,这些始于宋人的观念与近代科学径直对接,从明末清初开始,西方近代科学已经源源不断地被引入,新的观念也在与西学接触和碰撞过程中渐渐形成并破土而出。从科学与哲学的关系而言,这无疑又是新思想的基础。如同三代科学对后来哲学的影响一样,科学在此时成为哲学的新的动力,或成为新的哲学的动力。

[①] 参见杜石然等编著《中国科学技术史稿》(下册),第 201、254 页。

主要参考文献

（以征引和参考先后为序）

说明：因本卷许多原始参考文献与前面各卷相同，为避免重复，这里仅提供与本卷内容相关的研究性著作目录。

[1] 吾淳. 古代中国科学范型[M]. 北京：中华书局，2001.

[2] 冯契. 中国古代哲学的逻辑发展：上册[M]. 上海：上海人民出版社，1983.

[3] 李约瑟. 中国科学技术史：第 2 卷 科学思想史[M]. 北京：科学出版社，1990.

[4] 列维—布留尔. 原始思维[M]. 丁由，译. 北京：商务印书馆，1985.

[5] 张光直. 考古学专题六讲[M]. 北京：文物出版社，1986.

[6] 吾淳. 中国社会的宗教传统：巫术与伦理的对立和共存[M]. 上海：上海三联书店，2009.

[7] 吾淳. 中国哲学的起源：前诸子时期观念、概念、思想发生发展与成型的历史[M]. 上海：上海人民出版社，2010.

[8] 袁运开，周瀚光. 中国科学思想史：上［M］. 合肥：安徽科学技术出版社，1998.

[9] 萨顿. 科学的生命[M]. 刘珺珺，译. 北京：商务印书馆，1987.

[10] 马林诺夫斯基. 文化论[M]. 费孝通，等译. 北京：中国民间文艺出版社，1987.

[11] 汪宁生. 彝族和纳西族的羊骨卜：再论古代甲骨占卜习俗[C]//文物出版社编辑部. 文物与考古论集. 北京：文物出版社，1986.

[12] 吾淳. 中国哲学起源的知识线索——从远古到老子：自然观念及哲学的发展与成型[M]. 上海：上海人民出版社，2014.

[13] 列维—斯特劳斯. 野性的思维[M]. 李幼蒸,译. 北京:商务印书馆,1987.

[14] 吕子方. 读山海经杂记[C]//中国科学技术史论文集:下册. 成都:四川科学技术出版社,1984.

[15] 赵璞珊.《山海经》记载的药物、疾病和巫医[M]//《山海经》新探. 成都:四川省社会科学院出版社,1986.

[16] 陈梦家. 殷虚卜辞综述[M]. 北京:中华书局,1988.

[17] 温少峰,袁庭栋. 殷墟卜辞研究:科学技术篇[M]. 成都:四川省社会科学院出版社,1983.

[18] 涂尔干,莫斯. 原始分类[M]. 汲喆,译. 上海:上海人民出版社,2000.

[19] 彭林,齐吉祥,范楚玉. 中华文明史:第1卷[M]. 石家庄:河北教育出版社,1989.

[20] 李迪. 中国数学史简编[M]. 沈阳:辽宁人民出版社,1984.

[21] 杨鸿勋. 论石楔及石扁铲:新石器考古中被误解了的重要工具[C]//建筑考古学论文集. 北京:文物出版社,1987.

[22] 周星. 黄河流域的史前住宅形式及其发展[M]//田昌五,石兴邦. 中国原始文化论集:纪念尹达八十诞辰. 北京:文物出版社,1989.

[23] 陈维稷,等. 中国纺织科学技术史:古代部分[M]. 北京:科学出版社,1984.

[24] 张朋川. 中国彩陶图谱[M]. 北京:文物出版社,1990.

[25] 常正光. 阴阳五行学说与殷代方术[M]//艾兰,汪涛,范毓周. 中国古代思维模式与阴阳五行说探源. 南京:江苏古籍出版社,1998.

[26] 萧良琼. 从甲骨文看五行说的渊源[M]//艾兰,汪涛,范毓周. 中国古代思维模式与阴阳五行说探源. 南京:江苏古籍出版社,1998.

[27] 列维—布留尔. 原始思维[M]. 丁由,译. 北京:商务印书馆,1981.

[28] 袁珂. 山海经校注[M]. 上海:上海古籍出版社,1980.

[29] 丁山. 中国古代宗教与神话考[M]. 上海:上海文艺出版社,1988.

[30] 陆思贤,李迪. 天文考古通论[M]. 北京:紫禁城出版社,2000.

[31] 刘起釪. 五行原始意义及其纷歧蜕变大要[M]//艾兰,汪涛,范毓周. 中国古代思维模式与阴阳五行说探源. 南京:江苏古籍出版社,1998.

[32] 王世舜. 尚书译注[M]. 成都:四川人民出版社,1982.

[33] 张光直. 中国青铜时代二集[M]. 北京:生活·读书·新知三联书店,1990.

[34] 徐旭生. 中国古史的传说时代[M]. 北京:科学出版社,1960.

[35] 牟钟鉴,张践. 中国宗教通史:上卷[M]. 北京:社会科学文献出版社,2000.

[36] 吾淳. 中国思维形态[M]. 上海:上海人民出版社,1998.

[37] 陈遵妫. 中国天文学史:第3册[M]. 上海:上海人民出版社,1984.

[38] 方克. 中国的世界纪录:科技卷[M]. 长沙:湖南教育出版社,1987.

[39] 杜石然,等. 中国科学技术史稿:上册[M]. 北京:科学出版社,1982.

［40］陈遵妫. 中国天文学史：第 2 册［M］. 上海：上海人民出版社,1982.

［41］杨荫浏. 中国古代音乐史稿：上册［M］. 北京：人民音乐出版社,1964.

［42］古文字诂林编纂委员会. 古文字诂林：第 1 册［M］. 上海：上海世纪出版集团,2000.

［43］刘洪涛. 中国古代科技史［M］. 天津：南开大学出版社,1991.

［44］中国科学院自然科学史研究所地学史组. 中国古代地理学史［M］. 北京：科学出版社,1984.

［45］邹树文. 中国古代的动物分类学［M］//李国豪. 中国科技史探索. 上海：上海古籍出版社,1986.

［46］刘文英. 漫长的历史源头：原始思维与原始文化新探［M］. 北京：中国社会科学出版社,1996.

［47］董英哲. 中国科学思想史［M］. 西安：陕西人民出版社,1990.

［48］郭金彬. 中国传统科学思想史论［M］. 北京：知识出版社,1993.

［49］田长浒. 中国金属技术史［M］. 成都：四川科学技术出版社,1988.

［50］闻人军. 考工记导读［M］. 成都：巴蜀书社,1988.

［51］雅斯贝斯. 历史的起源与目标［M］. 魏楚雄,俞新天,译. 北京：华夏出版社,1989.

［52］冯友兰. 中国哲学史新编：第 2 册［M］. 北京：人民出版社,1984.

［53］卢嘉锡,席泽宗. 中国科学技术史：科学思想卷［M］. 北京：科学出版社,2001.

［54］蔡宾牟,袁运开. 物理学史讲义：中国古代部分［M］. 北京：高等教育出版社,1985.

［55］关增建. 中国古代物理思想探索［M］. 长沙：湖南教育出版社,1991.

［56］刘长林. 内经的哲学和中医学的方法［M］. 北京：科学出版社,1982.

［57］恩格斯. 反杜林论［M］. //马克思恩格斯选集：第 3 卷. 北京：人民出版社,1972.

［58］袁运开,周瀚光. 中国科学思想史：中［M］. 合肥：安徽科学技术出版社,2000.

［59］冯友兰. 中国哲学史新编：第 3 册［M］. 北京：人民出版社,1985.

［60］顾颉刚. 秦汉的方士与儒生［M］. 上海：上海古籍出版社,1978.

［61］梁启超. 阴阳五行之来历［M］//古史辨：五. 上海：上海古籍出版社,1982.

［62］顾颉刚. 五德终始说下的政治和历史［M］//古史辨：五. 上海：上海古籍出版社,1982.

［63］中村元. 东方民族的思维方法［M］. 林太,马小鹤,译. 杭州：浙江人民出版社,1989.

［64］冯契. 中国古代哲学的逻辑发展：中册［M］. 上海：上海人民出版社,1984.

[65] 李申. 中国古代哲学和自然科学[M]. 上海：上海人民出版社，2002.

[66] 唐明邦. 汉代《周易》象数学的思维模式剖析[M]//唐明邦，等. 周易纵横录. 武汉：湖北人民出版社，1986.

[67] 周瀚光. 中国古代科学方法研究[M]. 上海：华东师范大学出版社，1992.

[68] 赵庄愚. 论易数与古天文历法学[M]//唐明邦，等. 周易纵横录. 武汉：湖北人民出版社，1986.

[69] 李约瑟. 中国科学技术史：第3卷 数学[M]. 北京：科学出版社，1978.

[70] 谢世俊. 中国古代气象史稿[M]. 重庆：重庆出版社，1992.

[71] 俞慎初. 中国医学简史[M]. 福州：福建科学技术出版社，1983.

[72] 胡孚琛. 魏晋神仙道教[M]. 北京：人民出版社，1989.

[73] 江晓原. 天学真原[M]. 沈阳：辽宁教育出版社，1991.

[74] 乐爱国. 中国传统文化与科技[M]. 桂林：广西师范大学出版社，2006.

[75] 杜石然，等. 中国科学技术史稿：下册[M]. 北京：科学出版社，1982.

[76] 冯友兰. 中国哲学史新编：第5册[M]. 北京：人民出版社，1988.

[77] 乐爱国. 宋代的儒学与科学[M]. 北京：中国科学技术出版社，2007.

[78] 乐爱国. 朱子格物致知论研究[M]. 长沙：岳麓书社，2010.

[79] 冯契. 中国古代哲学的逻辑发展：下册[M]. 上海：上海人民出版社，1985.

[80] 李约瑟. 中国科学技术史：第1卷总论[M]. 北京：科学出版社，1975.

[81] 胡道静. 梦溪笔谈校正[M]. 上海：上海古籍出版社，1987.

[82] 杭州大学宋史研究室. 沈括研究[M]. 杭州：浙江人民出版社，1985.

[83] 梅森. 自然科学史[M]. 周煦良，等译. 上海：上海译文出版社，1980.

[84] 李约瑟. 中国科学技术史：第四卷 天学[M]. 北京：科学出版社，1975.

[85] 钱宝琮. 宋元时期数学与道学的关系[C]//钱宝琮，等. 宋元数学史论文集. 北京：科学出版社，1966.

[86] 李约瑟. 中国科学技术史：第5卷地学[M]. 北京：科学出版社，1976.

[87] 胡适. 胡适口述自传[M]//胡适全集：第18卷. 合肥：安徽教育出版社，2003.

[88] 钱穆. 朱子学提纲[M]. 北京：生活·读书·新知三联书店，2002.

[89] 胡道静. 朱子对沈括科学学说的钻研与发展[M]//朱熹与中国文化. 上海：学林出版社，1989.

[90] 乐爱国. 儒家文化与中国古代科技[M]. 北京：中华书局，2002.

[91] 袁运开，周瀚光. 中国科学思想史：下[M]. 合肥：安徽科学技术出版社，2001.

[92] 梅荣照. 明清数学史论文集[M]. 南京：江苏教育出版社，1990.

[93] 葛荣晋. 中国实学思想史[M]. 北京：首都师范大学出版社，1994.

[94] 樊洪业. 耶稣会士与中国科学[M]. 北京：中国人民大学出版社，1992.